NEW COMICS DESIGNS YOU NEED TO KNOW.
2

你所不知道的漫畫封面設計解析 2

日貿出版社◉編
王怡山◉譯

前言

本書是講述漫畫設計的書籍。為了從設計的角度研究並解析漫畫，本系列的第一集在去年問世。由於得到廣大的迴響，我們便推出了這本續集。

漫畫的封面為了吸引讀者的目光，當然會設計得十分精美，或是令人印象深刻；但近年來也有不少漫畫會透過設計促使讀者思考，或是提出新的價值觀，而本書的出發點便是源自於這樣的趨勢。為了傳達設計的深奧之處，本書從近年出版的漫畫中嚴選了40部以上的作品，介紹設計上的重點。我們採訪了實際經手該作品的設計師，將內容撰寫成文章。只要了解設計裡包含了什麼樣的意圖或理念，便能發現其中充滿了各種巧思及重點。不只是學習設計的人，漫畫的讀者也能深入理解作品，獲得光是看漫畫無法察覺的新發現。本集收錄的作品種類比上一集更加多元，不過熟悉漫畫的讀者或許會產生「竟然沒有那部漫畫……」的感想，如果您認為有什麼作品特別值得一提，我們很樂意聽取各位的意見。

另外，本書也同樣刊載了漫畫設計的教學單元。實際活躍於漫畫界的設計師所分享的製作過程並不多見，是非常寶貴的資訊。設計的手法可說五花八門，請試著參考書中解說的構思與分析方式。

最後，我們要對製作本書的過程中，提供協助的各方人士致上感謝之意。

目錄

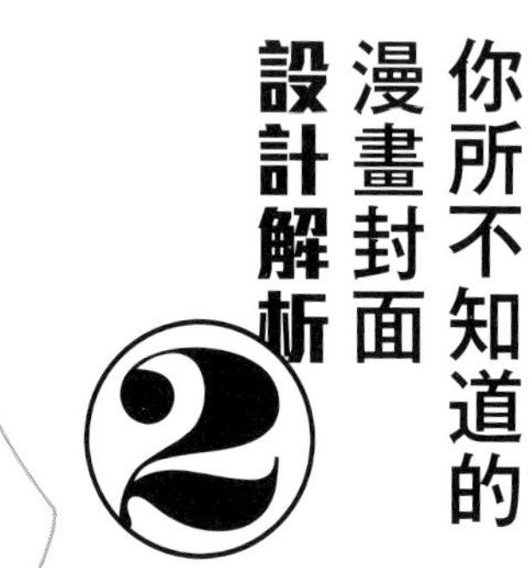

Pop

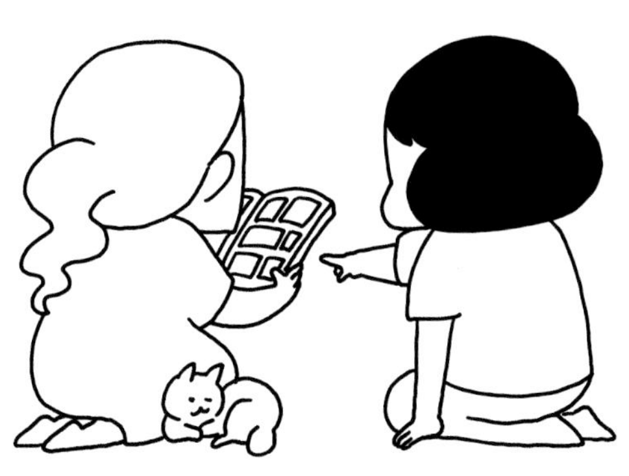

漫畫的設計
是經過什麼樣的
構思才完成的？

Stylish

原來還有
這種方法
與巧思！

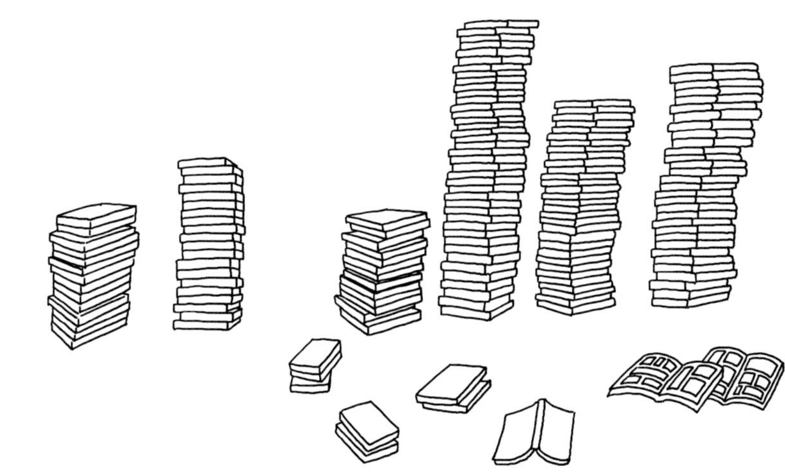

Natural

封面設計就是這麼完成的。

[Chapter01]

虛構的漫畫設計
封面設計的完整流程

春を纏う

瞳の中では雨が降り続いている

008

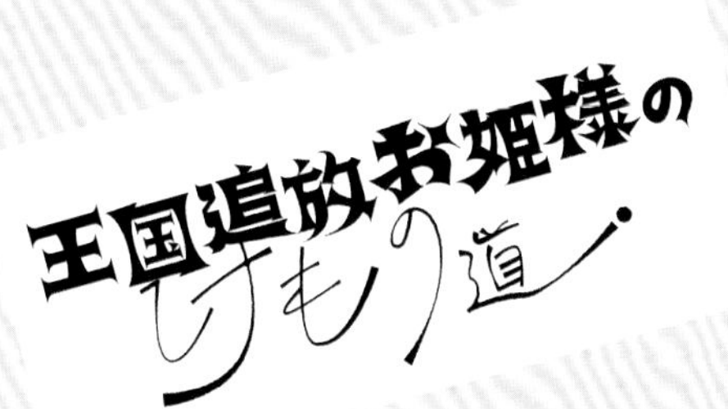

王国追放お姫様の
けもの道

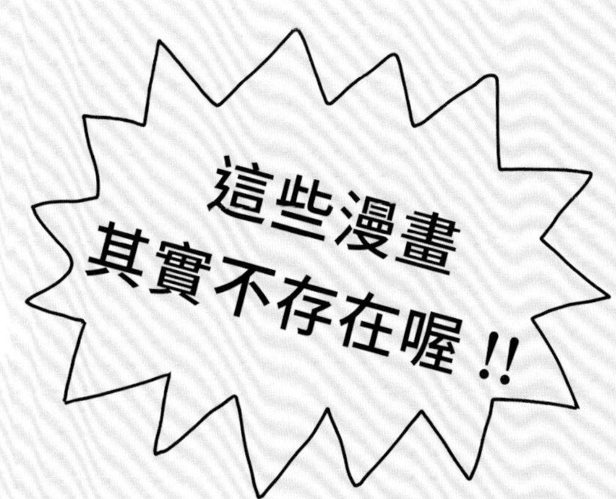

這些漫畫
其實不存在喔!!

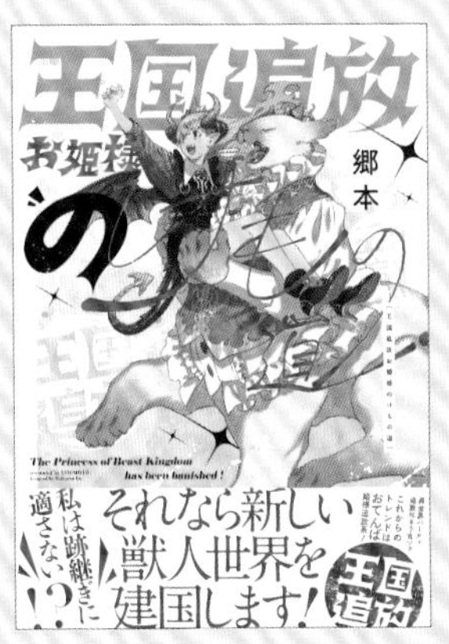

王国追放
お姫様の
郷本
The Princess of Beast Kingdom has been banished!
それなら新しい獣人世界を建国します!
私は跡継ぎに適さない!?

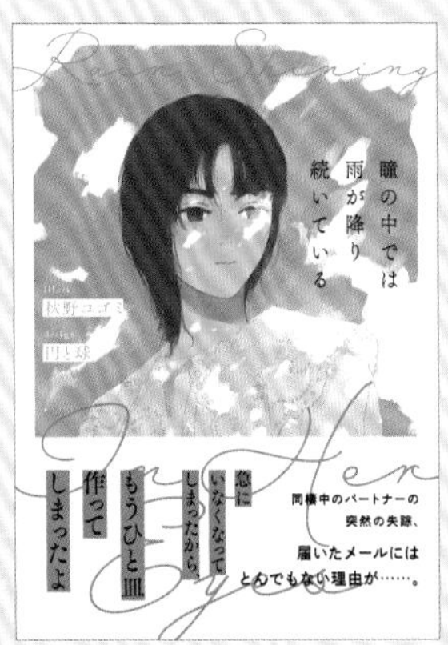

瞳の中では雨が降り続いている
秋野コゴミ
急にいなくなってしまったから もうひと皿作ってしまったよ
同棲中のパートナーの突然の失踪、
届いたメールにはとんでもない理由が……。

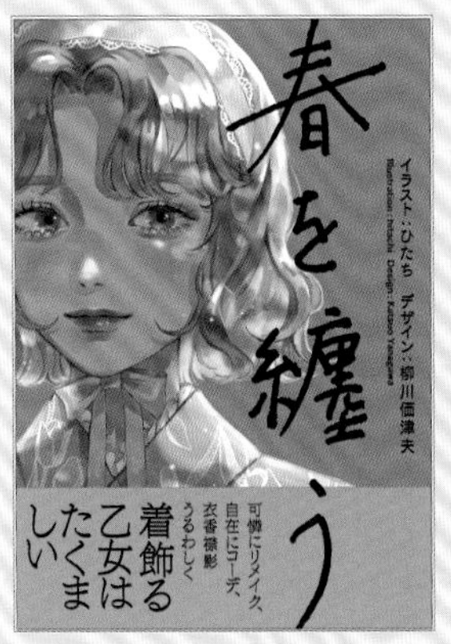

春を纏う
イラスト：ひたち デザイン：柳川價津夫
可憐にリメイク、自在にコーデ、
衣香襟影
うるわしく
着飾る乙女はたくましい

Fictional Comics Making

case 01

虛構的漫畫設計 封面設計的完整流程

Designer：伊藤ユキノブ

為了說明設計的作業流程，我們請設計師以插畫素材為基礎，透過教學的形式，製作一幅完整的漫畫封面。首先登場的是伊藤ユキノブ老師。

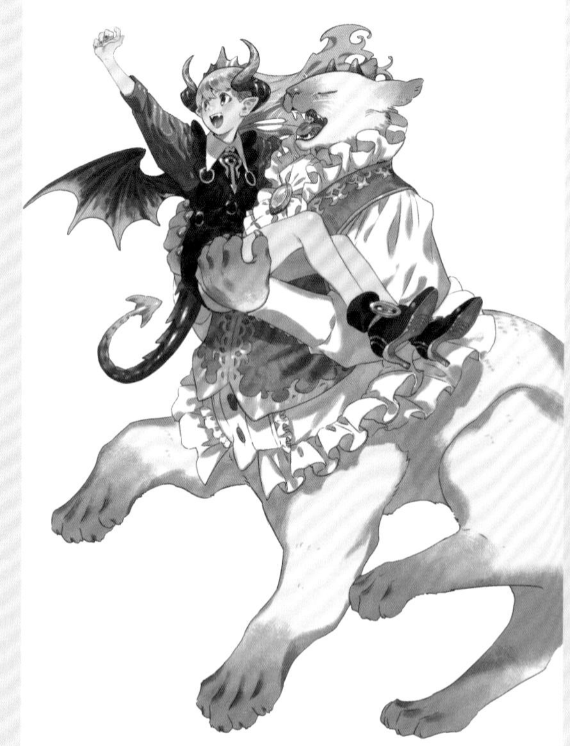

書名

王国追放お姫様のけもの道
（流亡公主的野獸之路）

客戶提供的設計概念

插畫家提出的概念是有許多獸人生活在其中的奇幻世界。獸人懷中的角色戴著一頂王冠，看得出是王室成員。另外，再加上異世界奇幻作品正流行（？）的放逐題材，將故事的主角設定為遭到王國放逐的公主。書名也包含了「野獸之路（けもの道）」與「遭到排擠（のけもの）」的雙關語。

作品關鍵字

異世界奇幻／獸人／王國／公主／野丫頭／放逐

封面插畫／鄉本

Interview

Q.1_請問您立志成為設計師、投入設計工作的契機是什麼呢？

我在大學主修媒體藝術，雖然當時並沒有專門學習平面設計，但一起玩音樂的同伴中有幾個設計師，所以我也隱約產生了興趣，這就是一開始的契機。當時比起設計，我主要是與國外的唱片公司簽約並發表樂曲，以音樂為主軸；但我也喜歡漫畫與動畫，所以大學畢業之後，我選擇進入設計事務所就職。

Q.2_設計工作需要各式各樣的資源，請問您會從什麼地方獲得靈感呢？

因為我喜歡音樂，所以會從唱片封面、MV、演唱會影片獲得靈感。我經常閱讀POPEYE與戶外雜誌等刊物，或是去逛逛書店、量販店、家飾雜貨店、咖啡廳，也會開車上街兜風，同時思考設計的點子。

Q.3_您似乎也會進行同人創作，請問同人作品與商業作品的設計有什麼不同嗎？

商業設計的重點在於確實分析作品的概念與方向，考量如何將資訊傳達給受眾；至於同人設計，我認為是與委託人一起打造作品，共享相同理念的過程。我覺得不論是商業還是同人，共通點都是「喜歡上該作品」，但在距離感上會有點不同。

Q.4_至今為止，有什麼工作讓您印象深刻嗎？

基本上所有的工作都讓我印象深刻（笑）。真的要列舉的話，我想應該是剛從事務所獨立之後承接的《科學超電磁砲外傳 Astral Buddy幽幻姊妹》、遊戲實況主團體個展「ナポリテン -ナポリの男たち展示会-」，以及「輕鬆百合×叡山電鐵」的聯名企劃吧。我替「輕鬆百合×叡山電鐵」製作的車內懸掛式海報引起了一番討論，甚至登上了新聞呢。

Q.5_請問從事設計工作的時候，什麼樣的事能讓您感受到快樂或成就感呢？

在反覆嘗試的過程中看著作品漸漸完成的感覺很快樂，而作品問世後，被讀者看見的瞬間會讓我覺得很有成就感。雖然這麼說可能有點誇張，但一想到我的作品能成為某個陌生人人生中的一塊拼圖，我就感到很高興。

Q.6_從事漫畫設計時，最重要的是什麼呢？

如何增添插畫的魅力、作品概念的調查與分析、陳列在書店的效果、讀者拿到書的感覺，都是我在設計時會考慮的事情。

Q.7_您今後有什麼想挑戰的工作嗎？

我很想嘗試作品的執導，或是影視包裝的工作。我以前曾經承接叡山電鐵的車身廣告，以及秋葉原atré的牆面設計，今後也想再嘗試這類在公共場合佔據廣大面積的工作呢。

Q.8_對於想成為設計師的人，您有什麼話想說呢？

所有創作類的工作都一樣，自己製作的作品或參與的企劃會代替自己，半永久地留存在這個世界上，我覺得這並不是壞事。如果內心抱著想留下什麼成果的意念，請務必挑戰看看設計的工作。

STEP1　從插畫開始構思

1-1　收到插畫家提供的草稿

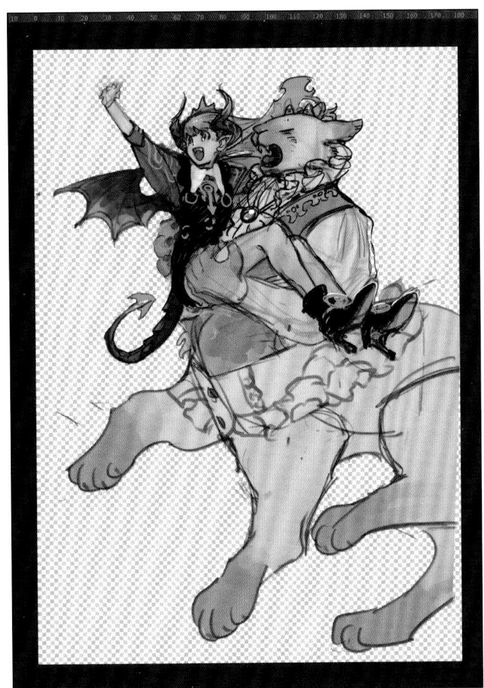

雖然也想馬上進入LOGO製作的階段，但我平常都會先看過插畫的草稿再思考要製作什麼樣的書名LOGO，或是先閱讀作品的故事大綱再開始思考要設計成什麼風格的封面。這次的作品書名是「流亡公主的野獸之路」，所以應該很適合帶有奇幻風格的設計。順帶一提，下圖是另外一種版本的草稿。

別的草稿方案

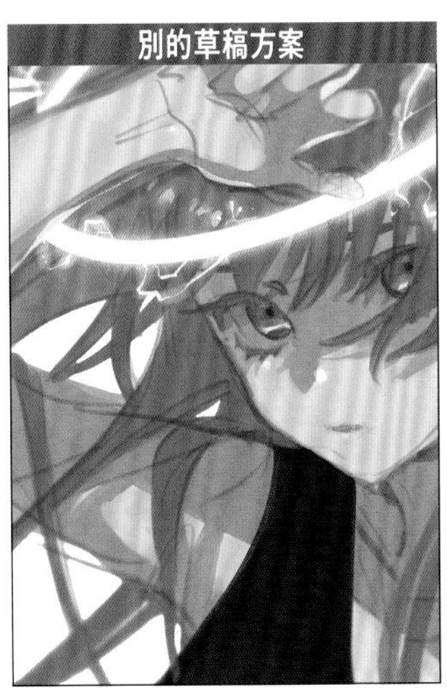

1-2　收到插畫家提供的完成版插畫

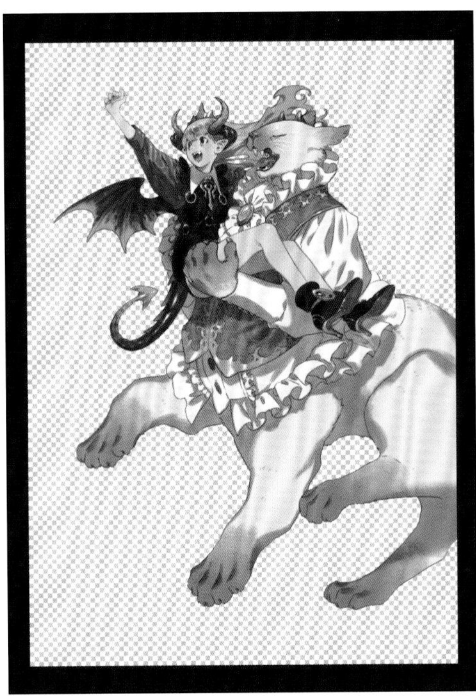

插畫家的完稿已經出爐。除了整體的氛圍以外，我會再觀察色調、筆觸與人物的表情，思考一開始的設計方向是否正確。在這個基礎下，我決定透過「流亡公主的野獸之路」這個書名與書腰文案來凸顯奇幻的氛圍，並以有點奔放的豪爽風格來設計這次的封面。

STEP2　書名LOGO的字型設計

2-1　用原子筆在紙上描繪底稿

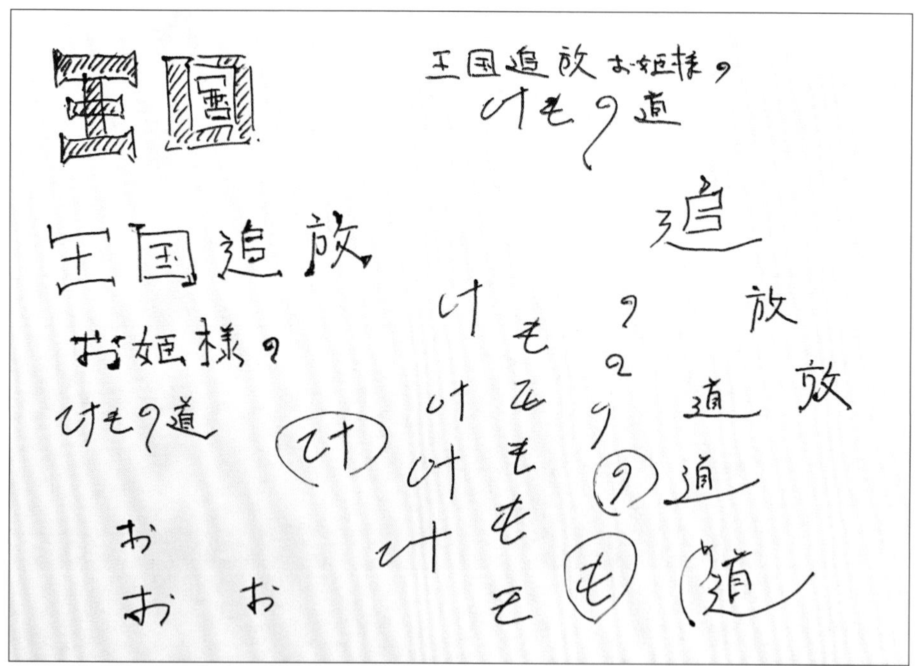

開始設計書名LOGO的基礎字型。這次我想以奇幻風格為主，同時搭配手寫文字，增添豪爽的感覺，於是使用原子筆在紙上寫下潦草的文字。我會觀察文字的變形程度與特色，從中選出「看起來不錯」的造型。

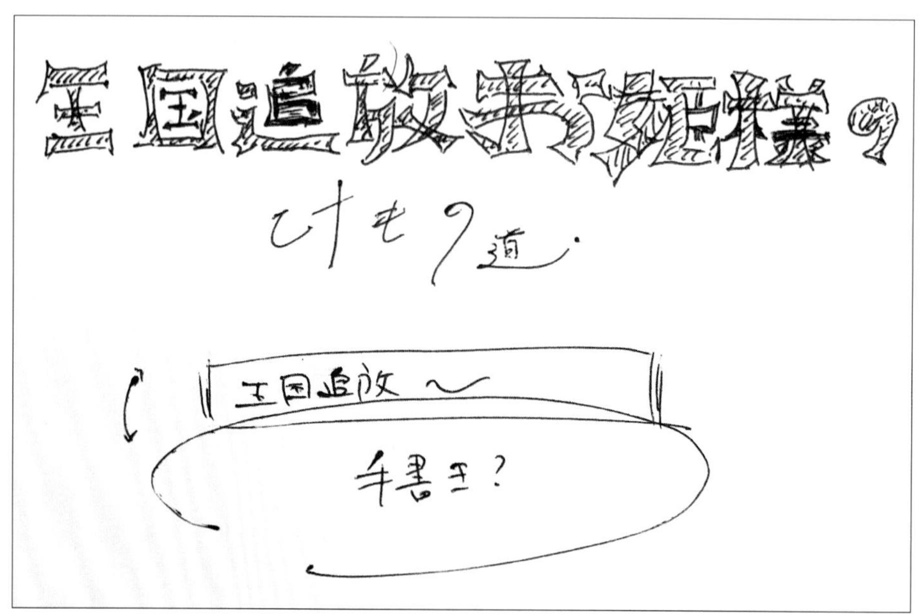

在紙上描繪書名LOGO。我將「流亡公主的（王国追放お姫様の）」設計成帶有奇幻風格的裝飾文字，將「野獸之路（けもの道）」設計成手寫文字，使LOGO富有變化。另外，我也會在這個階段稍微考慮LOGO的比例。

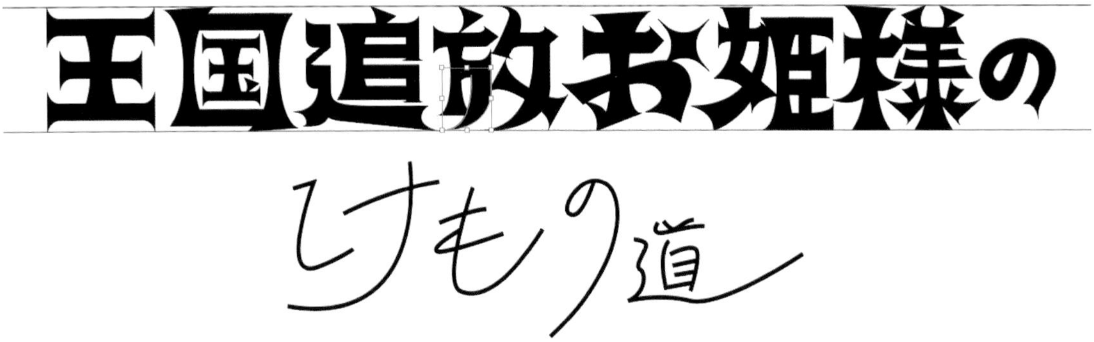

2-2 使用Illustrator調整字型

使用Illustrator，描出先前畫好的文字。因為接下來還會調整線條粗細等細節，所以每一個字都要親手拉出路徑。先前畫好的草稿只是參考，曲線等細節必須隨時調整，才能提高文字的完成度。

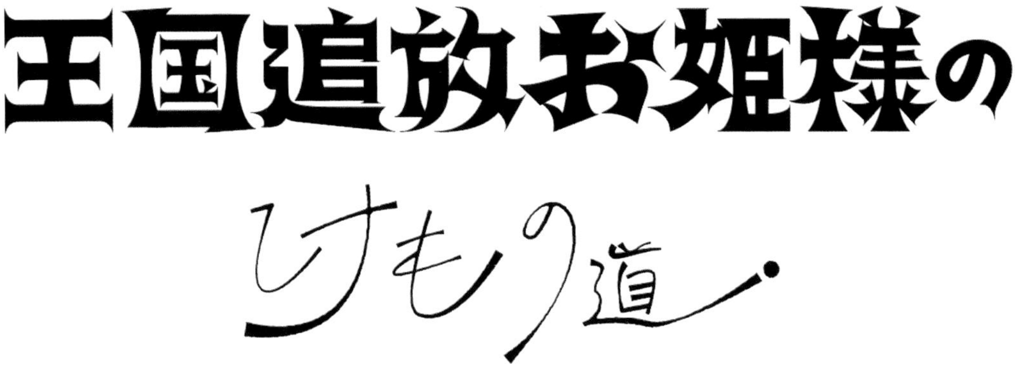

描線的步驟已經結束，接下來要進行細部的調整。首先將「野獸之路（けもの道）」加工成手寫風格。活用寬度工具等功能，呈現手寫文字特有的粗細變化。光是這麼做，字型就變得有模有樣了。

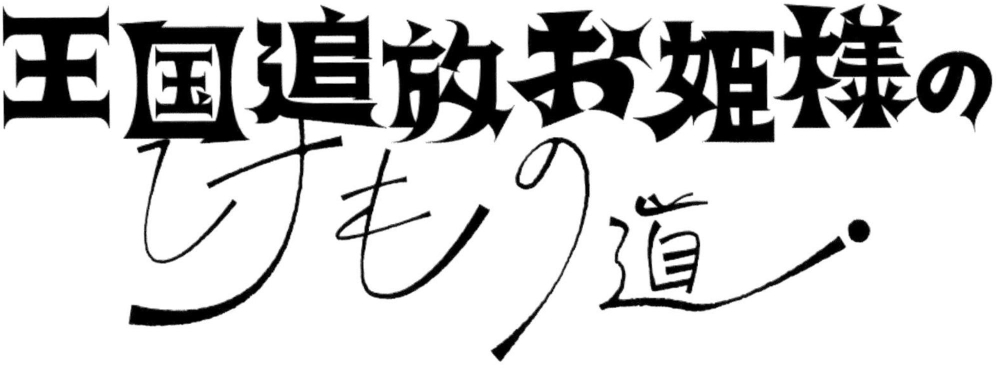

繼續進行調整。首先，因為「流亡～（王国追放～）」的部分給人有點生硬的感覺，所以我調整了位置，增添節奏感。另外，我也調整了「野獸之路（けもの道）」部分的文字間隔與大小，觀察整體LOGO的比例。

2-3 替文字加上粗糙的質感

王国追放お姫様のけもの道

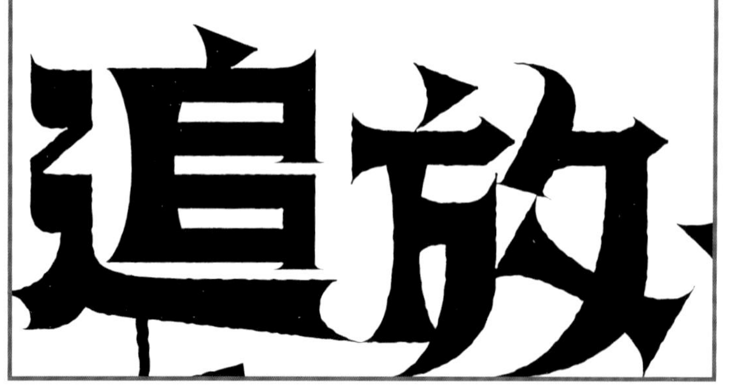

替「流亡～（王国追放～）」的部分增添奇幻風格。為了配合插畫家的筆觸，我增加了一點粗糙的質感。雖然是很細微的部分，但這麼做能使原本銳利的文字產生隨機的粗糙感，營造出印章般的味道。

2-4 調整文字的角度

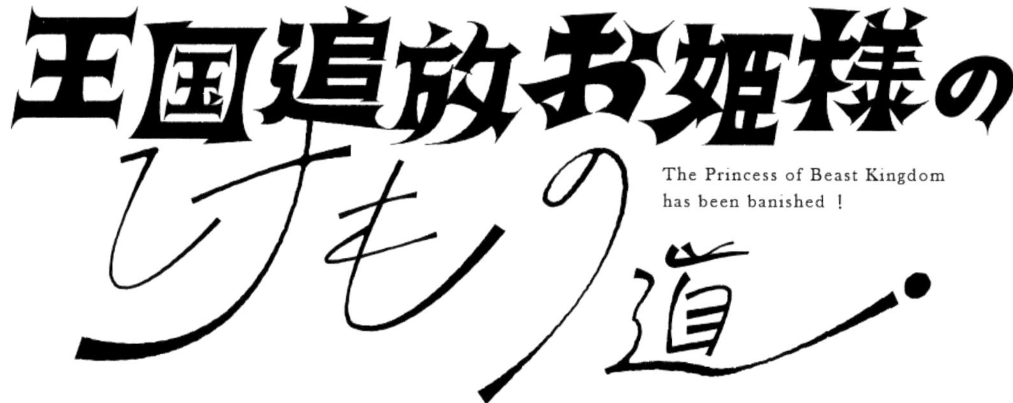

稍微調整文字的角度，看看效果如何。這麼做能製造速度感，接下來設計封面的時候將更容易傳達奔放的氛圍。

2-5 替文字加上磨損的痕跡

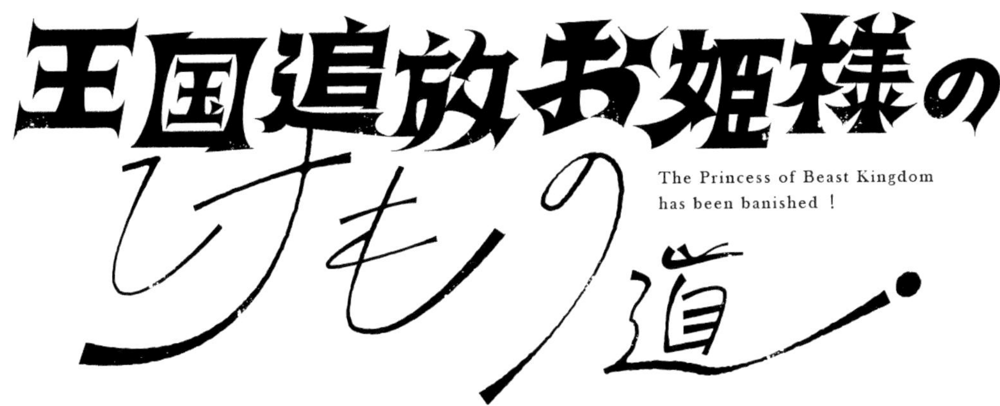

替文字加上污漬（磨損）的效果。這麼一來，文字就多了一層質感。感覺很不錯呢。

2-6 在文字的末端加上油墨滲透的效果

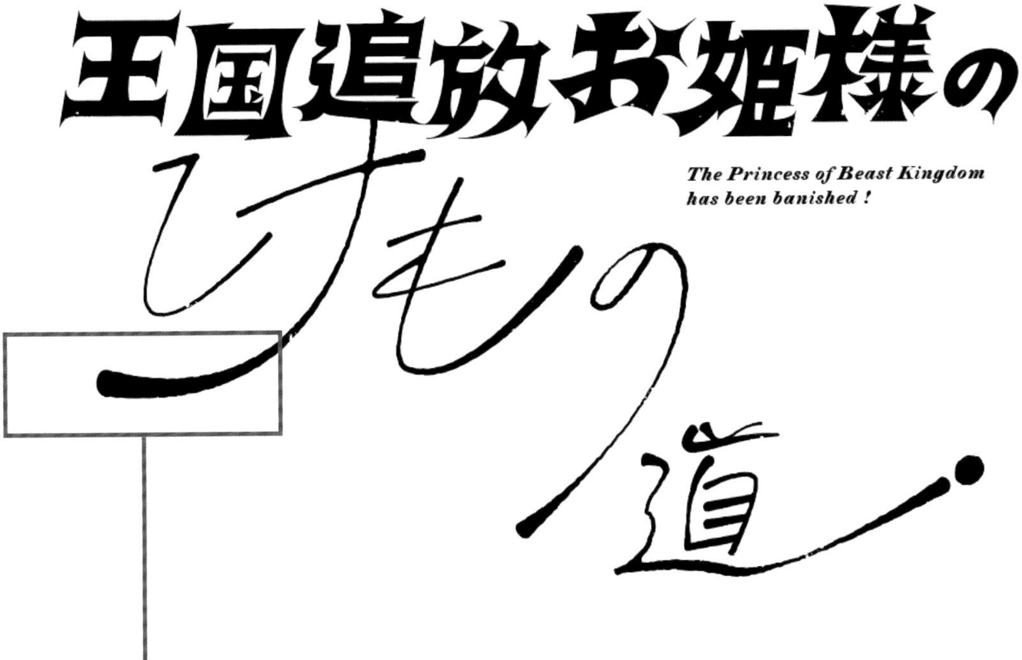

王国追放お姫様の
けもの道
The Princess of Beast Kingdom
has been banished !

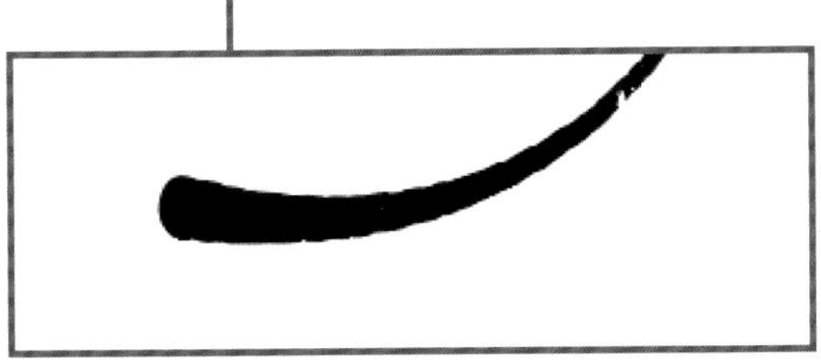

雖然是很細微的部分，但我要替文字加上油墨滲透的效果。是否進行這個步驟會大幅影響整體的質感，所以我在最後的完稿階段追加了這個效果。

如此一來，書名LOGO就完成了。雖然在設計封面的時候，終究會將這組文字拆開，但經過LOGO的製作流程，可以進一步培養對作品的感情，所以我總是會在設計封面之前製作LOGO。另外，如果是委託，LOGO可能也會運用在本文等地方，所以我經常在製作時考慮到往後的流程。

STEP3　搭配插畫

3-1　搭配開頭文字

終於要正式進入封面設計的階段了。首先要考量插畫的擺放位置與裁切範圍。
我一開始就打算強調「流亡（王国追放）」這個詞彙，而且評估文字要素偏多也沒問題，所以暫時擷取了「王国追放」這四個字，同時構思插畫與LOGO的編排方式。

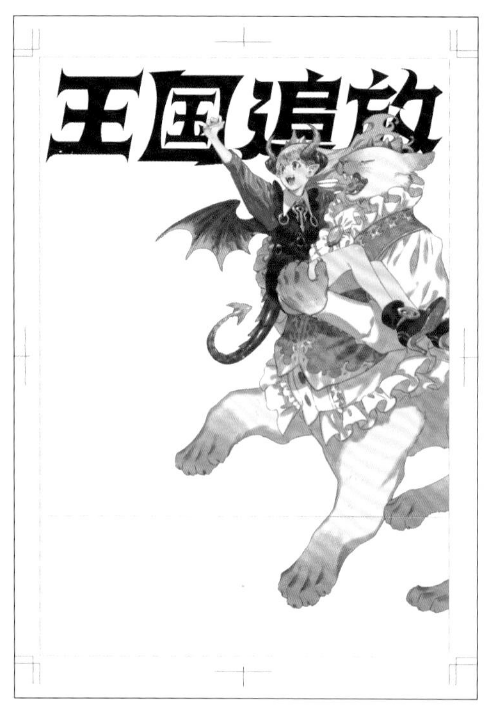

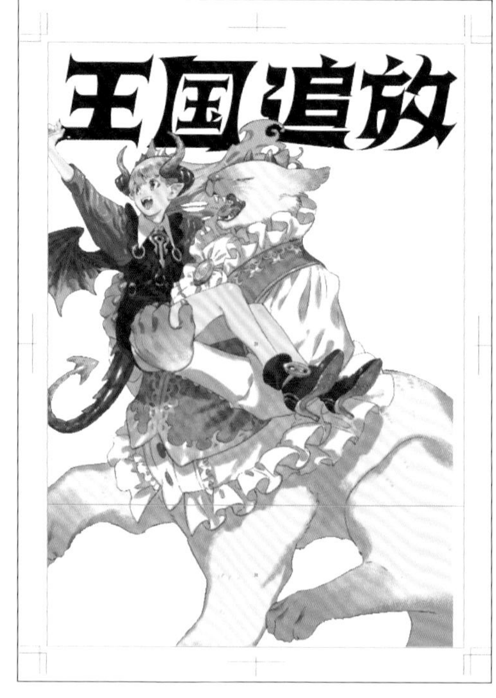

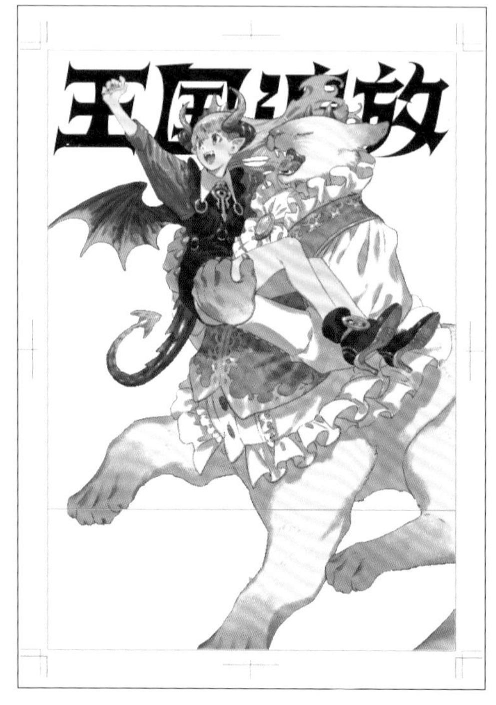

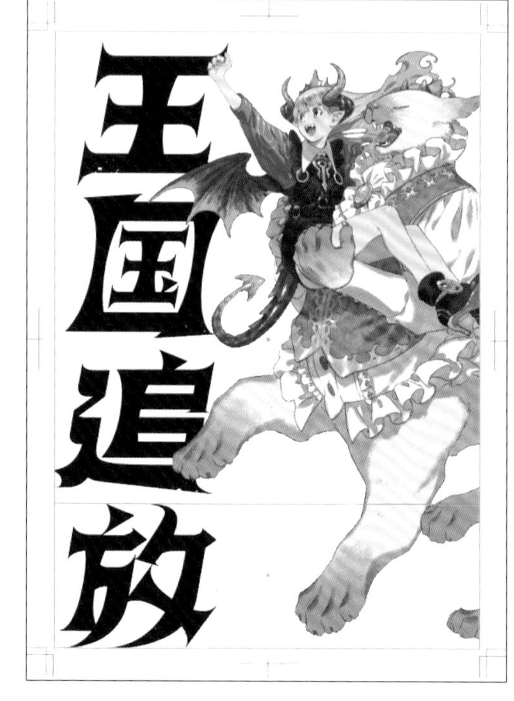

3-2 搭配完整的書名

插畫的裁切範圍已經確定。接下來要編排剩下的書名LOGO……但我陷入了一番苦戰。如果將所有文字放大，就會使插畫不夠顯眼，但我又想凸顯「野獸之路（けもの道）」的部分，於是猶豫不決……我反覆嘗試各種編排，摸索出平衡點。

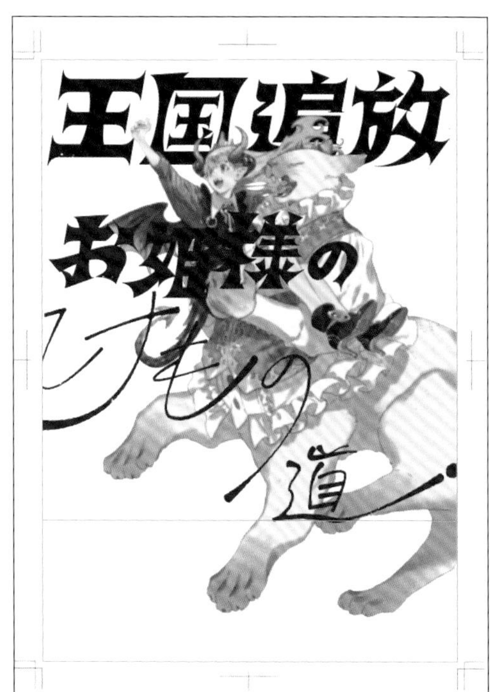

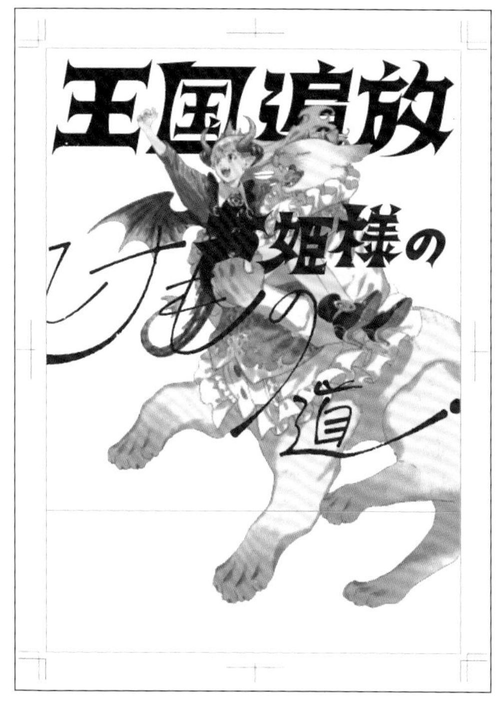

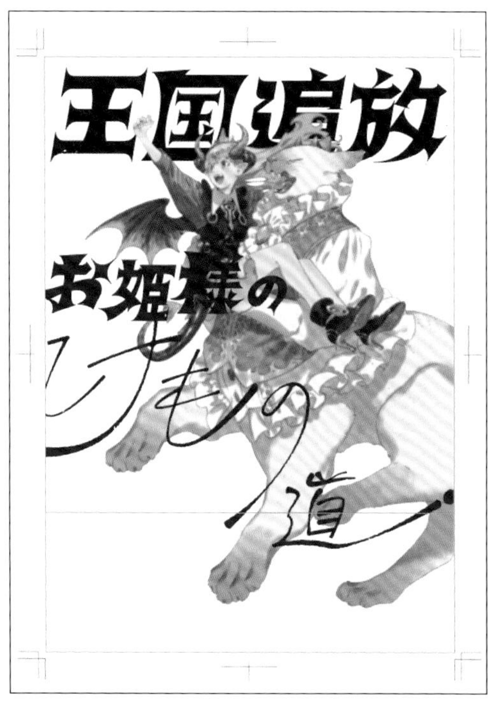

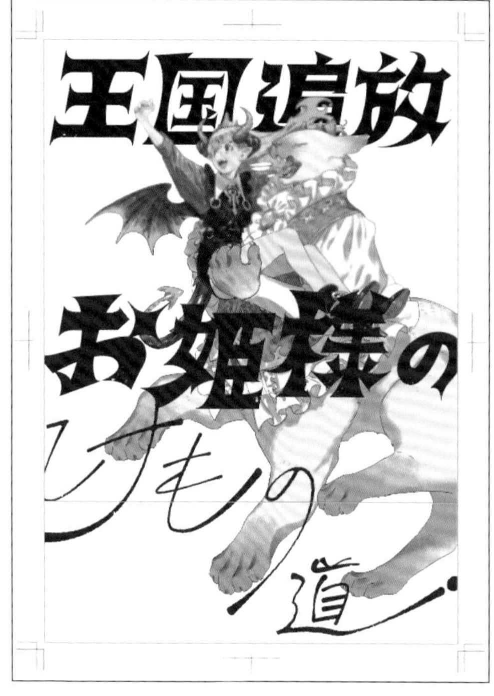

3-3 決定書名文字的比例

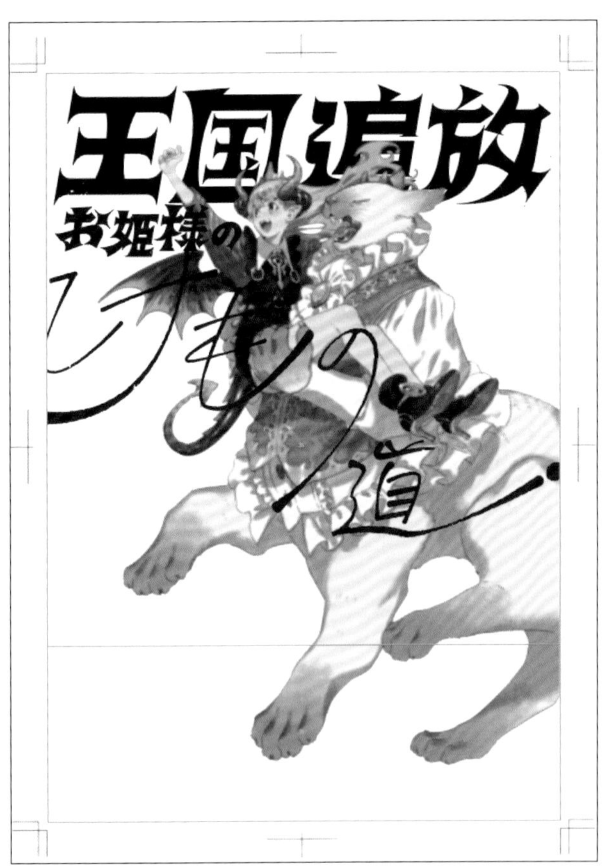

在反覆嘗試的過程中，我發現「LOGO文字的大小不一定要統一」。因此，我將書名拆解成「流亡（王国追放）」、「公主的（お姫様の）」、「野獸之路（けもの道）」等3個部分，配合插畫的方向，將LOGO編排在適當的位置。

3-4 決定書名文字的配色

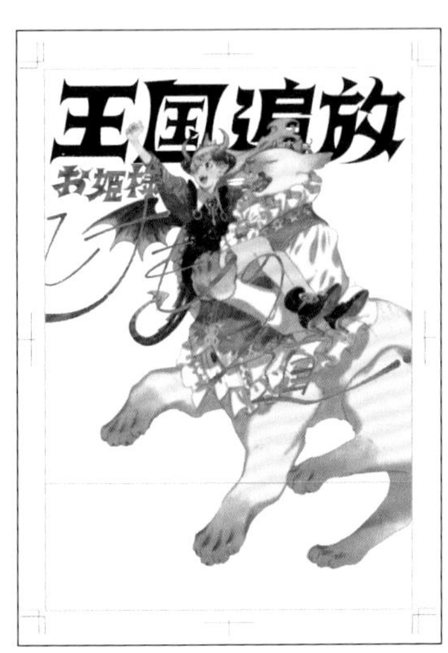

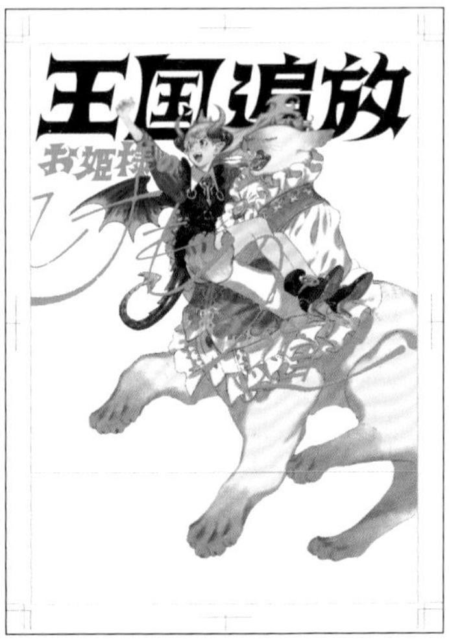

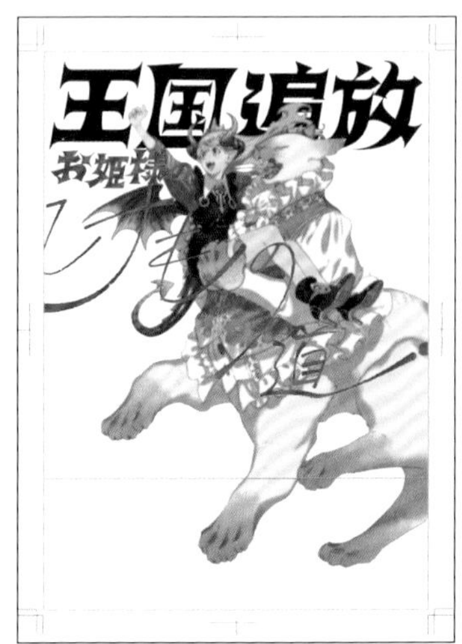

開始構思書名LOGO的配色。我經常從書名聯想適合的顏色，所以選擇了粉紅色來對應「公主」的形象，但卻覺得不太搭調。這時我從書腰文案中的「建國」聯想到節慶時會用於書寫的「朱紅色」墨汁，於是選擇了橘色。這麼一來，畫面就比較協調了。

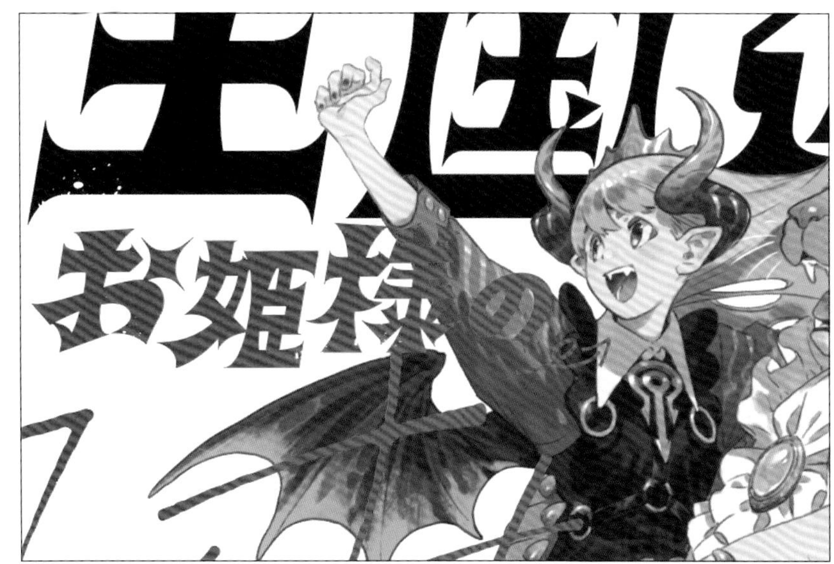

接著我從「公主的（お姫様の）」的部分拉出指向插畫的箭頭。加上這樣的元素，就可以讓設計變得更加平易近人。

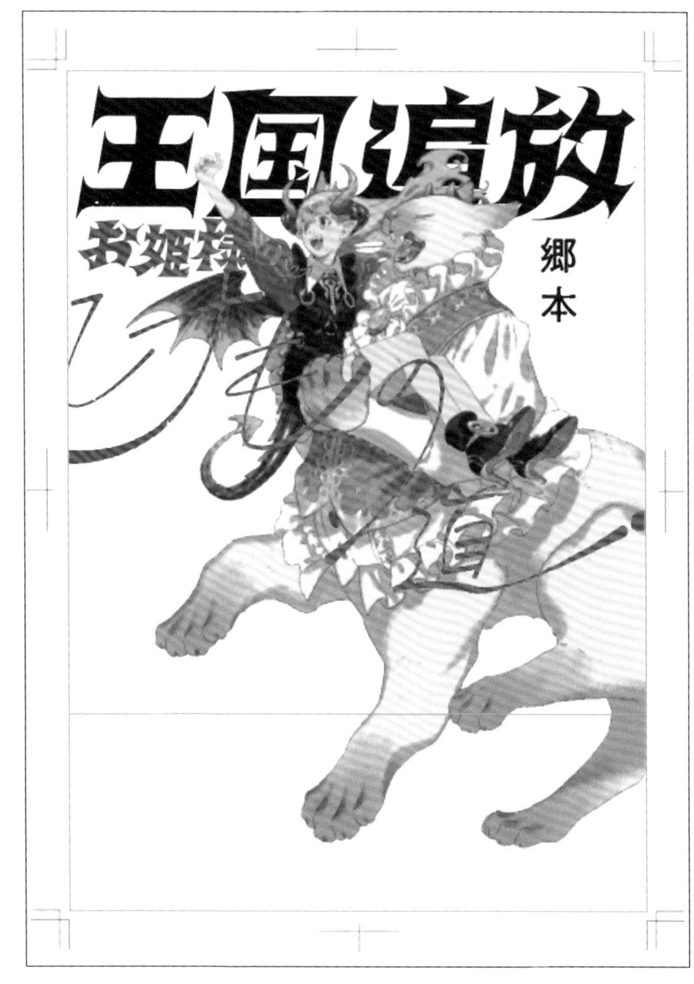

放上作者姓名，封面的基礎設計就完成了。接下來要製作背景與細節的裝飾。

STEP4　製作背景與裝飾

4-1　背景底圖

開始製作背景。
我從「流亡公主」的關鍵字聯想到角色奔馳在王宮的庭園或路樹之間的模樣，於是配合插畫的色調，以黃綠色製作了樹蔭般的背景。

4-2　搭配插畫

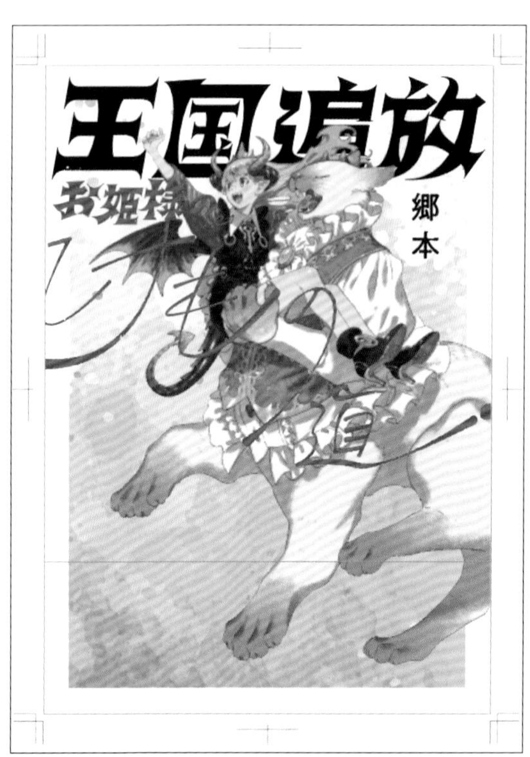

我組合了插畫與背景。
感覺愈來愈完整了。

4-3 製作印章素材與裝飾

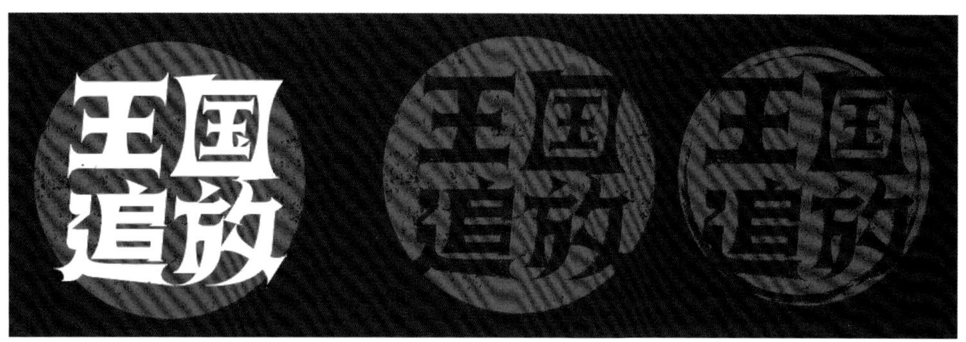

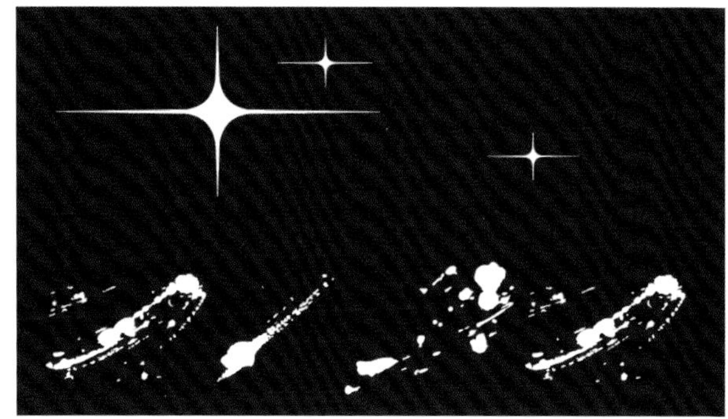

我想在背景處加上一點裝飾，於是開始製作素材。我覺得將寫著「流亡（王国追放）」的印章點綴在畫面上會很有趣，所以製作了印章造型的素材。
另外，我也製作了使用在設計上的閃亮符號（星星）與墨水般的素材。

4-4 組合所有的設計元素

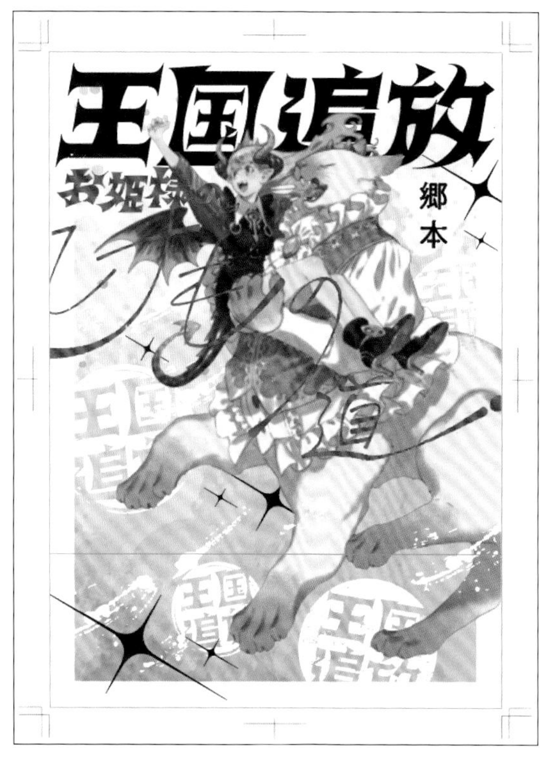

這是將素材編排到整幅封面上的樣子。
編排素材以後，插畫變得更有氣勢，設計也變得更亮眼了。

4-5 製作英文素材

The Princess of Beast Kingdom
has been banished !

presented by GOUMOTO.
designed by Yukinobu Ito.

開始製作英文素材。
文中包含「Beast Kingdom」，所以我將它做成同時帶有高級感與分量感的風格。

4-6 完成封面設計

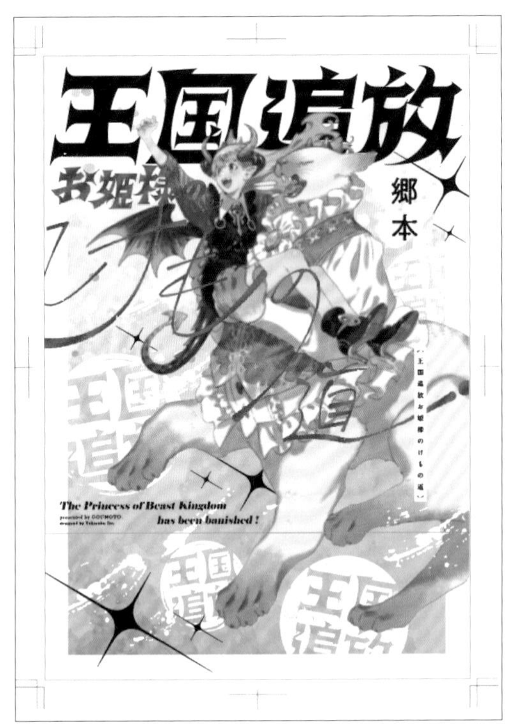

編排好所有的素材以後，封面設計就完成了。如果要印刷成實體的漫畫封面，我覺得一定要使用特殊色，印刷在絹質的紙張上。或者，也可以在「野獸之路（けもの道）」的部分加上局部上光的效果。編輯看過這個階段的設計稿後，希望我能保留「遭到排擠（のけもの）」與「野獸之路（けもの道）」的雙關語，因此成品的文字順序如右圖。最後我也更改了書名LOGO的顏色。

4-7 書腰設計

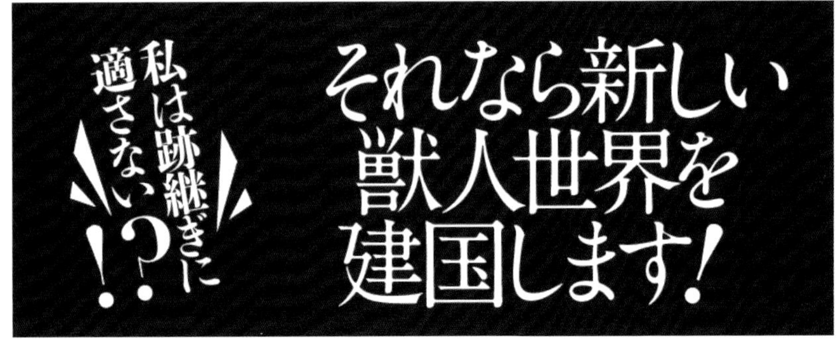

接著要製作書腰的文字素材。根據想呈現的文句段落，以及想強調的重點，進行文字的編排。
我編排幾組文字，調整比例與配色，完成了書腰。這個階段要實際搭配封面，進一步調整配色等細節。

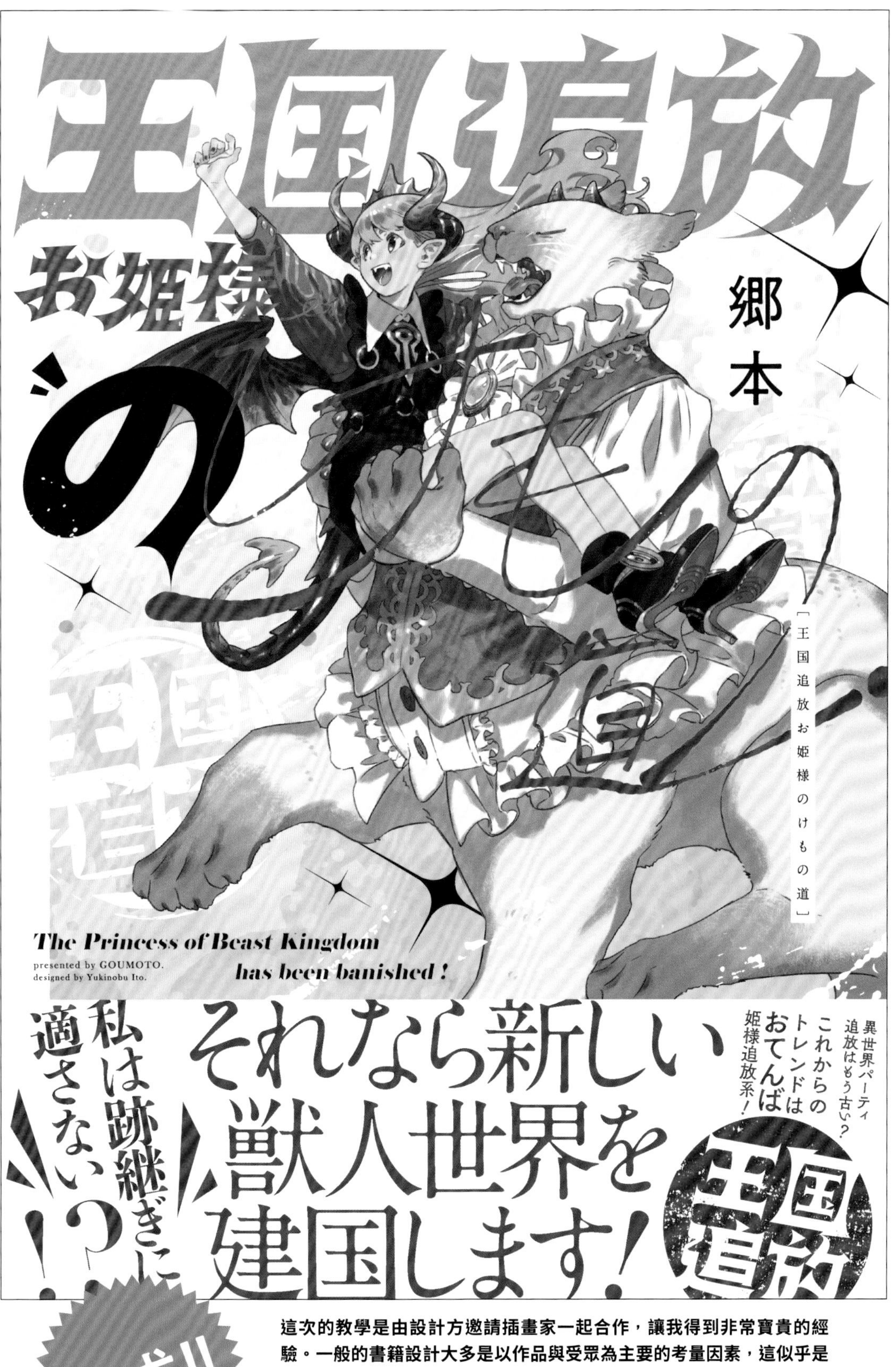

完成!!

這次的教學是由設計方邀請插畫家一起合作，讓我得到非常寶貴的經驗。一般的書籍設計大多是以作品與受眾為主要的考量因素，這似乎是我第一次將自己的設計流程具體化，所以感到有些害臊，但我期許自己今後也能以充滿熱誠的態度面對書籍設計。

Fictional Comics Making

case 02

虛構的漫畫設計 封面設計的完整流程

Designer：白川（円と球）

接下來要解說製作過程的是「円と球」的白川老師。白川老師將運用寧靜風格的插畫，設計出一幅素雅之中帶著一點神祕與不安氣息的封面。

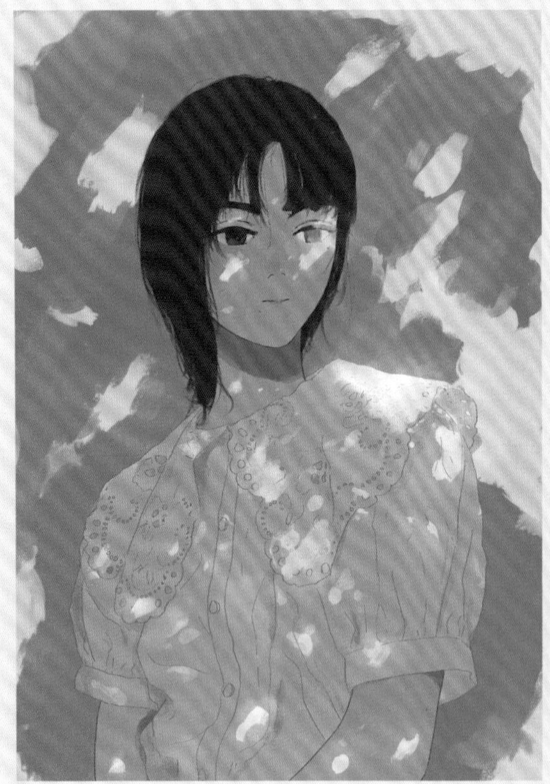

封面插畫／秋野コゴミ

書名

瞳の中では雨が降り続いている

（那雙眼中下著永不停歇的雨）

客戶提供的設計概念

插畫家所提供的作品，是一名佇立在樹蔭中的女性。也許她實際上只是覺得陽光很刺眼而已，但因為表情帶著憂鬱的氣息，所以故事背景設定為情人突然消失的情境。客戶的委託是設計出包含戀愛要素，並且帶有神祕氛圍的封面。

作品關鍵字

樹蔭／白色襯衫／女性／失蹤／情人／憂鬱

Interview

Q.1_請問您立志成為設計師、投入設計工作的契機是什麼呢？

我對設計產生興趣的契機，是接觸到倉俣史朗與vitra的立體產品設計，所以我當初是立志成為產品設計師。不過我就讀的美術大學也可以修其他系所的課程，那裡的平面設計課程實在太有趣了，於是我便心想：「我想一直做這樣的工作！」

Q.2_原來您原本的志向是成為產品設計師啊。請問設計立體產品的知識，也有能應用在平面設計的部分嗎？

因為會學習到注重概念的思考方式，我認為這也與平面設計有不少共通點。相較於學生時代，我進入的設計事務所也會經手店面或設施等地方的空間美術，所以在那裡獲得的經驗真的很寶貴。

Q.3_您應該經常被問到，您的公司名稱「円と球（圓與球）」的由來是什麼吧？

電影《星際效應》有段臺詞說到，從正面看起來是圓形的東西，從側面看起來其實是球形。我認為要從各種不同的視角去觀察，否則無法得知事物的本質，而這樣的概念不只能應用在設計上，也是我很重視的思想，所以我就決定用它來為公司命名了。

Q.4_設計的工作需要各式各樣的資源，請問您會從什麼地方獲得靈感呢？

做平面設計的時候，我不會只參考平面作品，而是多看一些不同類型的作品。

Q.5_至今為止，有什麼工作讓您印象深刻嗎？

好像有許多客戶是看過《Good night , I love you.（グッドナイト、アイラブユー）》之後，才向我提出委託的。當時我才剛獨立，也有時間，所以做了許多嘗試，是一份很開心的工作。另外，我也為BL（Boy's Love）品牌「.Bloom」設計了漫畫與VI（Visual Identity：視覺識別、品牌形象），此後有關BL的工作就增加了。

Q.6_原來就是因為如此，您才會有這麼多BL相關作品啊。請問您在進行BL類的工作時，有什麼特別注意的地方嗎？

我覺得BL作品有許多吸引人的封面。我想這是因為比起其他類型的作品，BL漫畫的讀者比較常單看封面就決定購買。根據我的推測，或許是因為與一般漫畫相比，BL漫畫的讀者之中有許多人都有同人創作的經驗，所以對裝幀設計有興趣的關係。

Q.7_請問從事設計工作的時候，什麼樣的事能讓您感受到快樂或成就感呢？

看到有讀者說「我一看到封面就買了」的時候，我會想要更努力工作！

Q.8_從事漫畫設計時，最重要的是什麼呢？

為了將作品推銷給目標客群，我認為最重要的是如何讓讀者一眼就看出該作品的魅力。

Q.9_您今後有什麼想挑戰的工作嗎？

如果有機會的話，我想挑戰動畫或電影的領域。我對服飾品牌的工作也有興趣。

Q.10_對於想成為設計師的人，您有什麼話想說呢？

這份工作或許很適合習慣苦思的人。

STEP1 插畫草稿的選擇

1-1 評估插畫家提供的草稿版本

草稿1

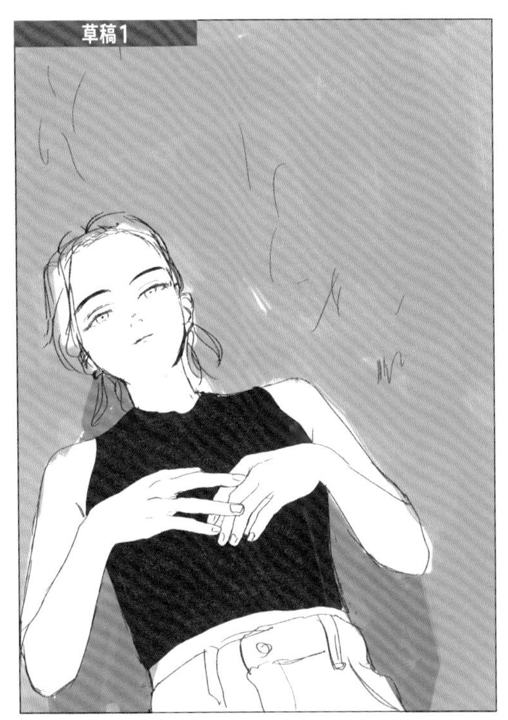

角色躺在草原上的情境。畫面帶有季節感，給人爽朗的印象。如果要放書名的話，位置應該會在右上方。

草稿2

背景是花草的版本。角色的手放在襯衫的鈕扣上，稍微給人一種意味深長的印象。

草稿3（以此進行設計）

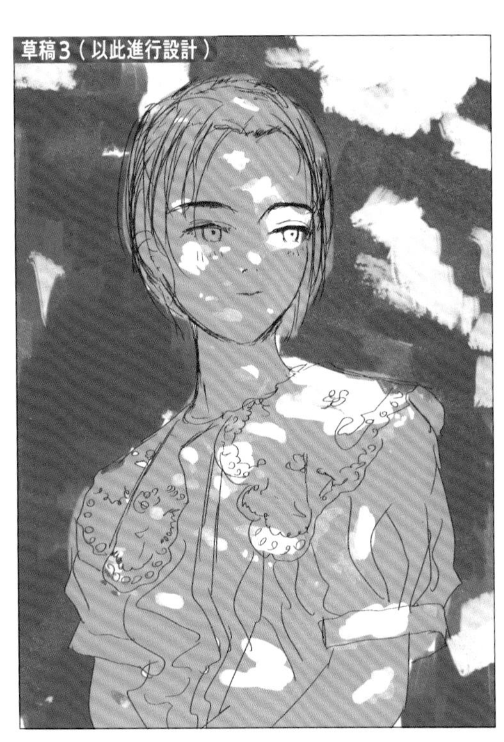

角色身在樹蔭下，被穿透枝葉的陽光照射著。看到草稿的時候，我立刻就被她的表情吸引了。另外，以插畫家的風格而言，我認為樹蔭可以構成非常迷人的畫面，所以這次我決定請插畫家將這幅草稿畫成完整的作品。

STEP2　構思基礎設計

2-1　評估文字與邊框

開始進入細部的設計之前，我會先摸索文字的編排方式、邊框的有無、邊框色彩等基礎的造型。

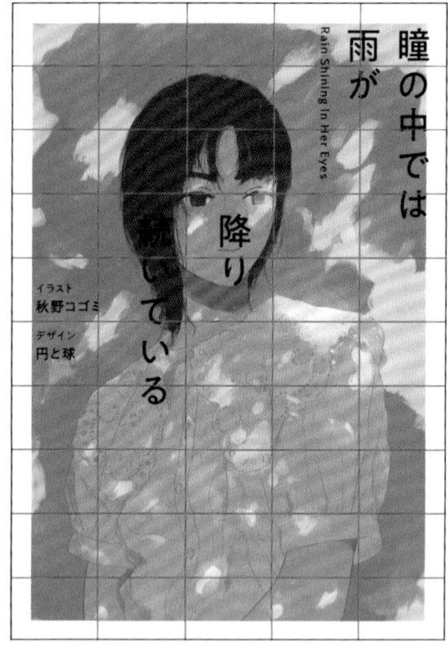

按照網格系統，摸索出適當的編排方式。

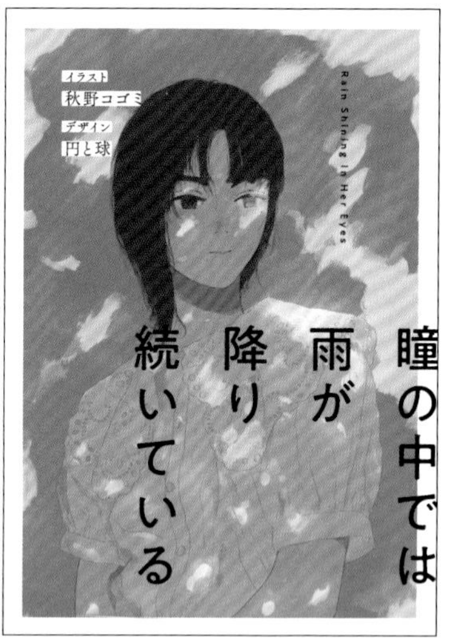

思考如何編排會比較有趣。

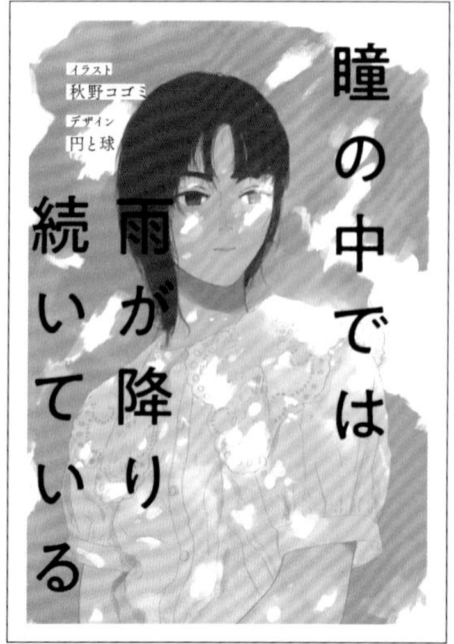

試著調整插畫的色調等。
（這種時候可能需要取得插畫家的同意。）

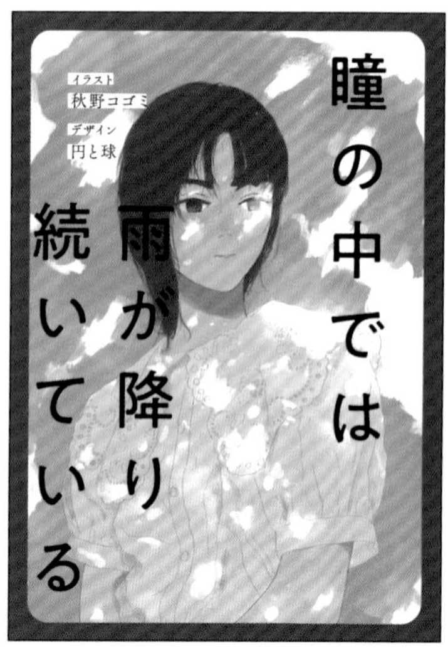

加上有顏色的邊框，觀察效果。

2-2　整理工作人員名單的文字要素

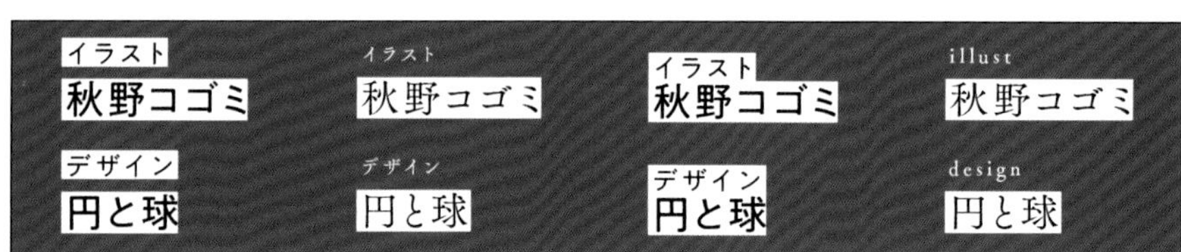

整理工作人員名單的編排方式。因為這次我不希望畫面太亂，主要是以右下角的版本作為基礎。

STEP3 設計封面

3-1 A版本的封面設計

開始製作幾種不同的版本。我改變著眼點，製作了幾種方案。
我有時候也會以手繪的方式畫草稿，但這次的插畫與書名都很有詩意，頗具想像空間，所以我認為先動手做比較快。我首先做了一種版本。因為書名中包含了「雙眼」的詞彙，角色的憂愁表情也很迷人，所以我認為特寫臉部或許是個好方法，於是設計了這一組封面。

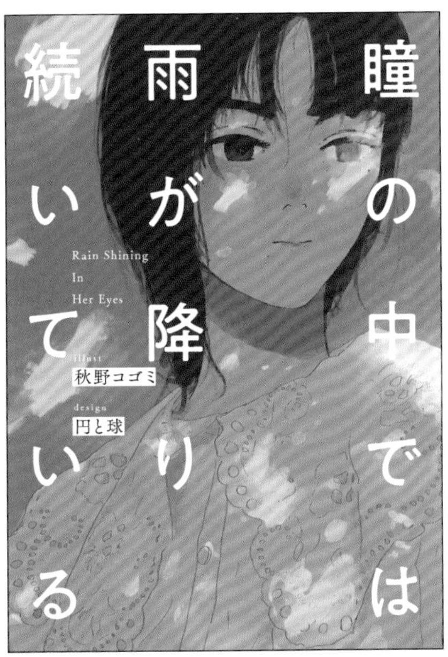

因為想呈現衣服的細緻度，我試著特寫了胸部以上的部分。

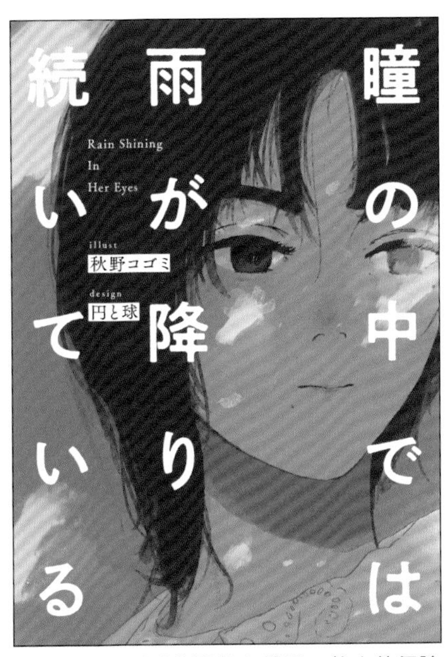

機會難得，所以我聚焦在雙眼，放大整個臉部。插畫的色調偏暗，因此使用白色文字。

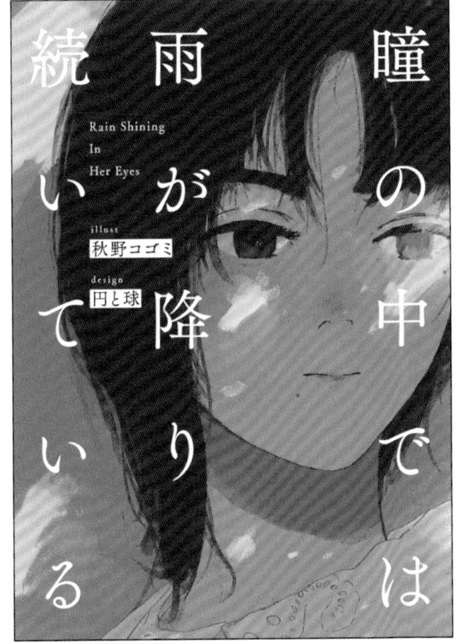

太粗的文字給人不太協調的感覺，所以我試著搭配了特別細膩的字型。

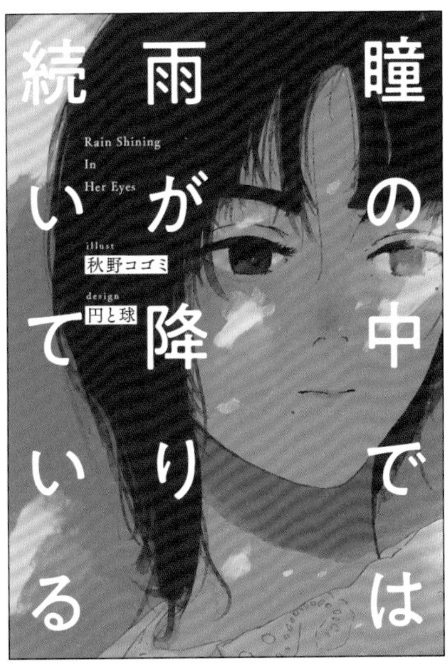

太細的文字又會給人薄弱的印象，因此我嘗試了比先前版本稍細的黑體。我選擇了這個方案作為A版本。

3-2 B版本的封面設計

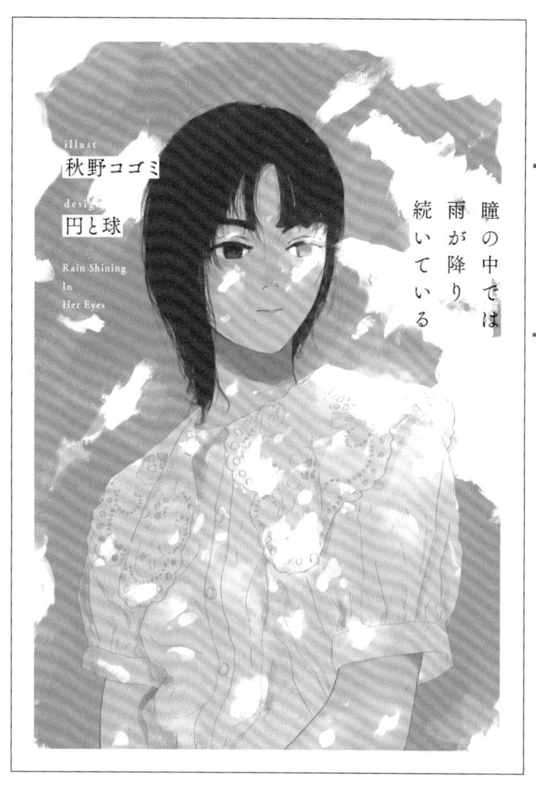

我覺得陽光與白色邊框融合的樣子很有趣，所以設計了這組極簡的封面。
因為不想在Illustrator上追加太多元素，我增加了插畫所使用的陽光材質，補充留白的部分。

補充在這附近

3-3 C版本的封面設計

我調整插畫的色調，使底色變白，整體色調便給人一種充滿希望的感覺，於是我決定嘗試溫暖又細膩的風格。書腰的文案似乎會包含戀愛要素，所以我用英文的裝飾文字來表現浪漫的氛圍。

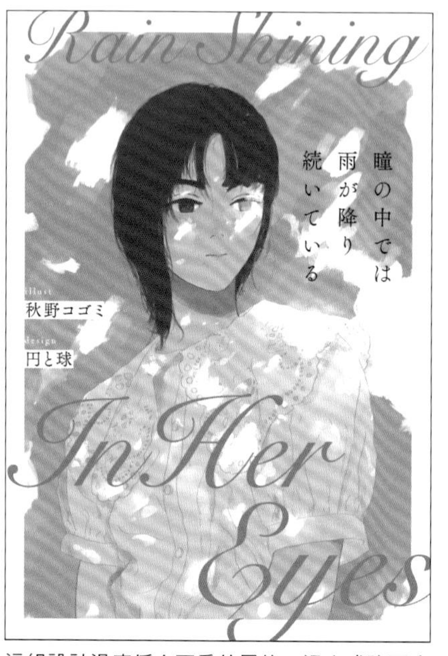

這組設計過度偏向可愛的風格，這次或許不太合適。

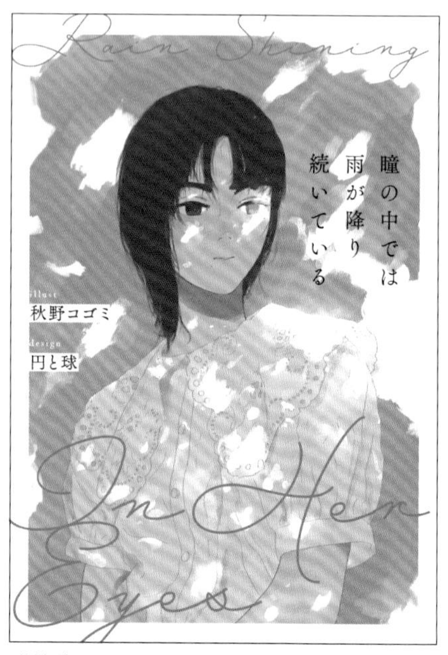

雖然稍甜了一點，但帶有現代風，因此採用這個版本。

STEP4 設計書腰

4-1 製作適合封面的書腰

決定書腰的設計。我製作了封面的ABC版本，AB給人偏文學的印象。因為這次要做的是漫畫的封面，所以我覺得比較平易近人的C或許不錯，於是決定採用C的設計，開始製作書腰。

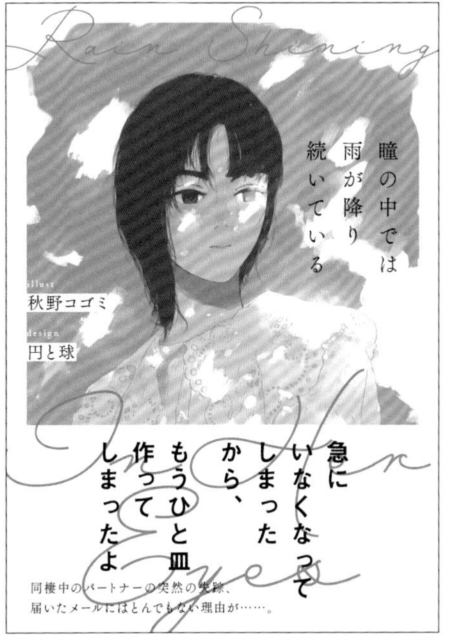

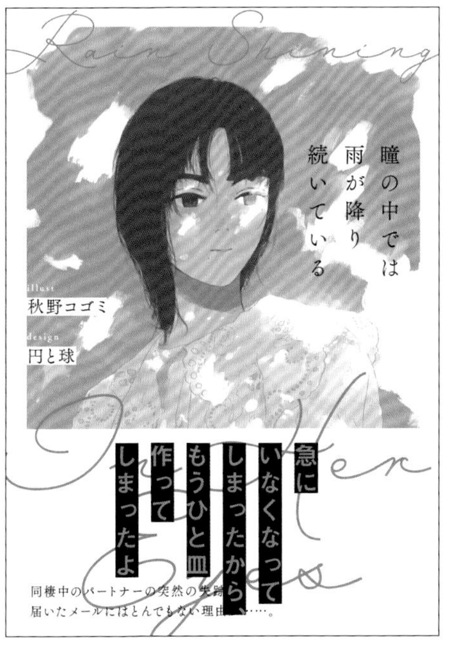

我想做出能襯托封面設計的書腰，於是嘗試了各種文字編排與風格。因為是情緒起伏較少的封面，所以文字的對比並不強。

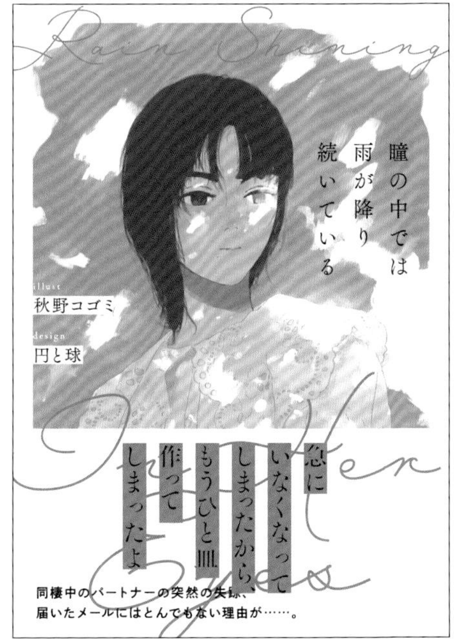

不過，標語的「因為你突然消失，害我又多做了一盤飯菜」一口氣讀起來會有點長，而且有種引人入勝的感覺，為了強調它，我用色塊將它框起，也稍微調整了大小。

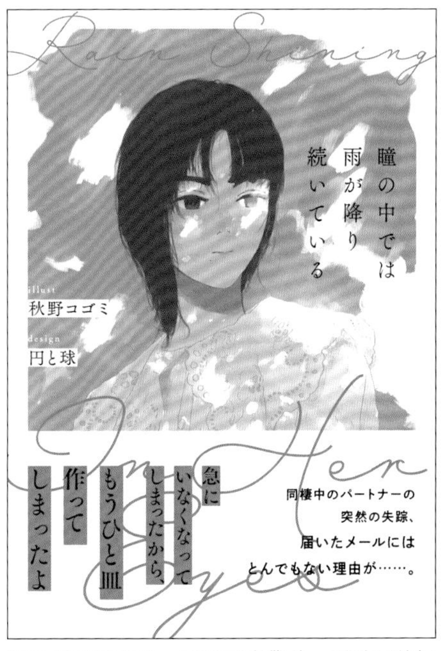

這是採用的版本。因為插畫帶著一種神祕的氣息，如果真的有這部漫畫，我認為從中擷取實際的幾格漫畫來編排的話，效果或許會更好。

Column

未採用的設計

①未採用的封面設計

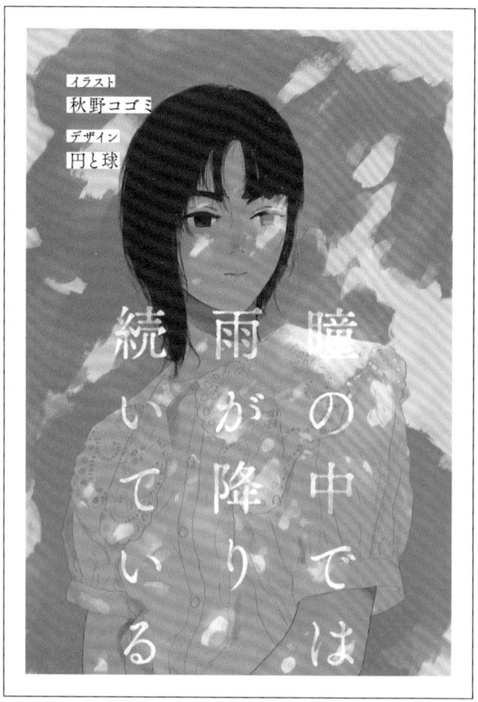

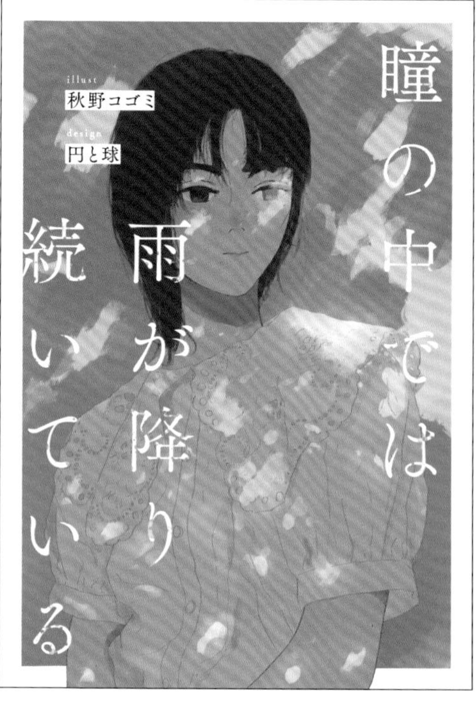

這些是未採用的設計。我想嘗試配合插畫的憂鬱氛圍，但變得太過柔美，似乎不太適合這次的封面。話雖如此，不做做看也不會知道，所以我實際嘗試後，中途放棄了這組設計。

②未採用的書名LOGO

原文字

瞳の中では
雨が降り
続いている

瞳の中では
雨が降り
続いている

瞳の中では
雨が降り
続いている

書名LOGO使用了文中也有提到的詞彙，做出被雨水淋濕的模樣。

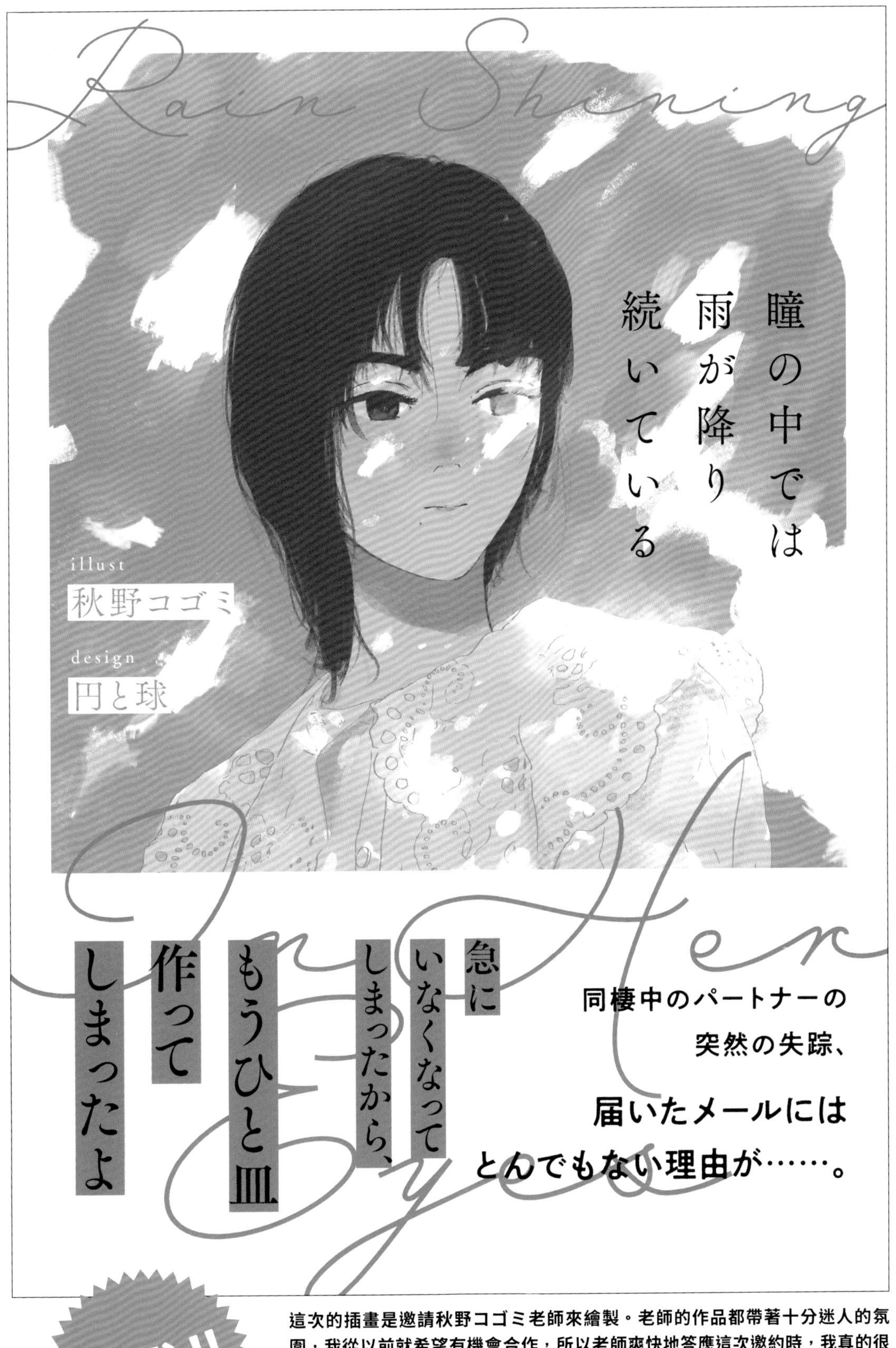

完成!!

這次的插畫是邀請秋野コゴミ老師來繪製。老師的作品都帶著十分迷人的氛圍，我從以前就希望有機會合作，所以老師爽快地答應這次邀約時，我真的很高興。謝謝您繪製了如此美麗的插畫。因為我是腦中點子很零散的類型，所以撰寫製作過程的時候感到特別困難……這次的經驗非常寶貴，讓我獲益良多。如果能多少發揮參考價值，那就太好了。

Fictional Comics Making

case 03

虛構的漫畫設計 封面設計的完整流程

Designer：柳川價津夫

最後登場的是曾經為許多人氣漫畫設計封面的柳川價津夫老師。表情令人印象深刻的插畫與設計之間，究竟會發生什麼化學反應呢？就讓我們來看看吧。

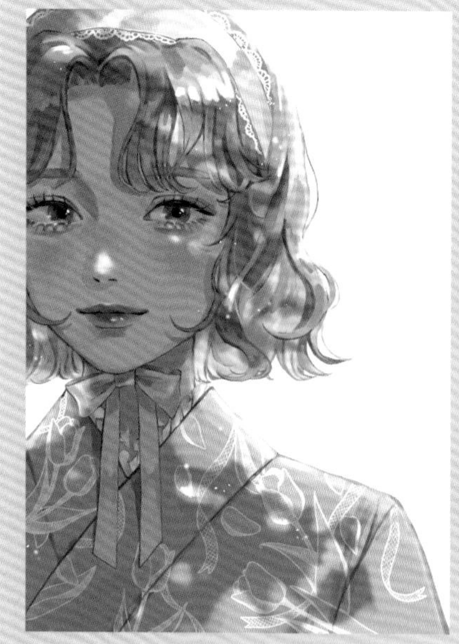

書名

春を纏う
（身著春日）

客戶提供的設計概念

插畫家原本提出的概念是穿著和服搭配蘿莉塔服飾的女性。雖然服裝的蘿莉塔元素在完稿的過程中漸漸減少，但從角色穿著現代風和服的樣子，可以聯想到時下的少女自由自在地享受穿搭樂趣的故事，因此以這樣的概念向設計師提出委託。

作品關鍵字

和服／時尚／粉紅色頭髮／蘿莉塔服飾／微笑／初春

封面插畫／ひたち

Interview

Q.1_請問您立志成為設計師、投入設計工作的契機是什麼呢？

坦白說，學生時代的我是以漫畫家作為目標。我覺得設計對漫畫有幫助，於是進入設計學校就讀，當時我在廣告的課堂上想出來的點子獲得了人氣投票的第一名。此後我就對廣告比較有興趣，因此進入廣告代理設計公司就職。後來我負責製作出版社的懸掛式廣告，在因緣際會之下開始替漫畫雜誌或單行本提供設計。雖然沒能成為漫畫家，卻仍然從事與漫畫有關的工作，這讓我感覺到某種不可思議的緣分。

Q.2_聽說您也會從事文案撰寫的工作，請問您認為以設計為專職的人，也應該具備撰寫文案的天分或感性嗎？

我是從設計師出發，中途才開始撰寫文案。我最終的職稱是創意總監，從廣告的概念確立等企劃的核心部分，到藝術指導與文案撰寫等個別的具體表現方式，都是我會參與的工作範圍。我認為設計是「傳達」的技術。如果當下不能將如何傳達、傳達什麼的想法化為明確的語言，頂多只能做出「風格好像還不錯」的東西。那樣根本無法向他人說明清楚。所以對設計師來說，對語文的敏感度當然也是很重要的。我有時候也會在沒有知會編輯的情況下，自行替漫畫的書腰撰寫文案。

Q.3_設計的工作需要各式各樣的資源，請問您會從什麼地方獲得靈感呢？

這個嘛，我很喜歡日本畫，所以有時候會參考日本畫的色調或構圖，平常也會收藏電影的傳單，經常從老電影的傳單中獲得靈感。另外，我還會去書店看平放在架上的許多書。我覺得接受自己缺乏的刺激也是很重要的一件事。

Q.4_至今為止，有什麼工作讓您印象深刻嗎？

首先是我在2002年擔綱設計，作者為末延景子老師的《Life～人生～》。那個年代的少女漫畫封面都很千篇一律，書名一定要使用極度夢幻的裝飾字型，而且一定是放在畫面上方的位置。當時市場上充斥著類似的作品。《Life～人生～》雖然是少女漫畫，卻是沒有戀愛要素的革命性作品。內容是描寫正面對抗並且戰勝霸凌的過程，可說是頗具批判性的漫畫。所以在設計方面，我也想要打破以往的風格。我首先用簡約的黑體來製作LOGO，再加上鮮豔的顏色，以直排的方式擺放。為了強調眼神，我特寫了主角的臉部。這種新潮且充滿魄力的裝幀設計頗受好評。我還記得過一陣子，市場上便開始頻頻出現類似封面的漫畫，讓我忍不住沾沾自喜呢。另一個令我印象深刻的工作，就是我從2008年開始擔綱的，末次由紀老師的《花牌情緣》。這是已經改編為電影與動畫的暢銷作品，應該有許多人都是透過這部漫畫才認識我這個設計師的。我完全沒有更改書名LOGO的編排方式，一路做到了第47集。因為LOGO的位置是固定的，所以我每次都會在插畫的編排上特別用心，希望大家都能欣賞其中的巧思。

Q.5_請問從事設計工作的時候，什麼樣的事能讓您感受到快樂或成就感呢？

將自己的想法轉換成實體，展示給別人看的過程，以及得到他人讚賞的感覺。所以我非常喜歡發表提案簡報。看到編輯和作者驚訝的表情是我最開心的事。另外，現在的社群網站不是很發達嗎？我擔綱裝幀設計的作品上市之後，會有許多人在Twitter等網站上發表感想。閱讀這些感想讓我感到快樂，覺得製作時的辛苦有了回報。

Q.6_從事漫畫設計時，最重要的是什麼呢？

「透過設計將這部漫畫傳達給更多的人，使作品更加暢銷」是我很重視的事。我一直以來的目標都是「不俗的流行感」。我的個性就是喜歡堂堂正正地貫徹一件事。我們做的並不是自己的作品，出版社是為了推銷書籍才會委託我們。跟其他設計工作不同的部分嗎？我也會負責廣告設計或包裝設計，覺得其中並沒有太大的差別。頂多就是預算規模吧。預算較少的案子在決策方面比較單純，這是其中一個優點。

Q.7_您在社群網站上表示，今後將以自由工作者的身分繼續創作，請問您今後有什麼想挑戰的工作嗎？

雖然算不上挑戰，但離開了任職35年的公司，我目前想以嶄新的心態面對工作。過去曾共事的夥伴願意再找我合作是一件令人開心的事，跟新夥伴展開新的工作也讓我雀躍不已。我想努力為更多作品擔綱設計的工作。雖然現在比我在公司任職的時候還要忙碌，卻沒有哪一份工作是我不想做的，沒有什麼壓力，所以我感到很幸福。

Q.8_對於想成為設計師的人，您有什麼話想說呢？

我覺得漫畫設計是非常困難，但也非常有趣的工作。由於電子化的潮流，紙本書籍逐漸減少，使得裝幀的意義變得薄弱，但透過設計來襯托有趣漫畫的工作仍然有其意義，而且非常有意義──我是這麼想的。

STEP1 插畫草稿的選擇

1-1 評估插畫家提供的草稿版本

和服（以此進行設計）

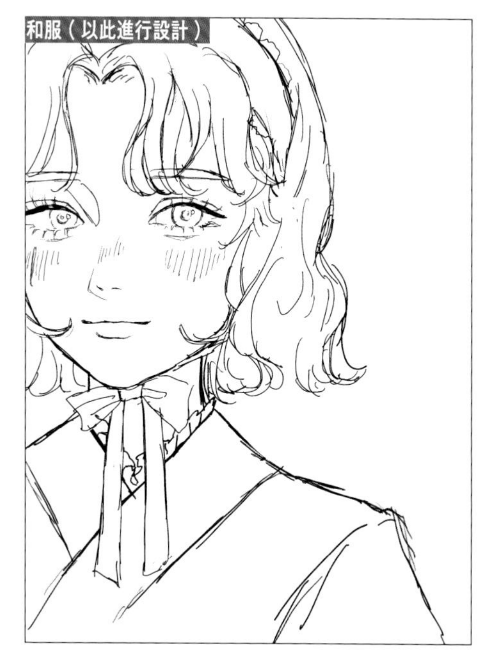

插畫家ひたち老師提供了幾幅草稿，其中就屬這一幅特別吸引我的目光。這幅草稿聚焦在女孩的慵懶表情。她身上所穿的和服是融合了哥德蘿莉風的原創服飾。據說故事背景是女孩們將和服改造成現代風格，享受穿搭樂趣的情節。我決定請插畫家將這幅草稿畫成完整的作品。

其他草稿

STEP2 評估書名字型

2-1 列出和風字型

春を纏う

春を纏う

春を纏う

春を纏う

基於插畫的概念，這本漫畫的書名就決定是古色古香的「身著春日（春を纏う）」了。如何料理這個書名將是勝負關鍵。我挑選了幾種帶有日式風格，或是保留活字印刷感的字型，觀察文字的氛圍。

STEP3　構思排版

3-1　構思多種排版的縮圖

描繪多款縮圖，摸索排版的可能性。由於這次的插畫已經決定使用幾乎不裁切的版本，所以只要擺上完整的元素，就能漸漸找出最適當的排版。在這個基礎之上，如何發展出充滿變化的版本，就是設計師要下的工夫。我平常都會在包含書腰的狀態下構思排版。要在書店吸引消費者的目光，書腰的文案也是非常重要的。我認為裝幀是一種包裝設計，也是自我行銷的廣告。

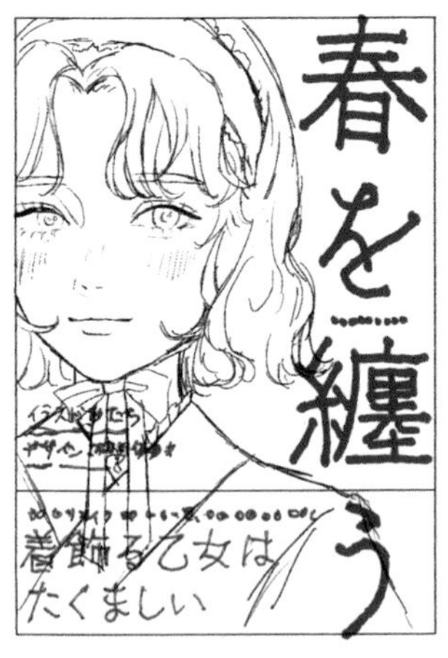

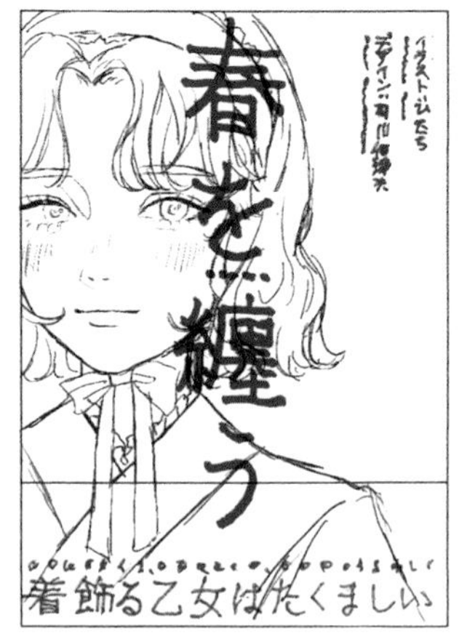

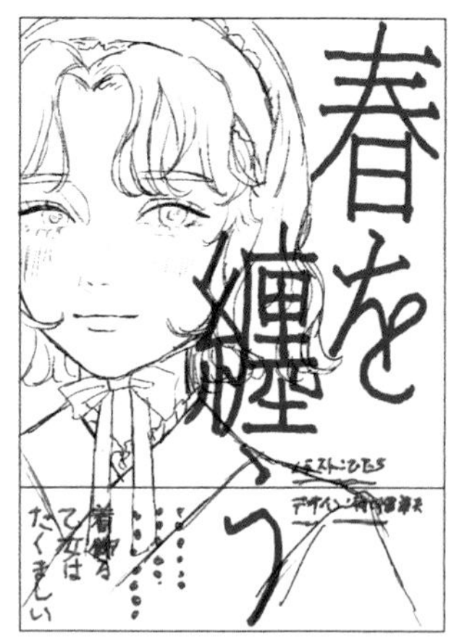

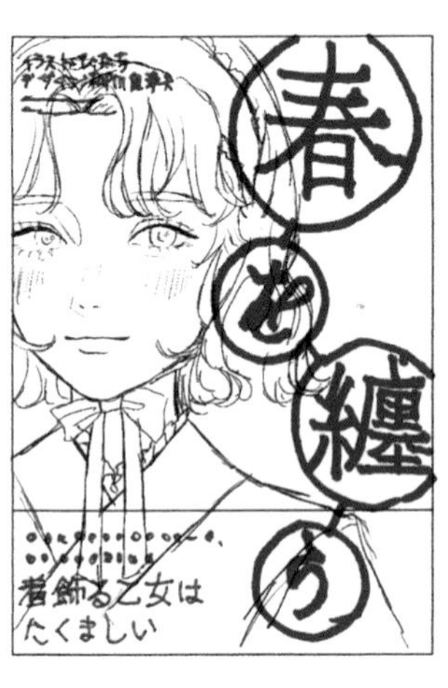

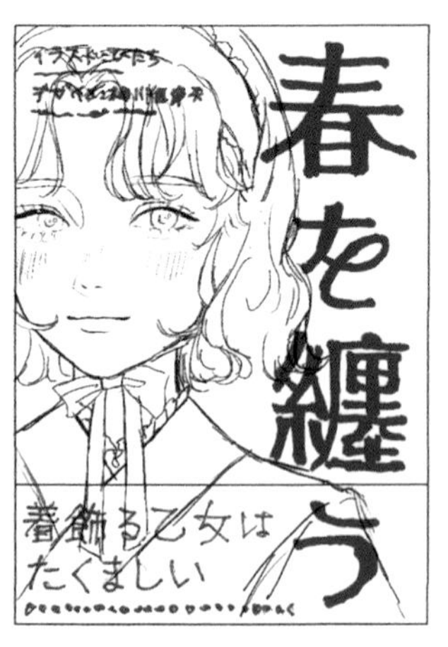

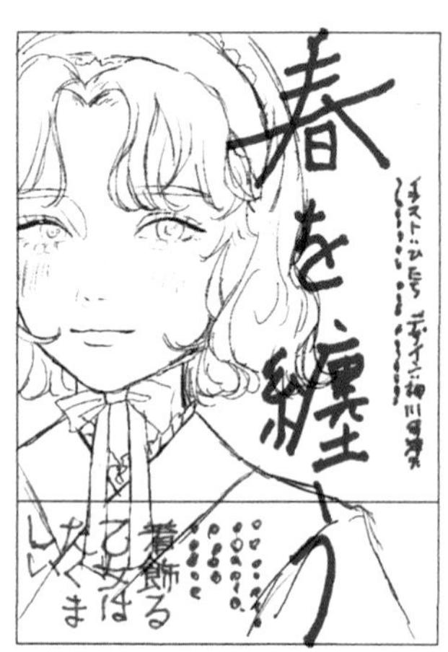

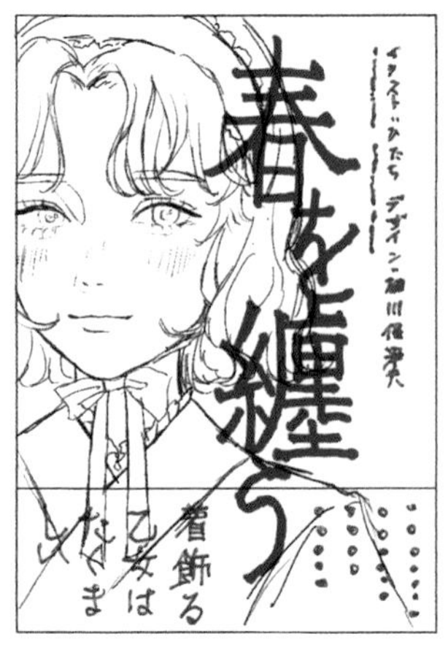

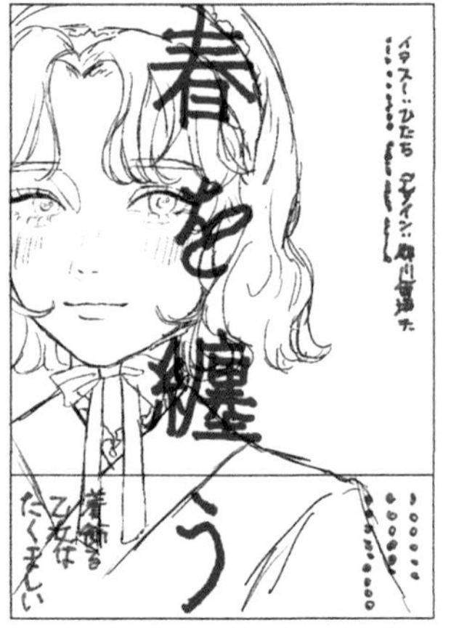

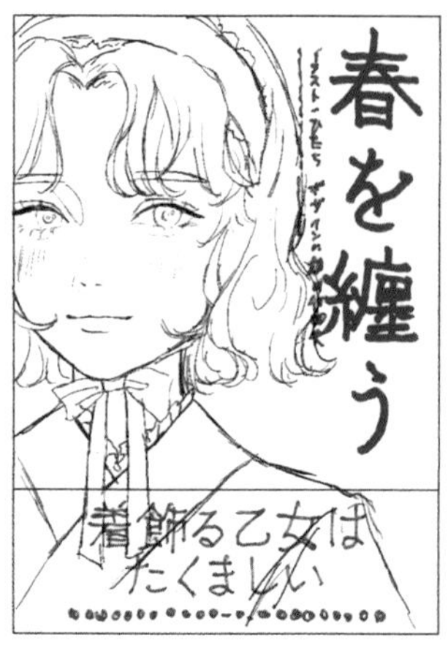

STEP4　收到完整版插畫

4-1　以插畫家完成的插畫為基礎，正式開始設計

ひたち老師的插畫已經完成了。少女沐浴著春日的陽光，逆光拍攝般的陰影頗具戲劇效果。和服的布料繡有鬱金香的圖案。我認為這幅作品非常出色。雖然背景留白也不錯，但搭配各式各樣的顏色或許會很有趣。我的腦中陸續浮現許多點子，很想立刻開始著手進行。

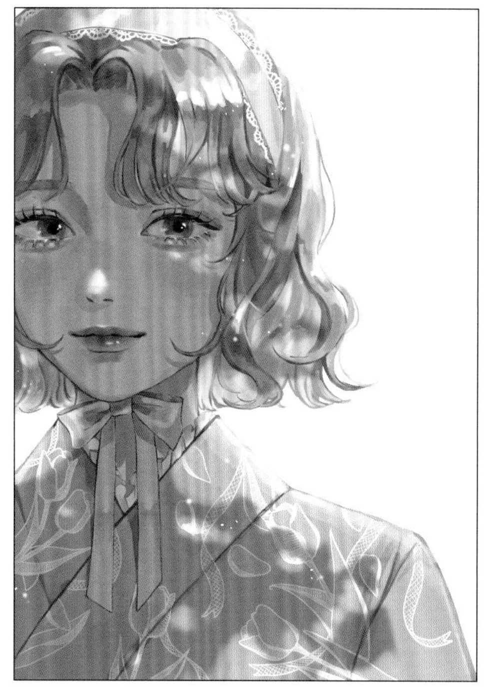

STEP5　製作基礎版本

5-1　用黑色的文字進行基礎排版

春を纏う

haru wo matou

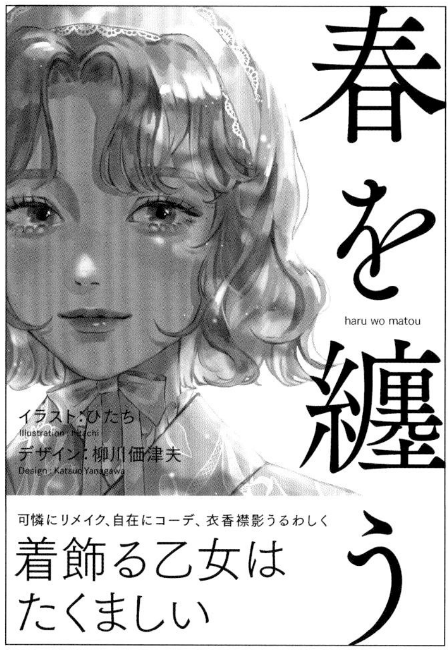

一開始先做出基礎版本。首先要盡量老實地將元素編排在適當的地方。全部使用黑色的文字難免給人有些粗糙的印象，我想在書名上增添春天的色彩，於是在下一頁貼上了自製的大理石紋材質。其實我平常有空的時候就會自製素材，存起來備用。

大理石紋素材

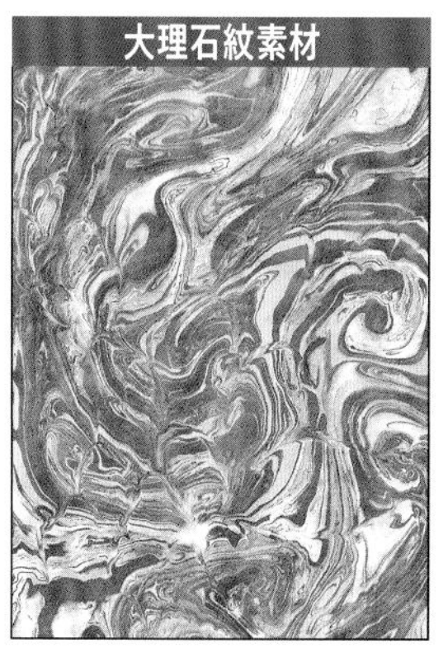

5-2 組合大理石紋素材

這是組合了大理石紋素材的成品。我認為這麼做可以表現單色所沒有的複雜效果。整體的色調統一為粉紅色系，構成了頗有春天風格的甜美畫面。背景的白底就像是春日和煦的陽光。我將書腰設定為半透明的偏厚描圖紙，可以稍微透出下方的插畫。

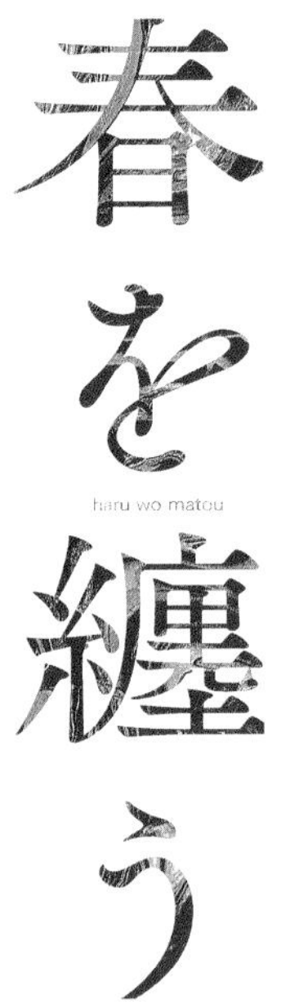

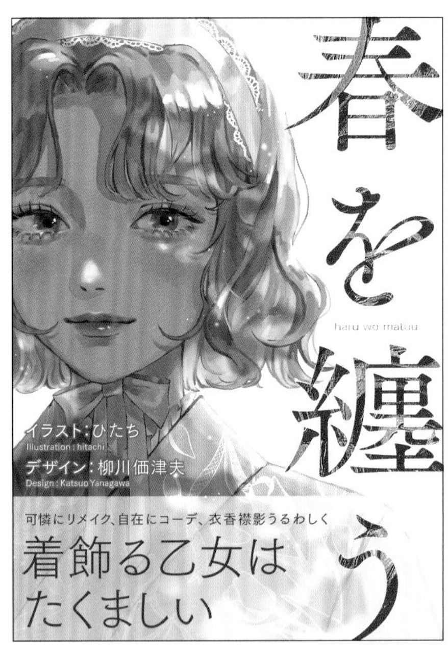

STEP6 用不同的字型嘗試各種編排

6-1 將書名放在正中央

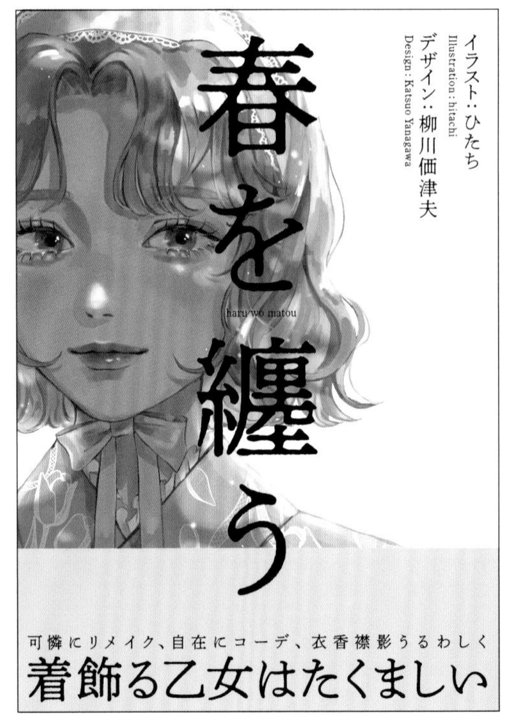

使用帶有印刷質感的字型，用直排的方式，將書名放在畫面的正中央。這是我擔綱設計的作品《花牌情緣》慣用的風格。角色的表情變得很堅定，所以我很喜歡。我刻意將所有文字統一為黑色，營造嚴肅的印象。相對之下，我將書腰設計成油菜花田般的鮮豔黃色，吸引讀者的目光。

6-2 放大細長型的文字

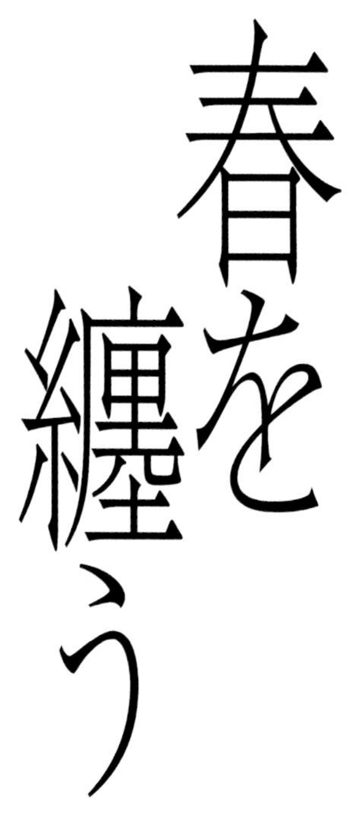

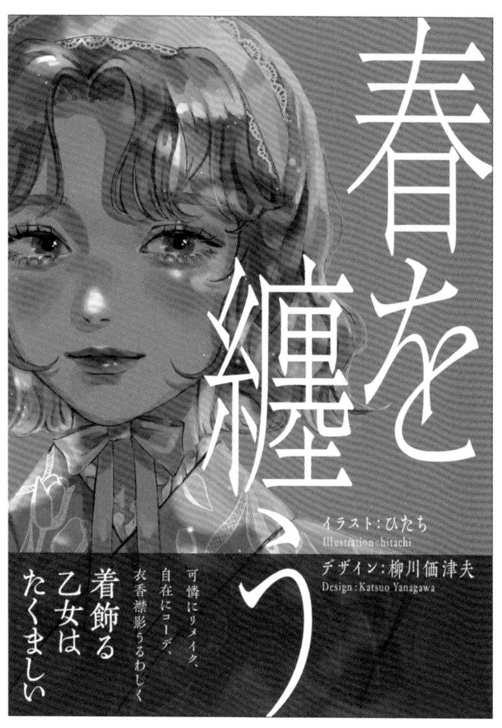

將帶有日式風情的細長字型放大，呈現有魄力的畫面。藉著插畫的妖豔表情與大膽的文字設計來正面對決。背景是彩度偏低的淡粉紅色。文字全部使用白色。因為背景色的影響，整體畫面給人偏甜的印象，所以我搭配了暖灰色的書腰，使色調收斂一點。

6-3 使用大小不一的文字，編排出節奏感

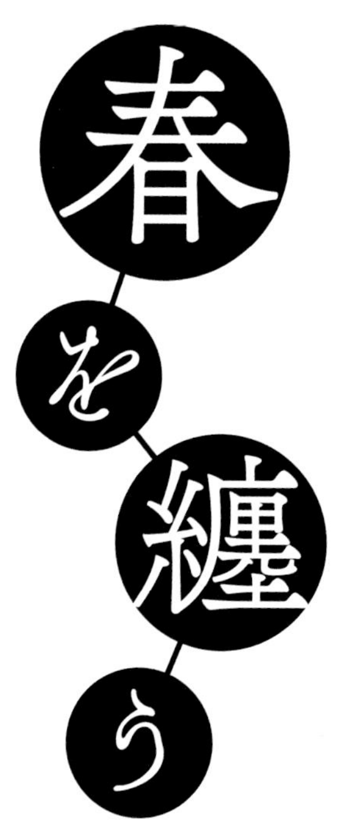

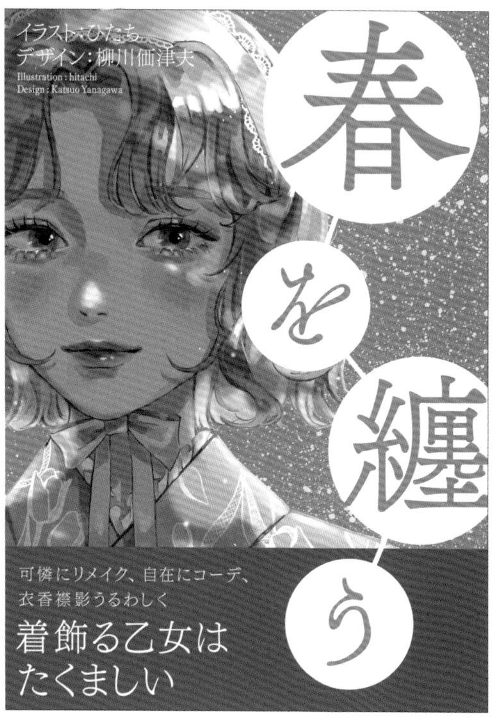

春天的英文是Spring，這個單字也有跳躍的意思。為了表現令人雀躍的感覺，我製作了這組富有節奏感的LOGO。我在圓圈中放入大小不一的文字，並使用星座般的線條將它們連接起來。我對排列整齊的書名有些不滿足，所以才想嘗試有動感的設計。背景填滿了橄欖綠色，再撒上自製的噴墨狀素材，增添春季的華麗感。

STEP7 製作原創LOGO

7-1 復古風格的LOGO

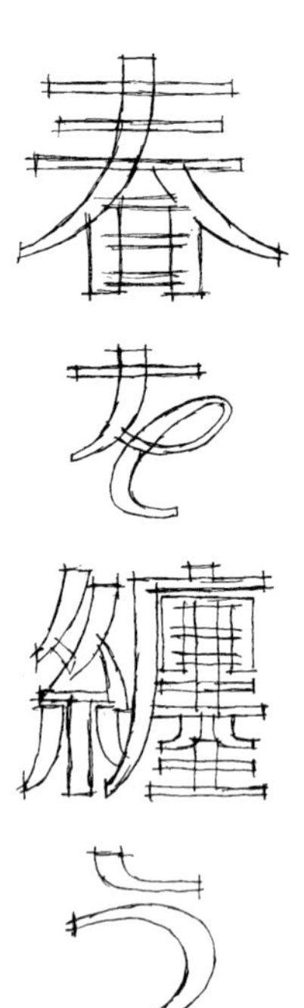

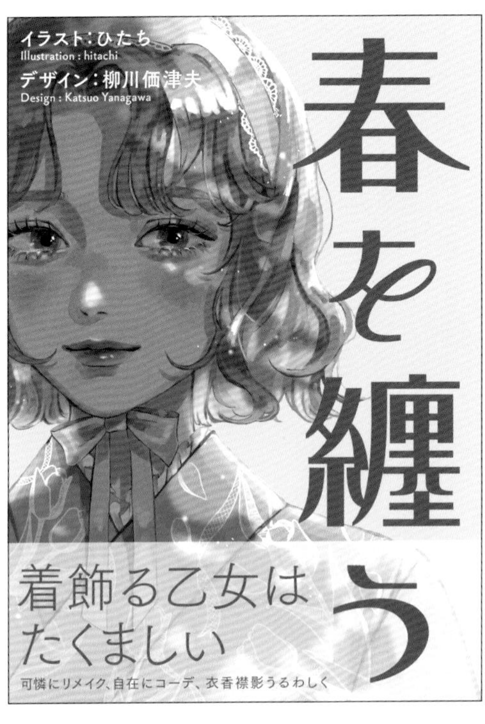

我覺得只有基礎字型的書名有點缺乏變化，於是製作了原創的LOGO。我模仿昭和當代風，設計了復古風格的字型。「を」的造型有點可愛，我很喜歡。褪色的黃色背景搭上接近金色的文字，在配色方面也呈現了復古的氛圍。

7-2 文學作品風的手寫文字LOGO

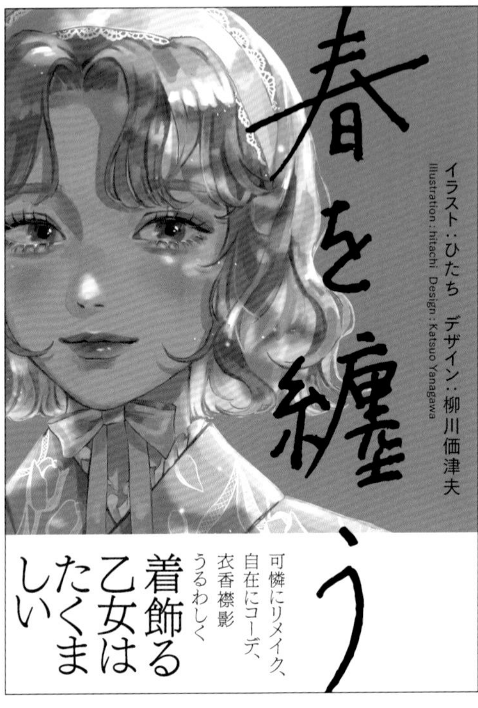

我使用長年愛用的鋼筆，很快地寫下書名LOGO。我想呈現直接從純文學作品的手寫原稿中擷取文字的感覺。手寫文字的自由感為畫面賦予了鮮活的印象。我在背景處搭配了接近人物陰影的暖灰色，使整體封面更有統一感。風雅的氛圍就類似日本畫的琳派。至於書腰的顏色，我原本考慮使用簡約的白色，但最後還是選擇了充滿春天氣息的粉紅色。

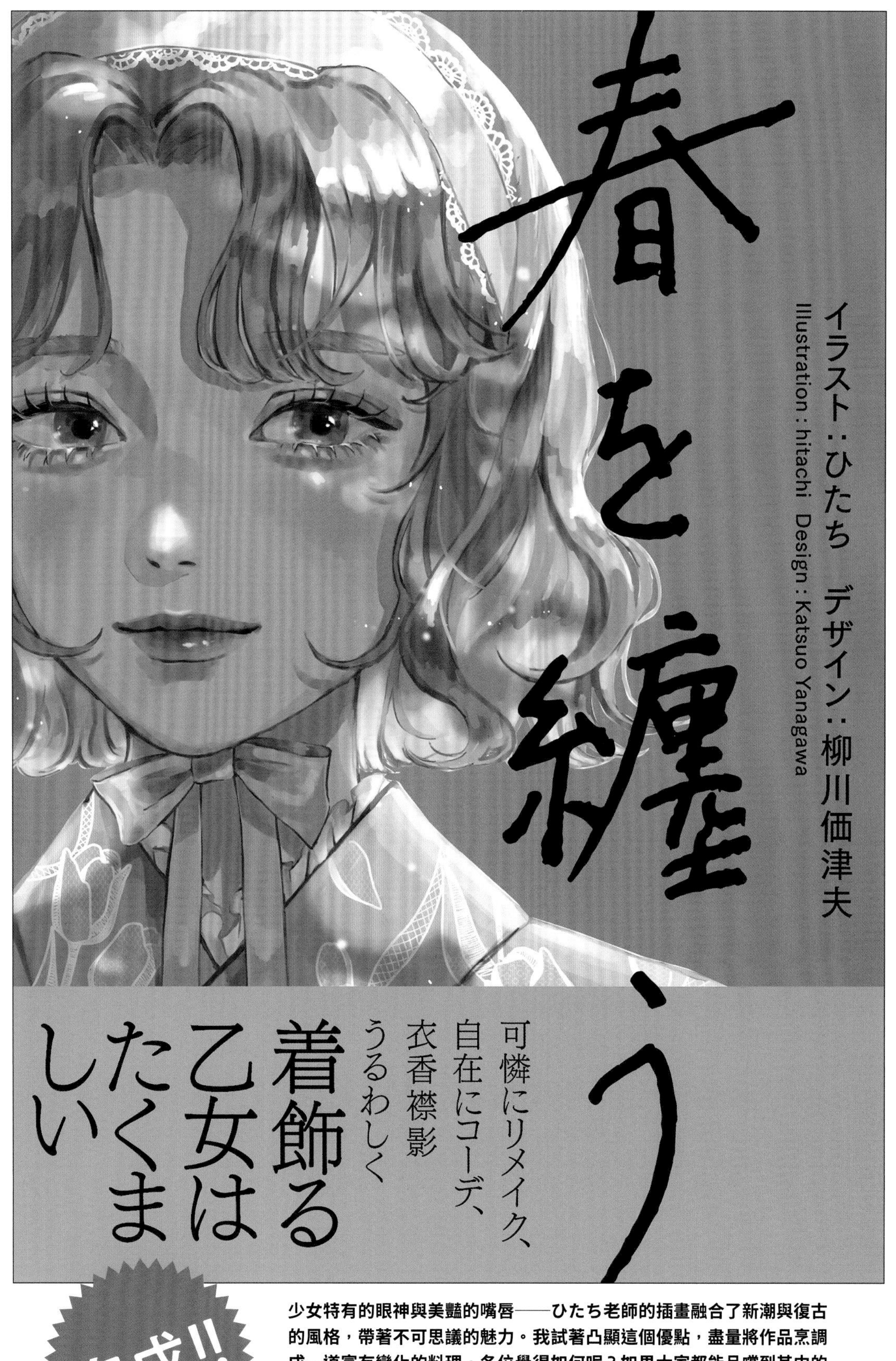

完成!!

少女特有的眼神與美豔的嘴唇——ひたち老師的插畫融合了新潮與復古的風格，帶著不可思議的魅力。我試著凸顯這個優點，盡量將作品烹調成一道富有變化的料理，各位覺得如何呢？如果大家都能品嚐到其中的美妙風味，那就太令我高興了。這次能得到如此寶貴的機會，真的很感謝出版社的邀請。我感到非常愉快。

[Chapter02]

漫畫設計範例集

040

Cute

Pop

了解漫畫的設計理念，讀起來也會更有趣！

Stylish

Natural

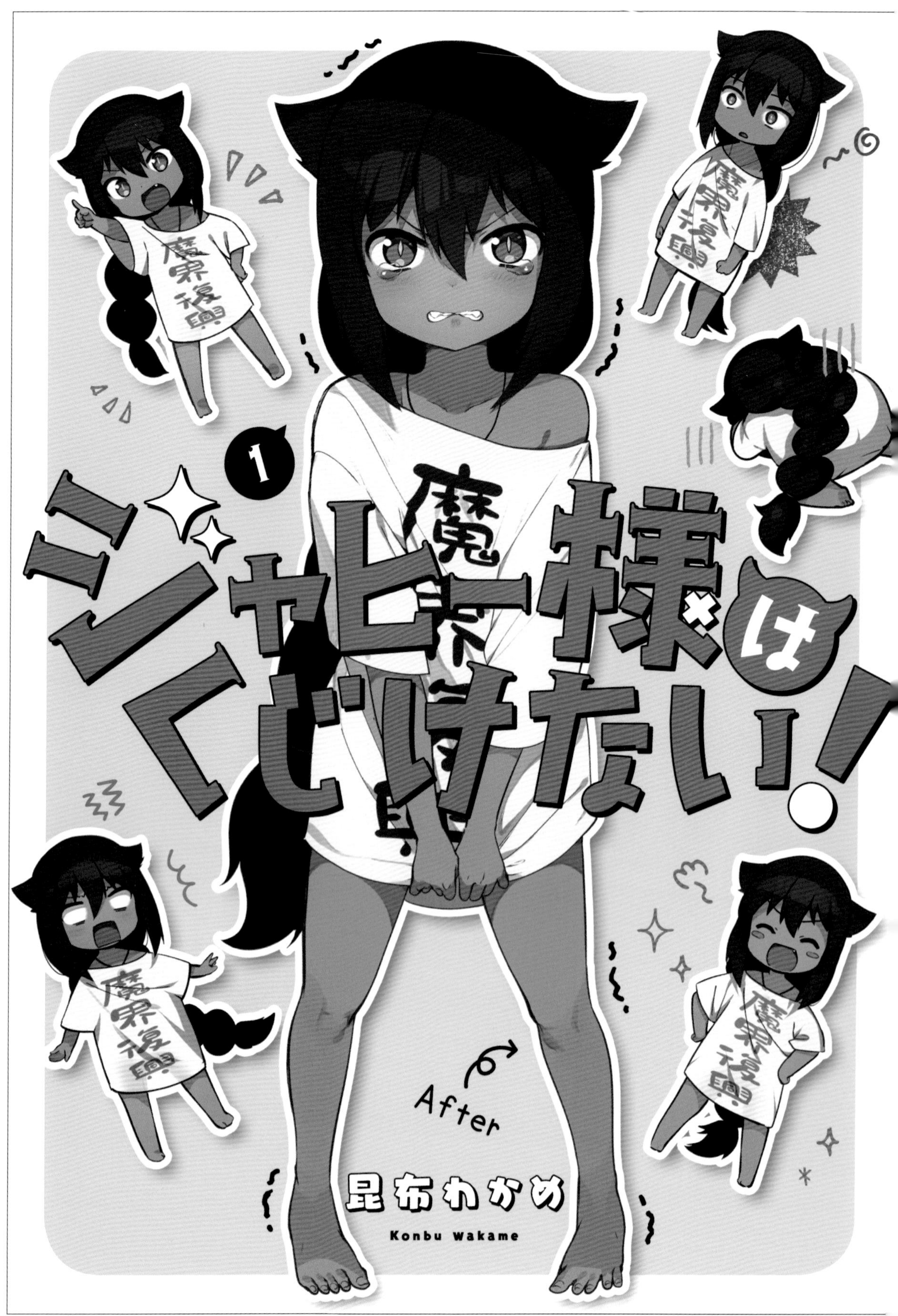
1
ジャヒー様はくじけない!
魔界復興
After
昆布わかめ
Konbu Wakame

（1）《ジャヒー様はくじけない！》（《賈希大人不氣餒！》）

發行／SQUARE ENIX　作者／昆布わかめ　設計師／高橋里奈（有限會社BANANA GROVE STUDIO）

為了凸顯遜咖主角的可憐與可愛感 設計出符合角色特徵的封面

描寫原本人人敬畏的魔王副手——賈希大人在人間討生活的日常系搞笑漫畫。周圍排列著Q版角色，給人開朗又熱鬧的印象。由於客戶希望能多少表現一點土裡土氣的感覺，於是設計師為文字與插畫加上邊緣，增添分量感。

[L O G O]

使用字型

設計師自創

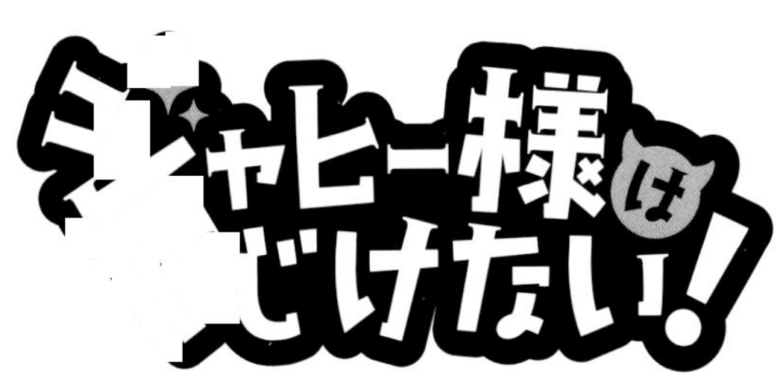

以「JTC彩滉W8」為基礎，經過加工而成。使用充滿動感的活潑風格來設計出適合搞笑漫畫的LOGO，並加上可以聯想到主角的元素。文字末端的尖角呈現了主角的高貴與自尊。

[I L L U S T R A T I O N]

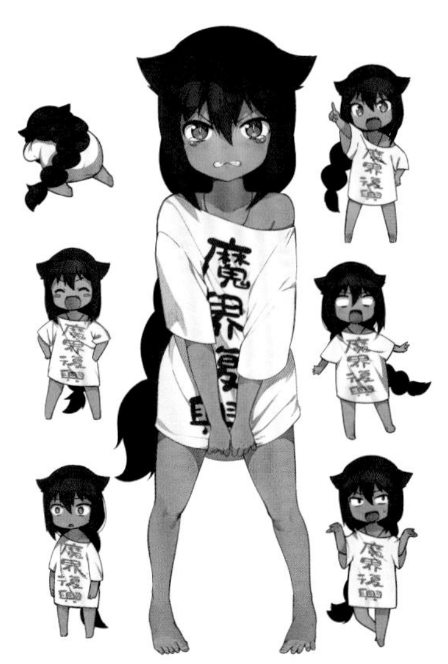

將主要角色放在中央，並編排多個Q版角色的詼諧封面插畫。

[O N E　P O I N T]

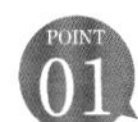

背景可以襯托角色 用手繪的裝飾使畫面更熱鬧

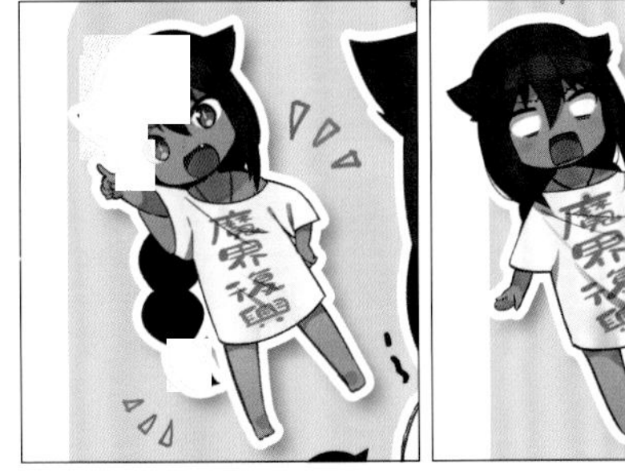

底色的黃色是名叫TOKA FLASH VIVA DX的螢光油墨。目的是凸顯主角的小麥色肌膚。裝飾在角色周圍的手繪風圖案是出自設計師之手，強調了豐富的表情。

為了強調主角的體型 加上書腰也能看得見全身

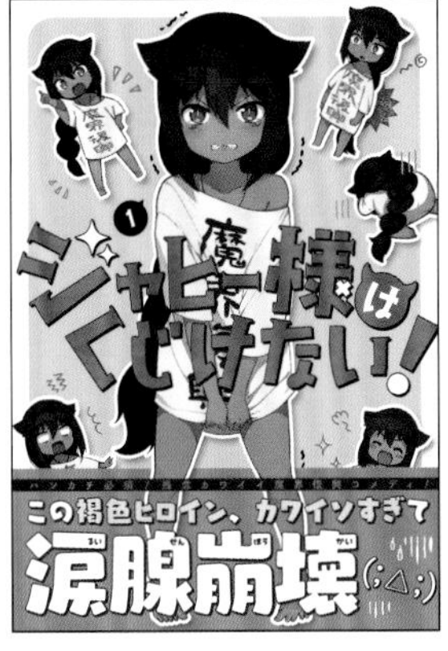

雖然設計師當初曾經考慮使用主要插畫的上半身特寫，但又認為展示全身比較能表現主角「又遜又可愛」的感覺，於是決定完整呈現到腳尖的部分。即使是加上書腰的狀態，也能看到完整的腳。

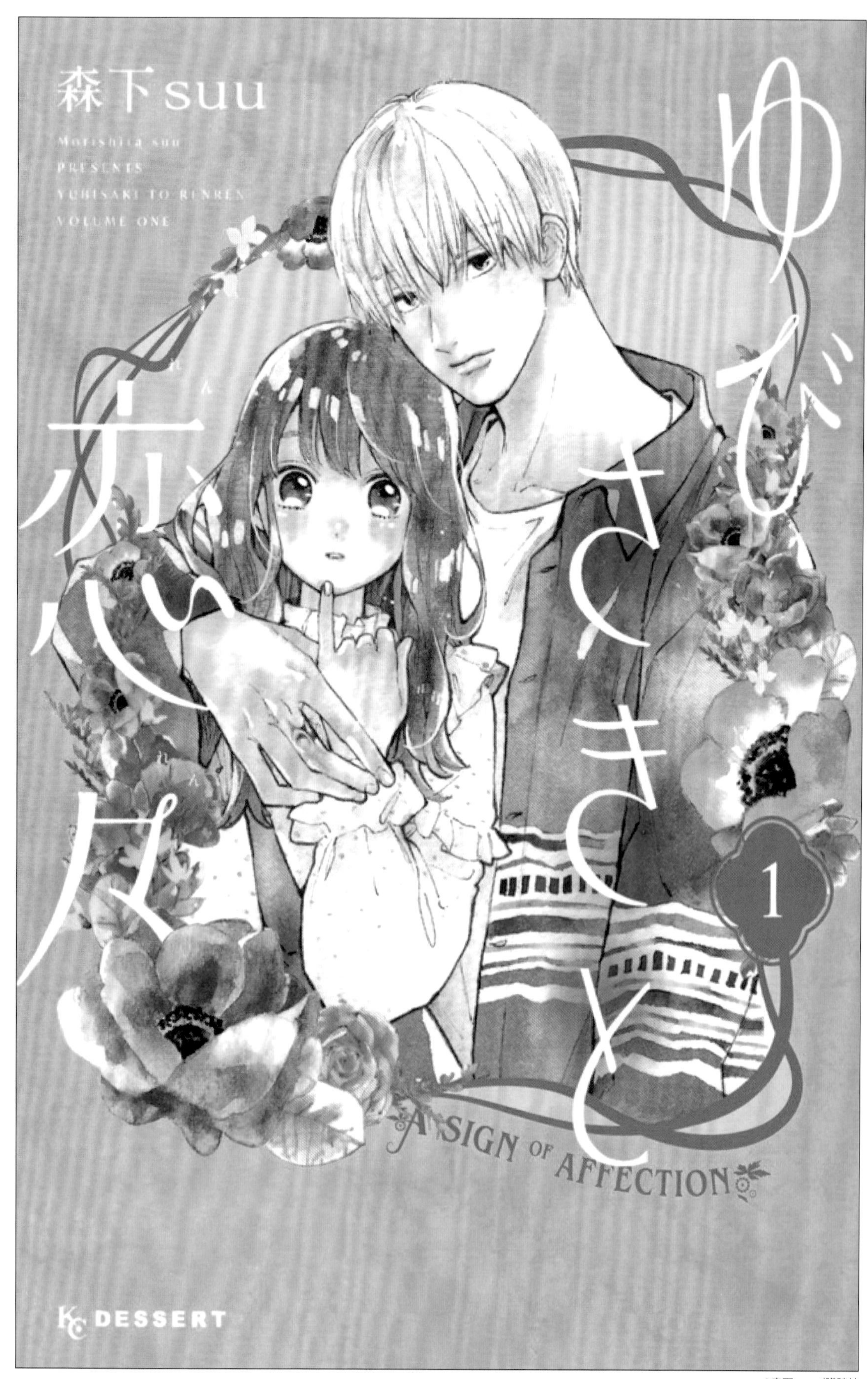
森下suu
PRESENTS
VOLUME ONE
ゆびさきと
恋々
1
A SIGN OF AFFECTION
KC DESSERT

（2）《ゆびさきと恋々》

發行／講談社　作者／森下suu　設計師／竹内はるか、市來沙里（BALCOLONY.）

以溫柔意象包圍人物的設計 從花朵裝飾到角色服裝皆與作者商量

患有聽覺障礙的主角雪，受到大學學長逸臣幫助的戀愛故事。基於如此細膩的主題，以溫柔的文學風、童話風色調來包裝整個設計。為了符合編輯方「吸引許多人接觸這部作品」的期望，保有商業化的架構，同時又呈現高雅的味道。

[L O G O]

使用字型

設計師自創

ゆびさきと恋々
A SIGN OF AFFECTION

模仿手指劃過的曲線，做出柔和又高雅的風格。「ゆび（指）」原本是使用特色比較強烈的曲線，但為了讓更多人看懂，改為重視易讀性的造型。

[I L L U S T R A T I O N]

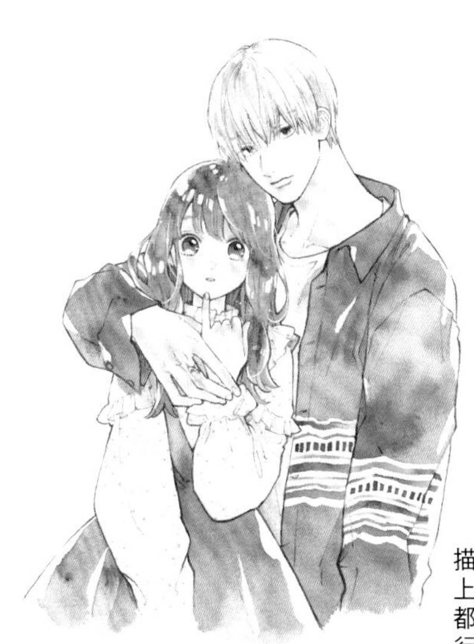

描繪在封面插畫上的服裝，每次都會與設計師進行討論。

[O N E P O I N T]

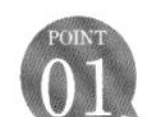

POINT 01 模仿新藝術風格 同時維持少女漫畫的平衡

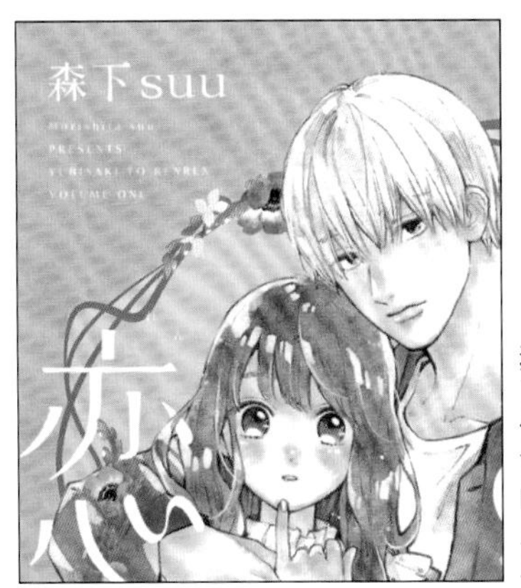

素材的搭配參考了新藝術風格，但太過複雜就會破壞少女漫畫的可愛與平易近人，所以終究是以插畫為主體。

POINT 02 與作者一起嘗試各式各樣的版本

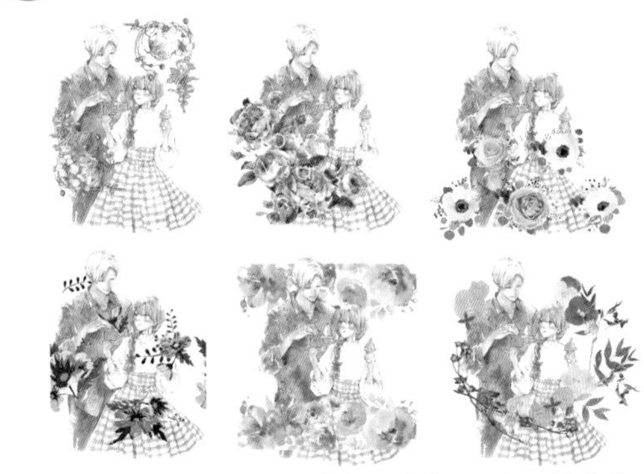

作者對花朵頗為講究，所以會製作許多不同色調的草稿，直接與設計師討論並決定方向。上圖是其中一例。

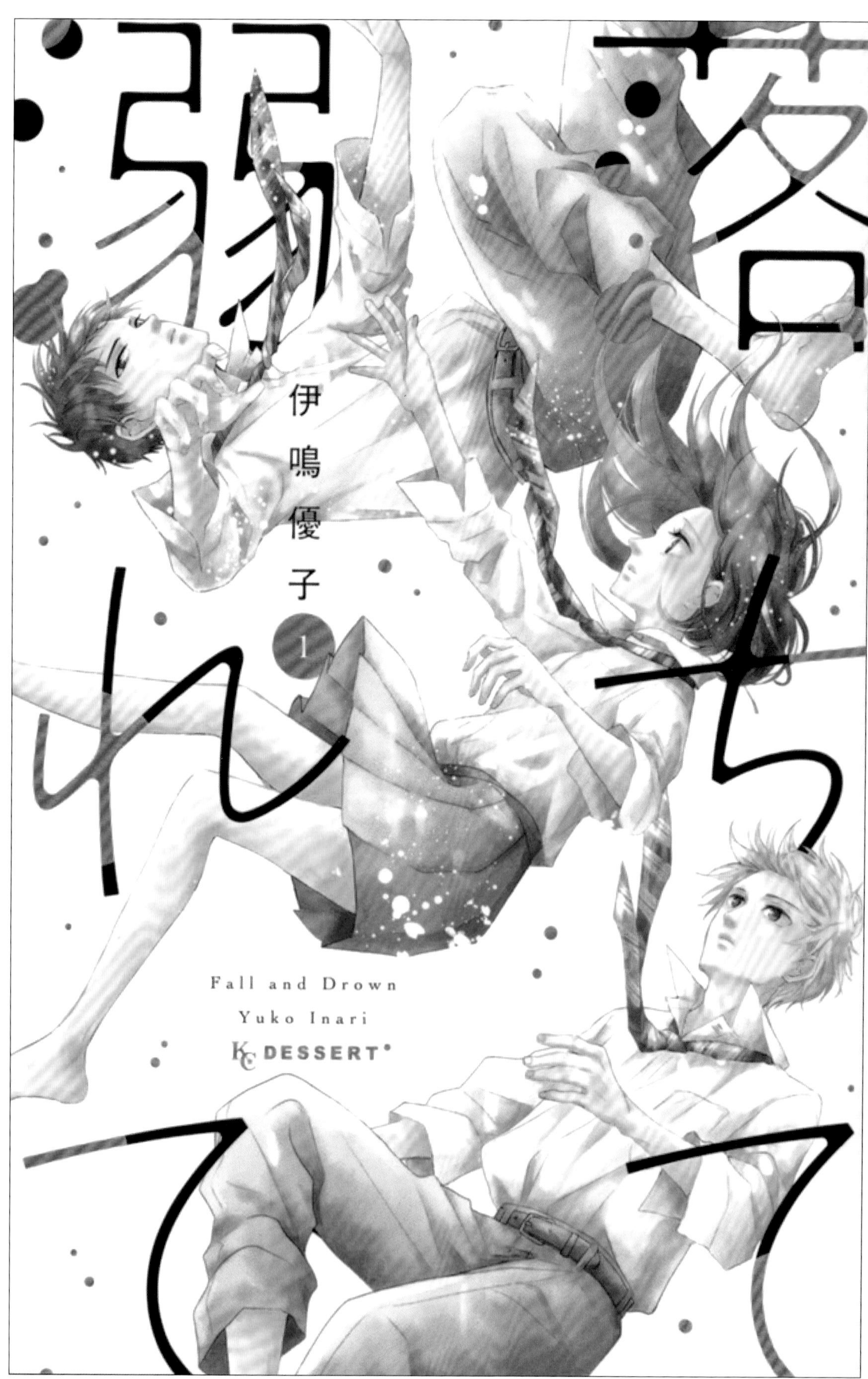
落ちて溺れて
伊鳴優子
1
Fall and Drown
Yuko Inari
KC DESSERT

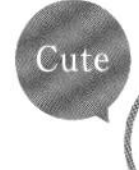

(3)《落ちて溺れて》

發行／講談社　作者／伊嶋優子　設計師／名和田耕平設計事務所

描寫女高中生在三角關係中徬徨的戀愛情愫 結合泡沫般的裝飾來表現漂浮感

描寫主角帆夏、兒時玩伴冬馬，和冷淡轉學生春之間發生的三角戀愛故事。封面插畫描繪了3個主要角色沉入水中的模樣。書名雖大，但編排在左右兩側，凸顯了角色。為了呈現戀愛要素，LOGO內的重點色採用了粉紅色。

[L O G O]

使用字型

漢字：「A1ゴシック」加工而成
假名：設計師自創

落ちて溺れて

以偏細的字型象徵細膩戀情的書名LOGO。

[I L L U S T R A T I O N]

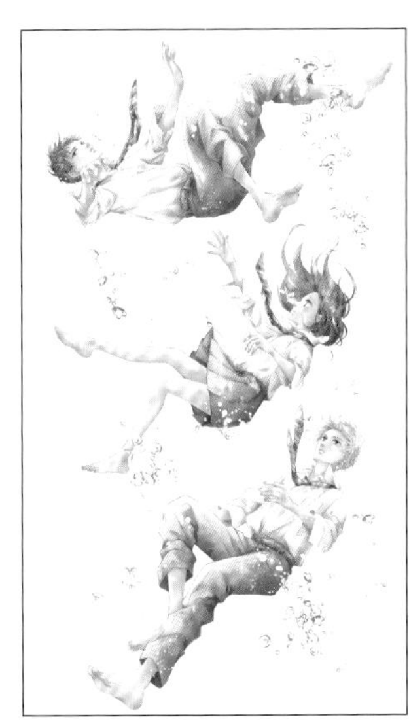

插畫象徵了主角徬徨於溫柔體貼的兒時玩伴與冷淡的轉學生之間。

[O N E　P O I N T]

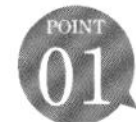

POINT 01 書名LOGO的漢字連結了水的意象

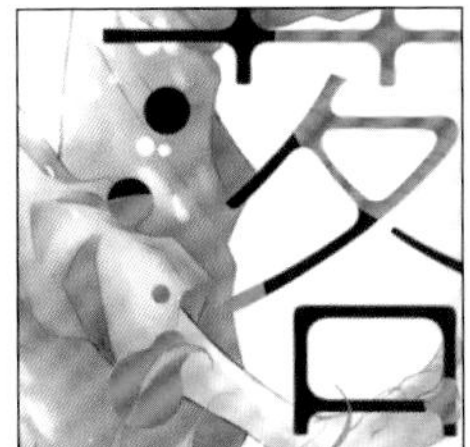

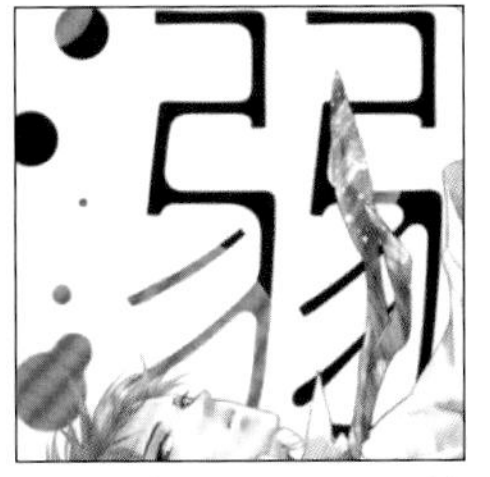

書名的漢字部分結合了泡沫的圖案，與插畫呈現統一感。

POINT 02 使用粉紅色來強調藍色插畫的清爽感

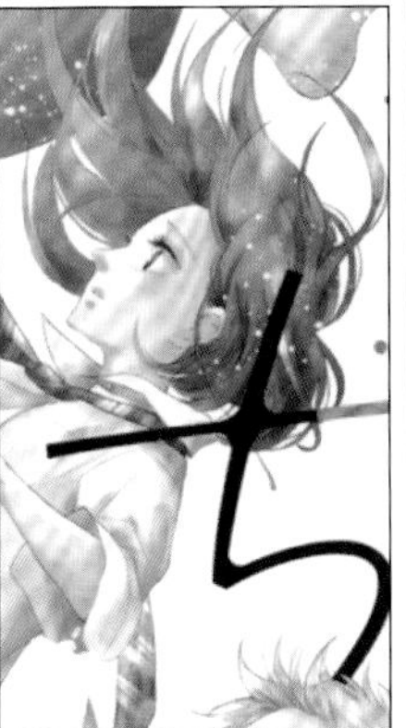

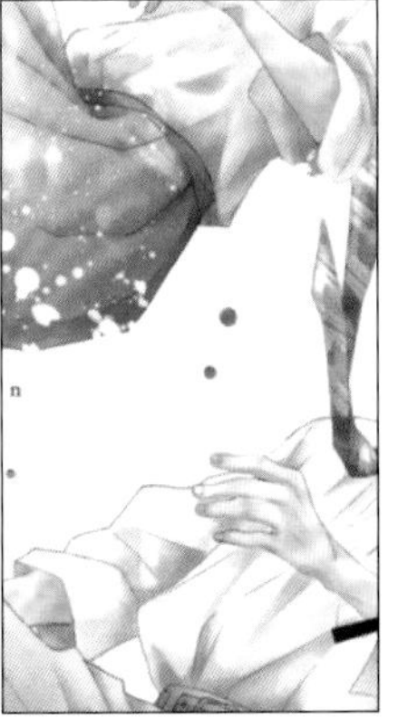

粉紅泡沫般的特效是設計師加上的。這麼做可以強調插畫的清爽感。

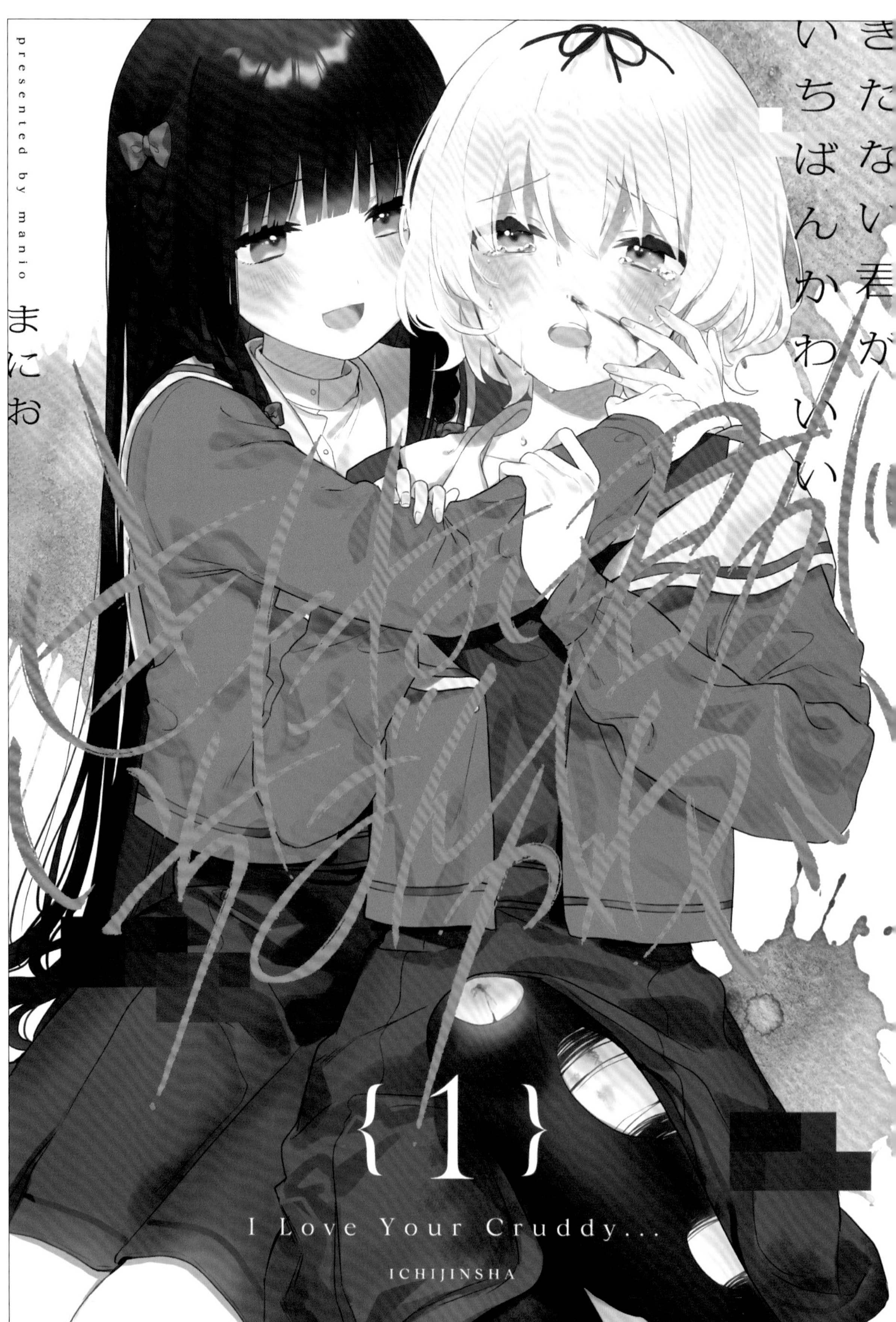
きたない君が
いちばんかわいい
presented by manio
まにお
{1}
I Love Your Cruddy...
ICHIJINSHA

（4）《きたない君がいちばんかわいい》

發行／一迅社　作者／まにお　設計師／佐竹榮人（BALCOLONY.）

女高中生以偏激又危險的方式表達愛意的故事 書名LOGO呈現了角色的心境

描寫女孩之間，以扭曲的形式來表達愛意的作品。不只是襯托插畫本身的爆發力，更以設計的加乘效果強化了本作的核心——異常性、特殊性癖、愛意表達等要素。雖然是相當搶眼的設計，卻維持在不會妨礙插畫的平衡點。

[LOGO]

使用字型

設計師自創

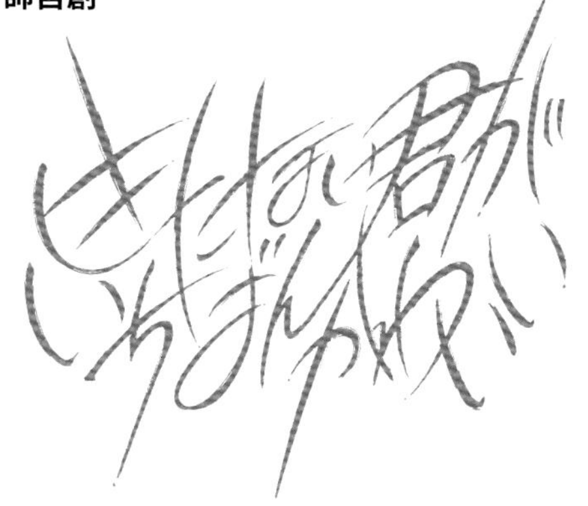

從主角折磨對象身心的「攻擊性」進行聯想，設計成帶刺的激烈字型。由於故事內容是確認彼此相愛的「親密」行為，所以盡量縮短了字距。

[ILLUSTRATION]

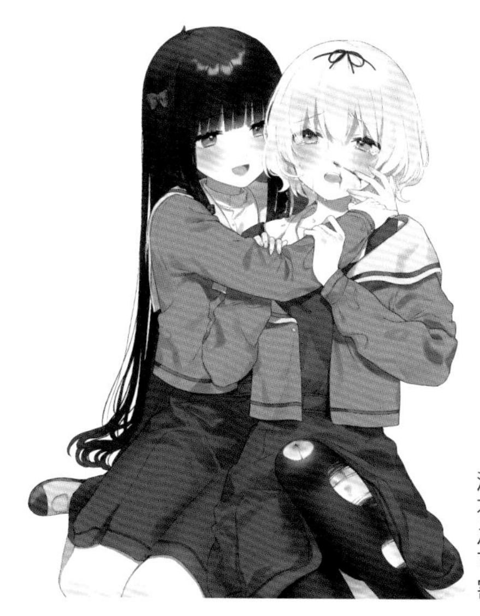

瀨崎愛吏與花邑ひなこ之間藏著不可告人的祕密。

[ONE POINT]

配合故事發展與角色心境調整字型的風格

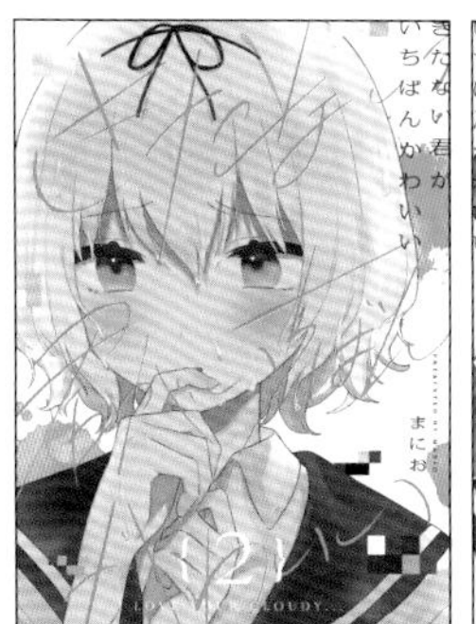

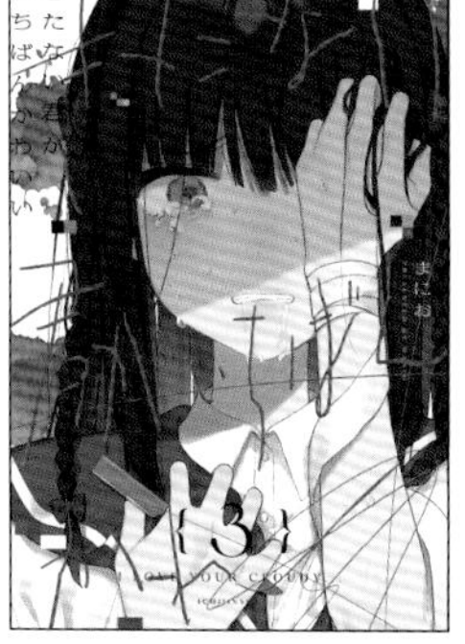

每一集的書名LOGO都不同，彷彿表現了封面角色的心境。

POINT 02 透過設計來暗示本篇的偏激情節

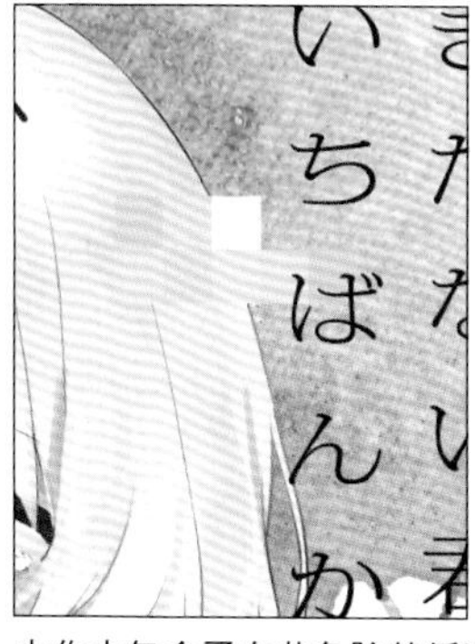

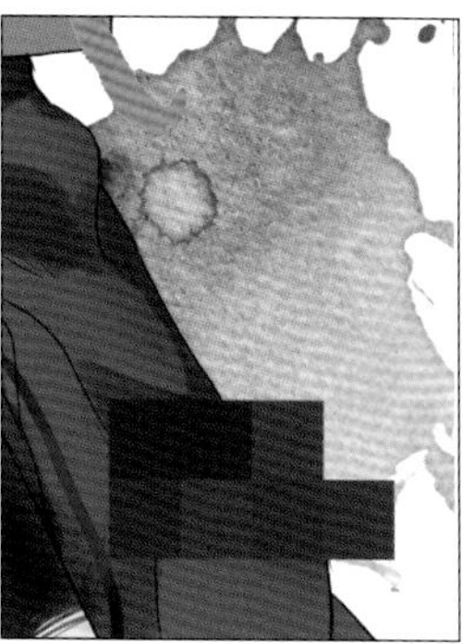

本作中包含了有些危險的偏激情節。為了暗示這個部分，封面的各處加上了馬賽克與液體的特效。

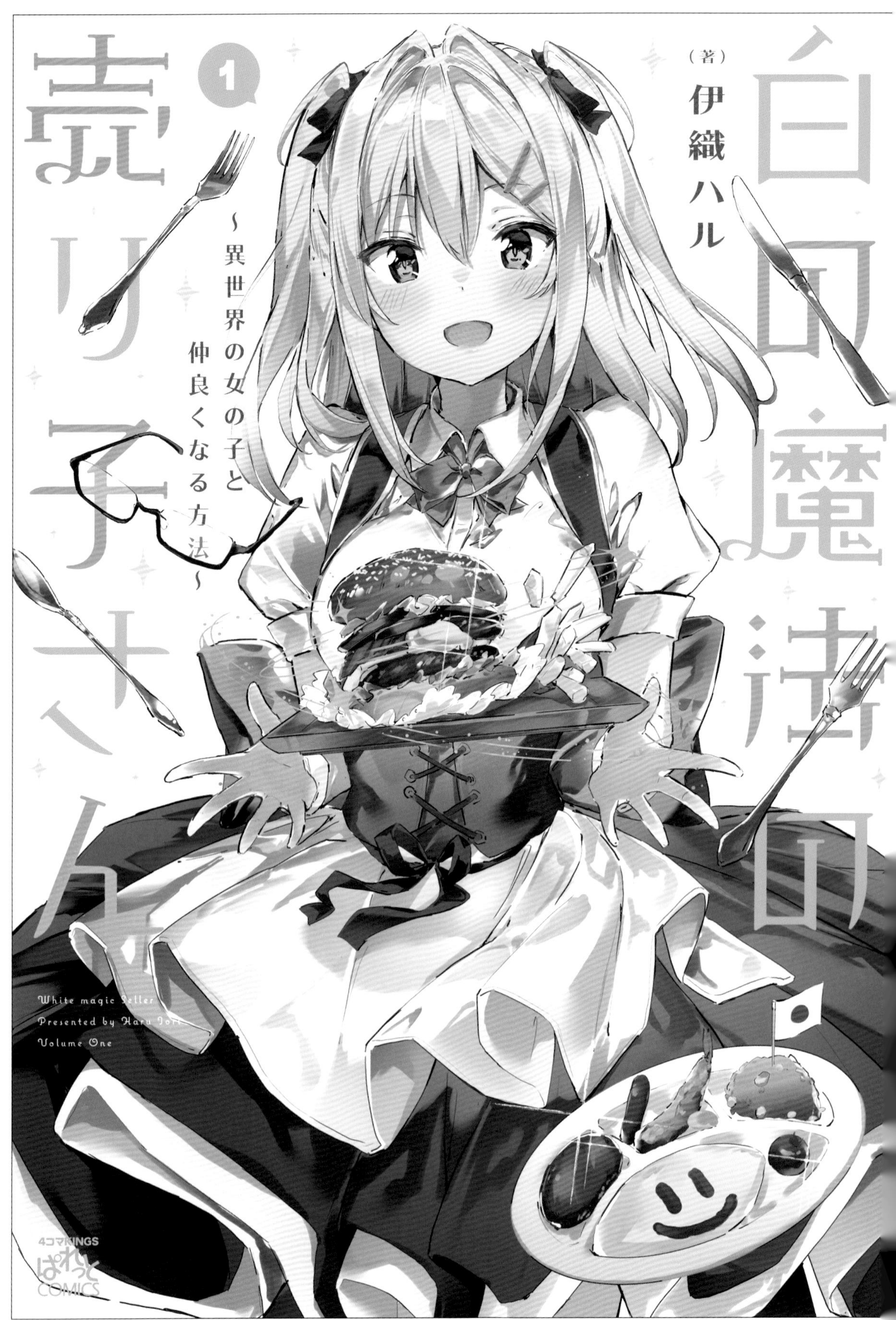
白魔法売りさん
1
（著）
伊織ハル
～異世界の女の子と仲良くなる方法～
White magic Seller
Presented by Haru Iori
Volume One
4コマKINGS
ぱれっとCOMICS

(5)《白の魔法の売り子さん～異世界の女の子と仲良くなる方法～》

發行／一迅社　作者／伊織ハル　設計師／高橋忠彦（株式會社KOMEWORKS）

將具備透明感且強調可愛之處的插畫設計成帶有奇幻要素的清爽風格

魔法師女孩在家庭餐廳工作的故事。編輯方的要求是凸顯作者的插畫魅力。設計師也被具有透明感的插畫所吸引，於是將整體畫面設計成乾淨可愛的風格，使讀者的目光能夠立刻聚焦到女主角身上。封面的目標是讓讀者一眼就能感受到角色的可愛之處。

[L O G O]

使用字型

設計師自創

白の魔法の
売り子さん
～異世界の女の子と仲良くなる方法～

以「TPスカイ」為基礎，稍微加上一點奇幻風格，做出了這組字型。

[I L L U S T R A T I O N]

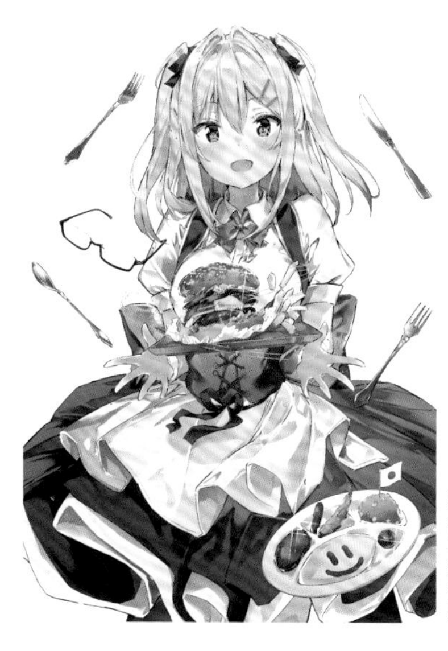

描寫了來自異世界的魔法師女孩，在日本的家庭餐廳工作的忙碌模樣。

[O N E　P O I N T]

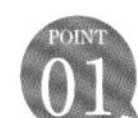

呈現異世界奇幻世界觀的書名LOGO

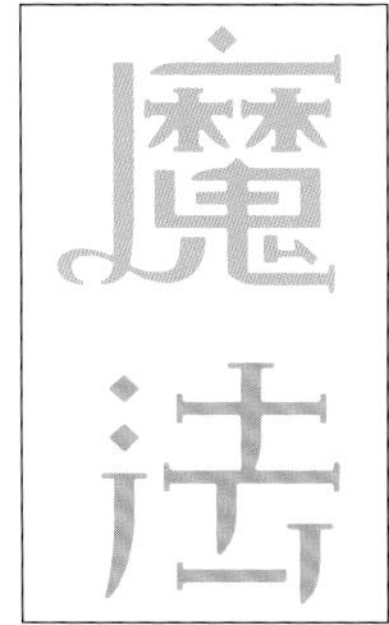

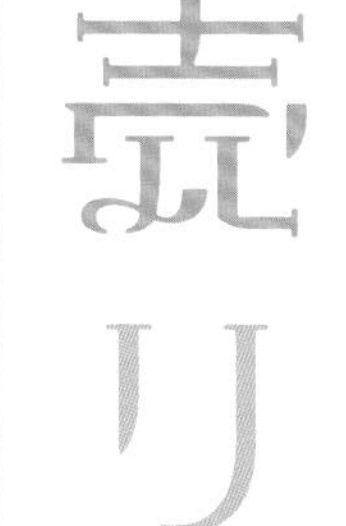

書名的配色統一為接近角色插畫的藍色系與黃色系，每隔一個字便交換顏色。文字的鉤與撇也融入了西洋奇幻風格。

封底也包含了充滿玩心的要素

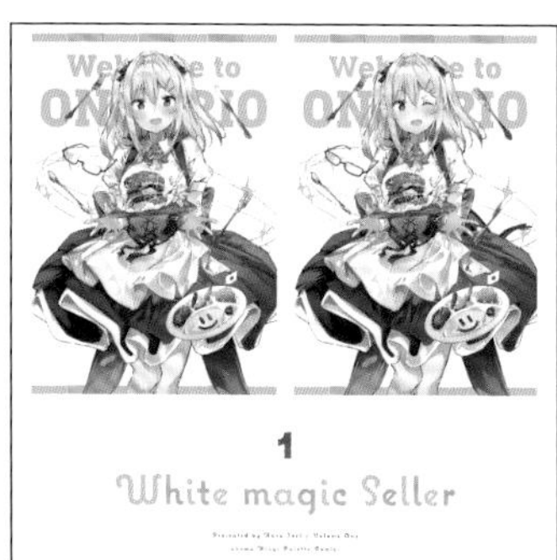

由於故事的舞臺是家庭餐廳，所以書中融入了某連鎖家庭餐廳蔚為話題的高難度小遊戲。希望大家可以實際拿起漫畫，尋找一下兩張圖片的不同之處。

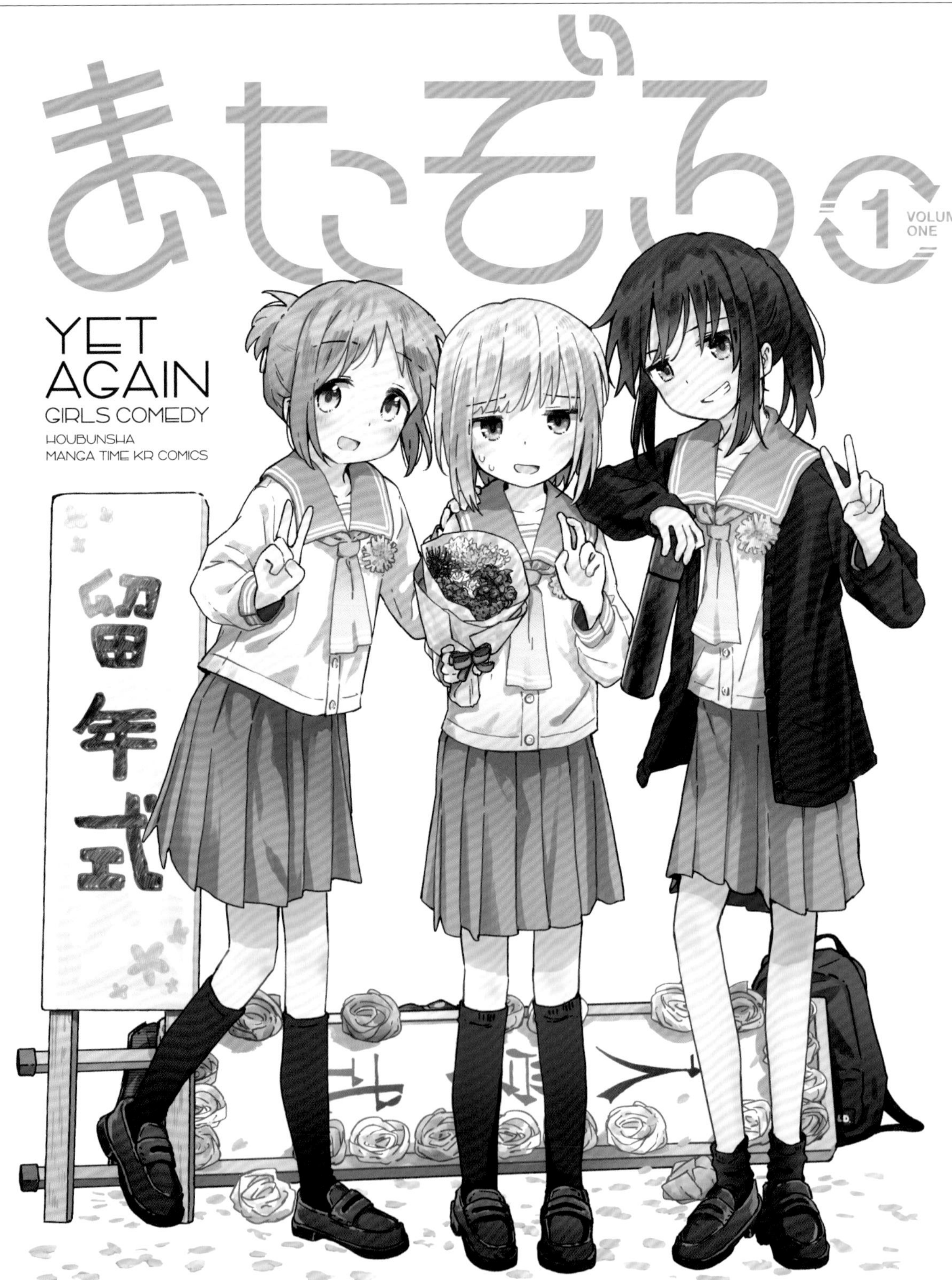
またぞろ。
1
VOLUME ONE
YET AGAIN
GIRLS COMEDY
HOUBUNSHA
MANGA TIME KR COMICS
留年式
幌田
HORODA PRESENTS
MANGA TIME
KR
COMICS

Cute

（6）《またぞろ。》

發行／芳文社　作者／幌田　設計師／內古閑智之＋CHProduction

藉由設計師對插畫的指導使「留級」的負面情境變得歡樂

原本足不出戶的主角從春天開始，第二次當上高中一年級生。故事描寫了因各種理由而留級的同班同學之間所發生的笨拙青春喜劇。設計師不只擔綱裝幀設計，更負責指導插畫的內容。由於主要角色是留級的3個人，所以設計師提議使用「留級典禮（留年式）」的字眼，目標是營造有點感人又不太感人的界線。

[LOGO]

使用字型

日文：まろみん
英文：Arbotek

またぞろ 1 VOLUME ONE
YET AGAIN
GIRLS COMEDY

句點部份的設計代表了重複的意思。最後採用了類似資源回收圖案的造型。

[ILLUSTRATION]

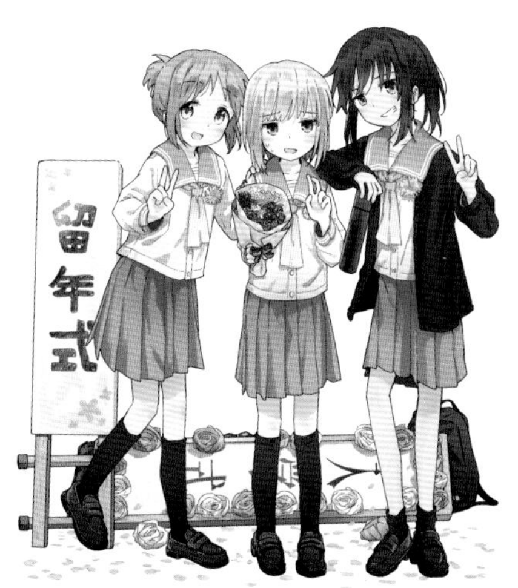

設計師提議使用「留級典禮（留年式）」這種自嘲又正向的情境來繪製插畫。

[ONE POINT]

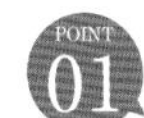

POINT 01 雖然包含「留級」的字眼卻設計成輕鬆開朗的氛圍

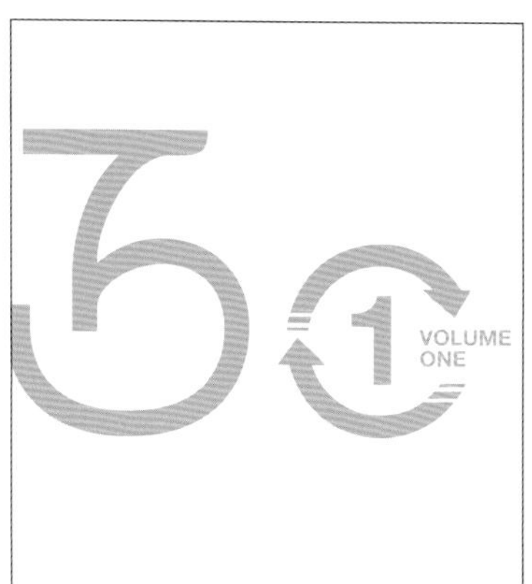

使用圓潤的字型來表現「留級」的反覆感與輪迴感。包含句點在內，設計上盡量不造成沉重的負面印象。

POINT 02 書腰部分另有雙層式的設計

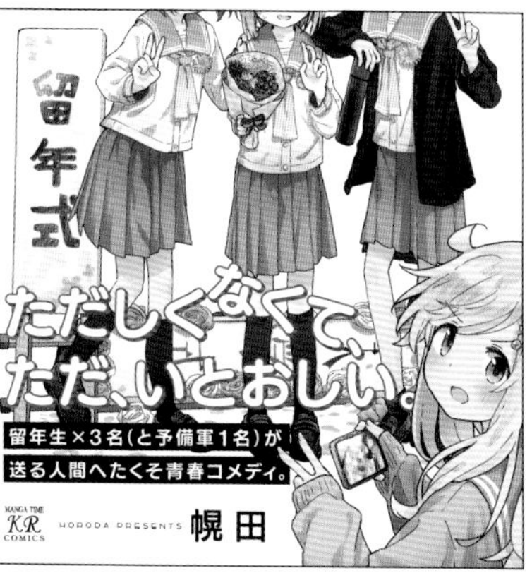

主要的故事是描寫留級的3個人與瀕臨留級的另一個人。那個人就在書腰替3人拍照，形成雙層式的構圖。

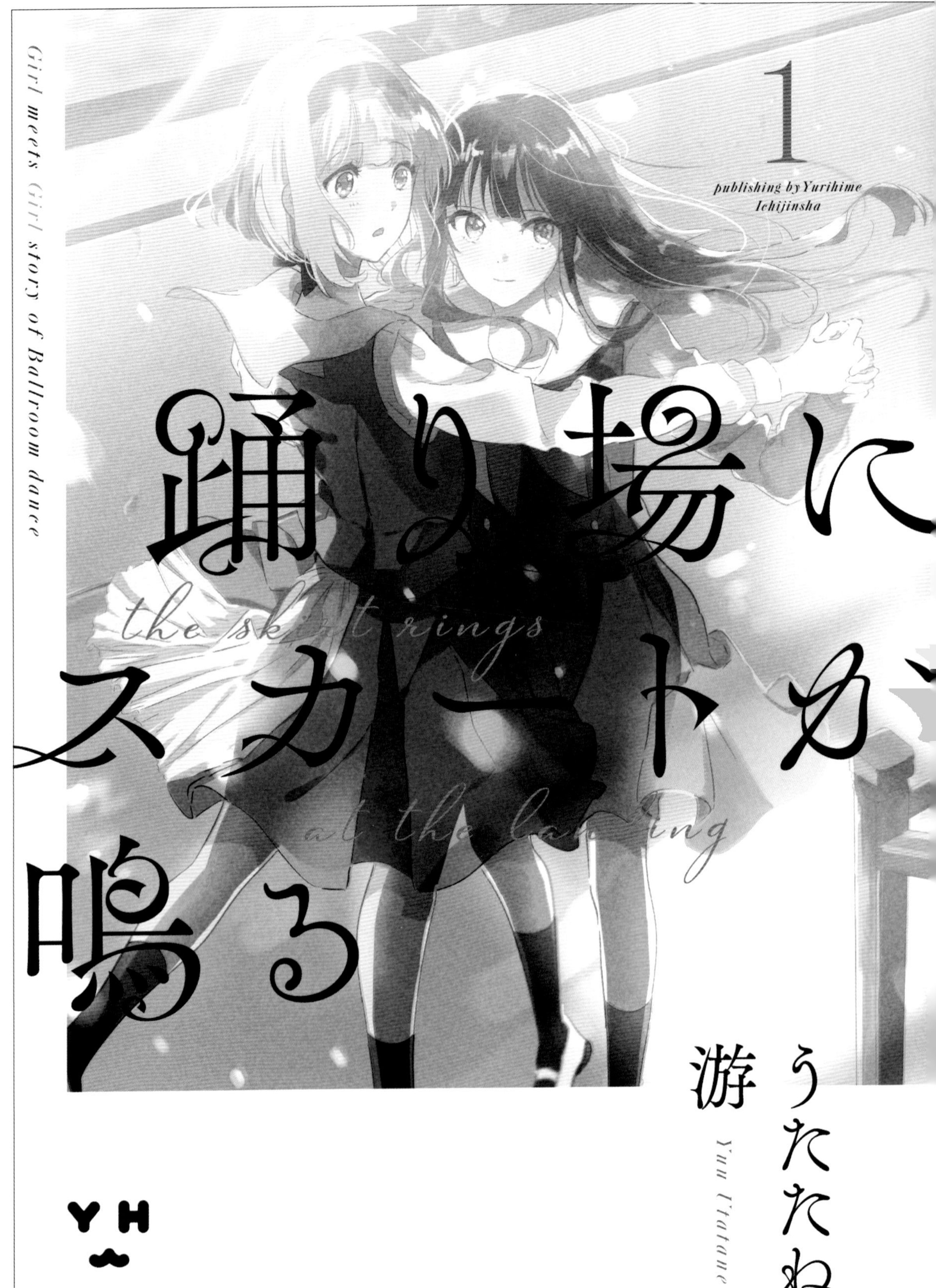
1
publishing by Yurihime
Ichijinsha
Girl meets Girl story of Ballroom dance
踊り場にスカートが鳴る
the skirt rings at the landing
うたたね游
Yuu Utatane
YH
YURIHIME COMICS

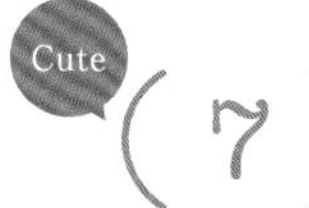

《踊り場にスカートが鳴る》

發行／一迅社　作者／うたたね游　設計師／內古閑智之＋CHProduction

將一幅插畫剪裁後拼貼而成 藉此傳達帶有動感的連續畫面

以社交舞社為舞臺的女高中生青春故事。設計師為了表現「時間」、「氛圍」、「間隔」的感覺，將一幅插畫剪裁成多個部分，拼貼成封面。排版看似不整齊，其實有著一定的規律，融合了靜態與動態。據說設計師將插畫想像成電影的一幕，設計了這幅作品。

[L O G O]

使用字型

日文：筑紫Bオールド明朝
英文：Hello My Love

踊り場に
the skirt rings
スカートが
at the landing
鳴る

以「筑紫Bオールド明朝」為基礎，想像搖曳的裙襬、社交舞的流暢動作與聲音，設計出這組字型。

[I L L U S T R A T I O N]

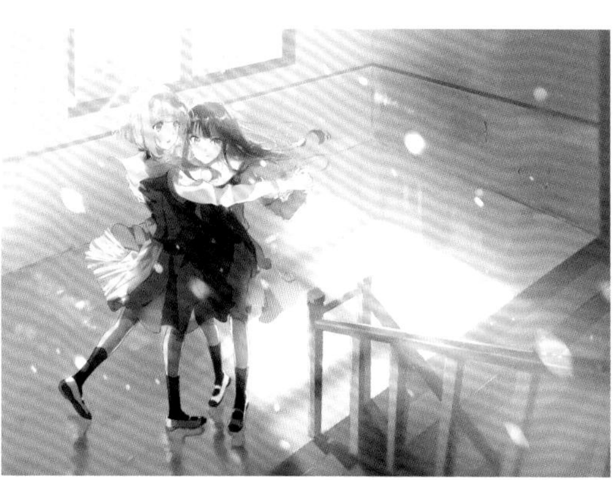

令人印象深刻的封面插畫，來自角色在學校的樓梯間練習的一幕。

[O N E　P O I N T]

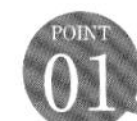

以舞蹈和音樂為主題的LOGO 呈現高貴又優雅的感覺

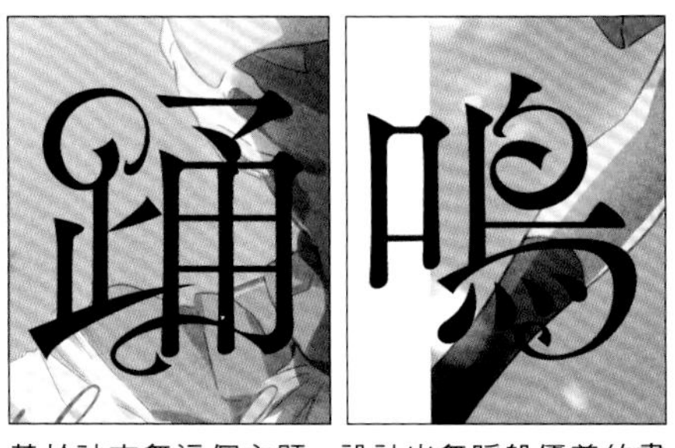

基於社交舞這個主題，設計出舞蹈般優美的書名。雖然使用了可愛的插畫，卻也能賦予高貴的形象。

將插畫剪裁後拼貼 刻意打亂過於寧靜的設計

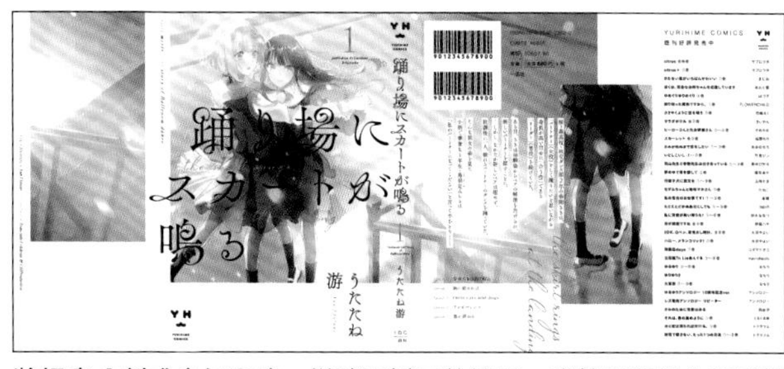

將插畫分割成多個區塊，拼貼至折口的範圍。雖然是靜態的插畫與設計，仍然給人帶有動感的印象。

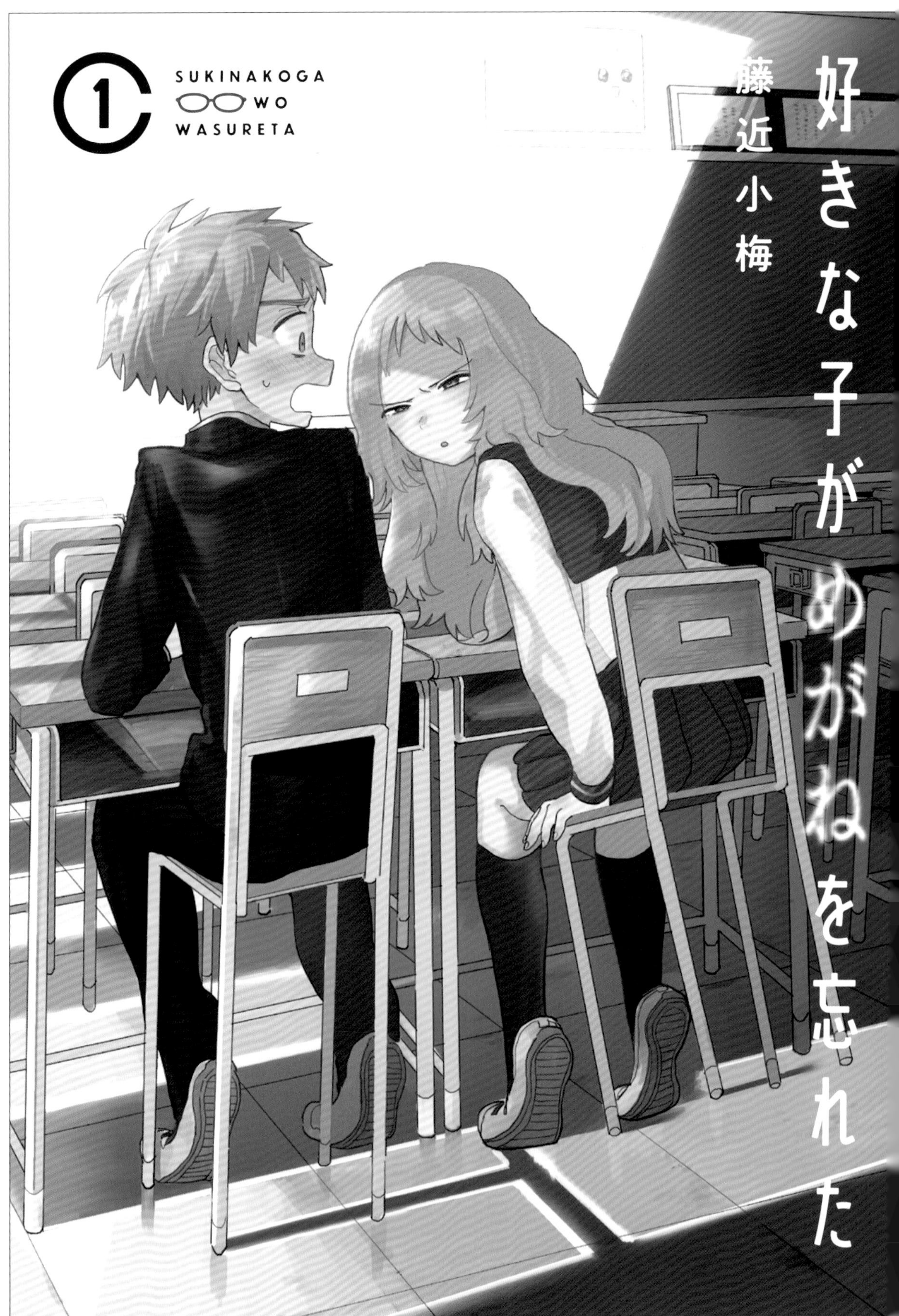
好きな子がめがねを忘れた
藤近小梅
1
SUKINAKOGA
WO
WASURETA

Cute

（8）《好きな子がめがねを忘れた》（《我喜歡的女孩忘記戴眼鏡》）

發行／SQUARE ENIX　作者／藤近小梅　設計師／杉本智行（uni-co）

晚熟的主角與視力不好的女主角演出的戀愛喜劇 使用模糊的LOGO來表現忘記戴眼鏡的狀況

因為隔壁座位的女孩忘記戴眼鏡而靠近主角的戀愛喜劇。書名的「眼鏡（めがね）」部分加上了模糊效果，表現出忘了戴眼鏡而看不清楚的狀況。由於書名本身就能說明故事內容，所以LOGO也設計得比較簡約，以發揮輔助的功能。

[LOGO]

使用字型

設計師自創

好きな子がめがねを忘れた

SUKINAKOGA WO WASURETA

「眼鏡（めがね）」的部分是以「筑紫明朝」為基礎。除此之外的文字則是模仿交通標誌的字型。

[ILLUSTRATION]

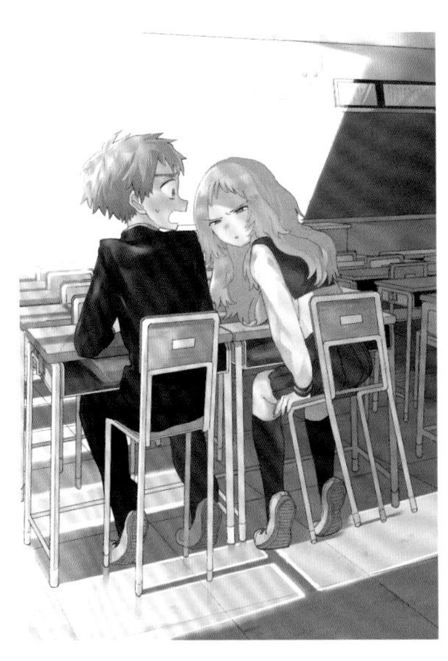

個性有點單純的女主角因為忘了戴眼鏡，與主角在身心方面的距離都更加靠近，漸漸產生好感。

[ONE POINT]

POINT 01 雖然模糊了LOGO本身卻也維持著易讀性

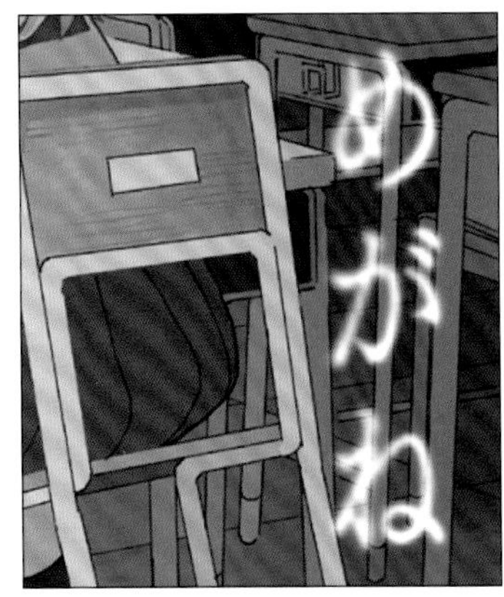

即使是刻意模糊LOGO，但讓人看不懂也會失去意義，所以仍然維持在保有易讀性的程度。據說設計師是在無意間看到交通標誌的時候，覺得標誌看起來有些模糊，所以才想到這個點子。

POINT 02 融入眼鏡與視力檢查符號等充滿玩心的設計元素

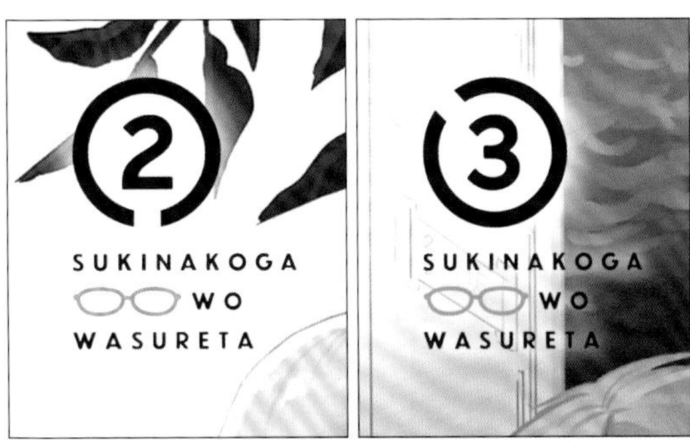

英文書名用圖案代替了「眼鏡」的部分，作為點綴。標示集數的圓圈設計成視力檢查的符號。每一集的缺口位置都不同，頗富趣味。

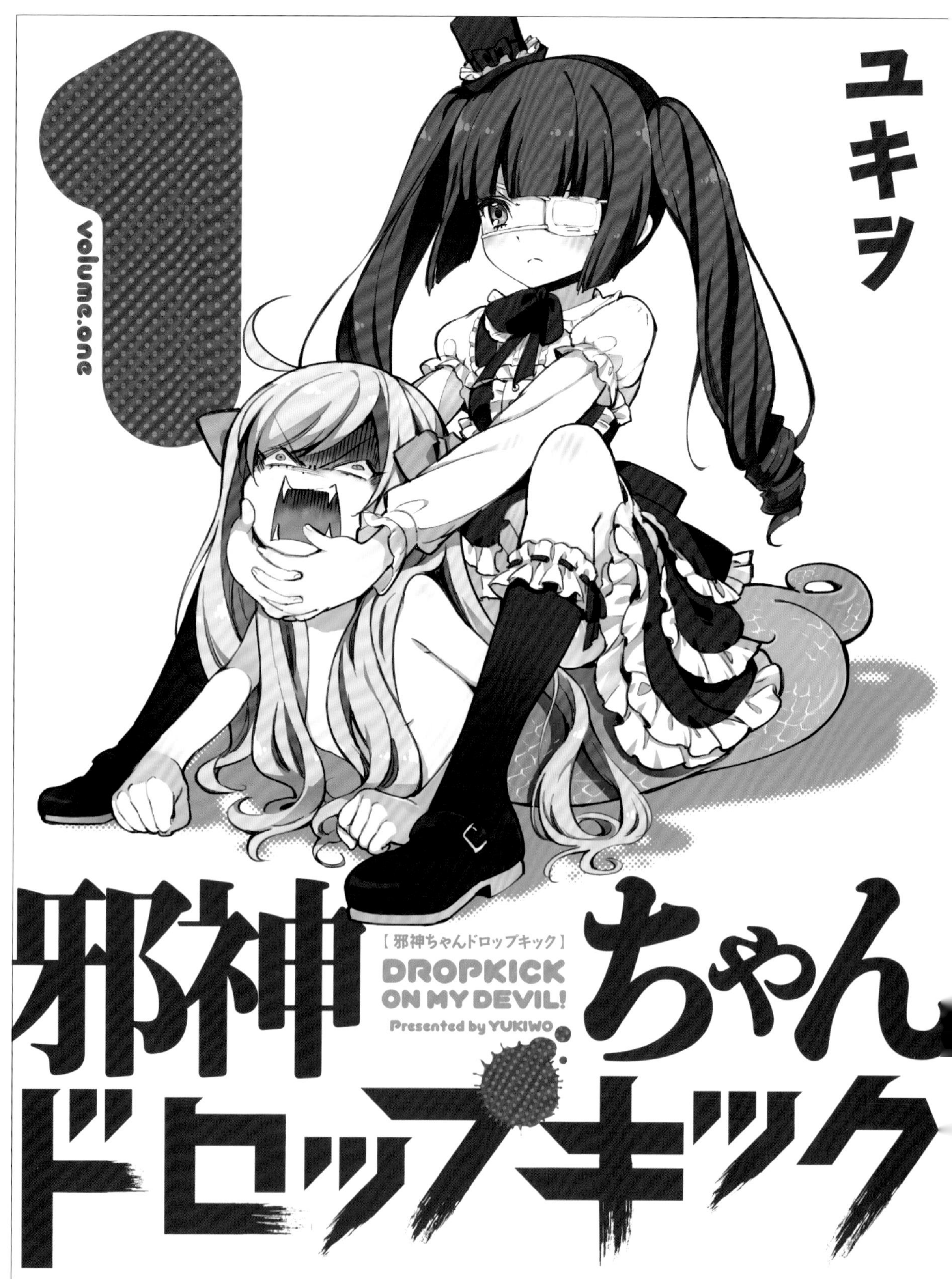
1
volume.one
ユキヲ
邪神ちゃんドロップキック
【邪神ちゃんドロップキック】
DROPKICK ON MY DEVIL!
Presented by YUKIWO
メテオCOMICS

(9)《邪神ちゃんドロップキック》(《小邪神飛踢》)

發行/Flex Comix　作者/ユキヲ　設計師/嶋 美彌

用可愛的插畫呈現兩人之間惡劣的關係 刻意透過書名LOGO與集數標示來營造對比

魔界的惡魔——小邪神被召喚到人間的搞笑故事。從王道路線到惡搞風格，設計師嘗試了各種方向，最後決定使用符合「日常系」的白色背景與容易閱讀的文字設計來營造王道感，表達有點輕鬆又不太輕鬆的角色特性，以及兩位主角的惡劣關係。

[LOGO]

使用字型

設計師自創

邪神ちゃんドロップキック

【邪神ちゃんドロップキック】 DROPKICK ON MY DEVIL! Presented by YUKIWO

「飛踢(ドロップキック)」的部分保留了易讀性，再用毛筆的筆跡做出帶有粗壯感的LOGO。

[ILLUSTRATION]

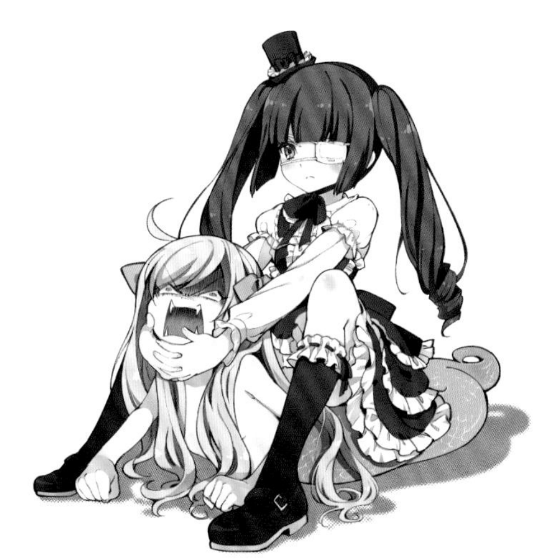

雖然書名包含了「飛踢」，但第一集的封面中，主角所承受的招式是職業摔角的「駱駝式固定技」。

[ONE POINT]

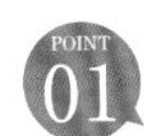

POINT 01 書腰也用互相對比的句子表達矛盾的感覺

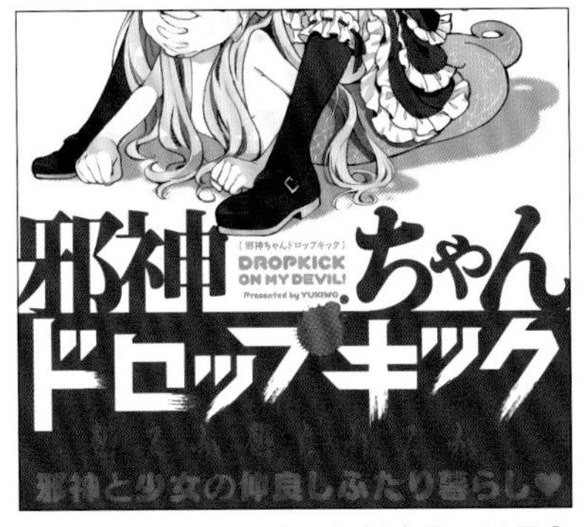

雖然書腰的編排並沒有標新立異，卻用內容的冷暖差異構成對比。

POINT 02 以自由的設計來配合角色的奔放性格

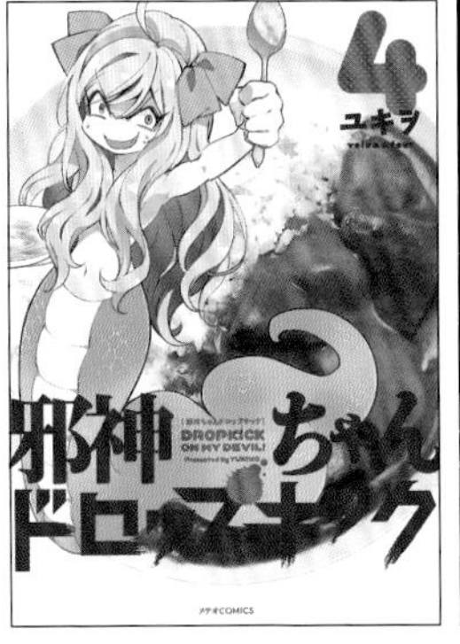

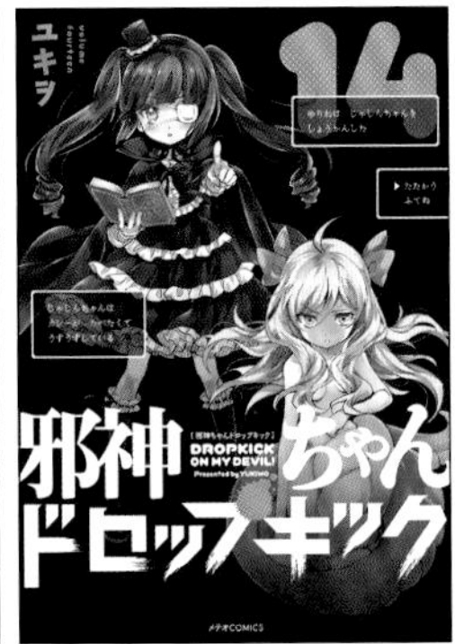

本作目前已經推出了17集。一開始的設計是將角色編排在白色背景中，後來還有搭配照片等手法，可說是千奇百怪。

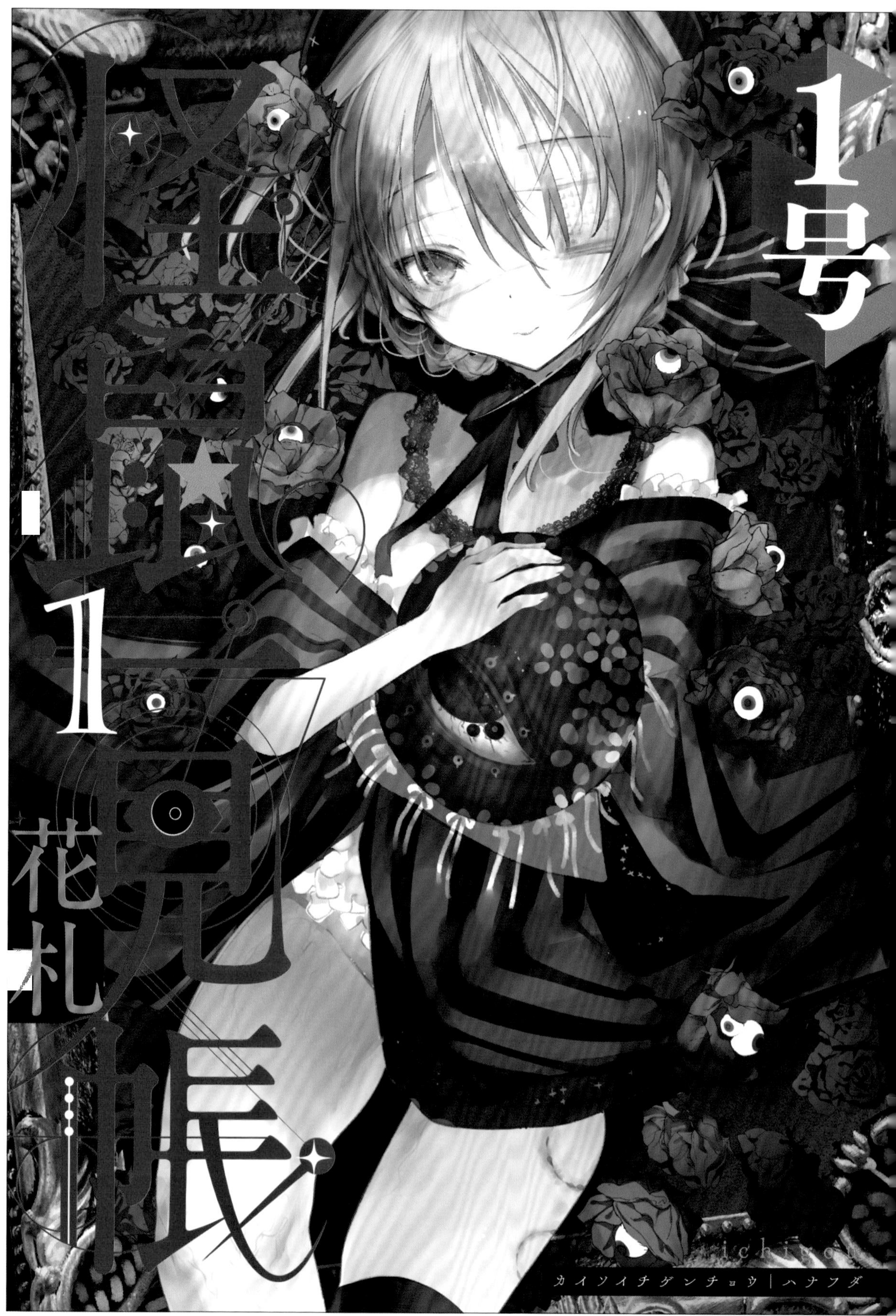

©1号／GO

(10)《怪鼠一見帳‧花札》

發行／GOT　作者／1号　設計師／稻葉一德（kite）

以「怪事」為主題的和風恐怖故事 將妖媚的插畫設計成華麗的封面

舞臺是「怪事」仍然在日常生活中蔓延的時代，各式各樣的人求助於東京的作家，是一部帶有特異風格的日式恐怖故事。設計師基於作者事先提供的概念，做出妖媚又華麗的封面。為了襯托封面插畫那淡淡的淒美印象，不另外加上邊框或陰影，而是使用高彩度的元素來統整畫面。

[LOGO]

使用字型

筑紫オールド明朝

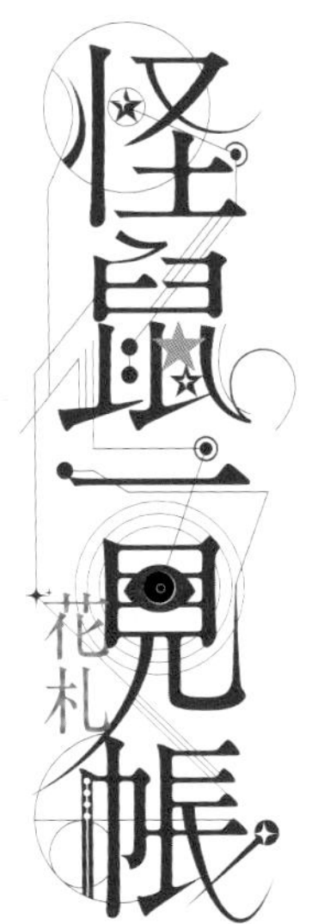

為了帶出復古感，筆劃交叉的部分做了圓角，呈現油墨滲透的效果。

[ILLUSTRATION]

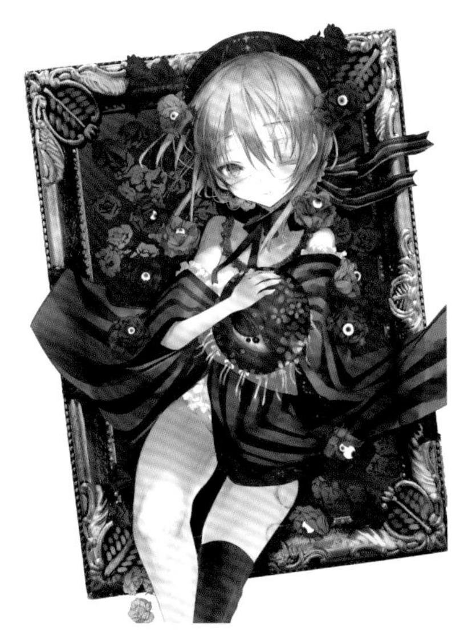

封面插畫所描繪的角色正是主角——一寸見葉一。原版的插畫是鏡頭較遠的構圖。

[ONE POINT]

以LOGO周圍的裝飾 凸顯作品的詭異氣息

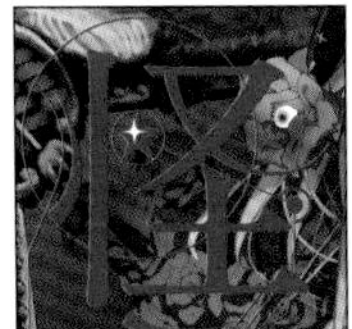
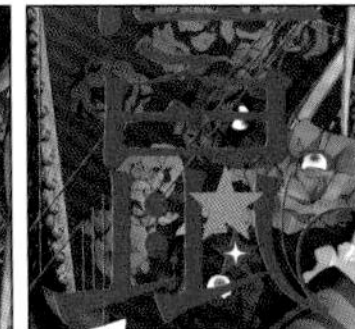
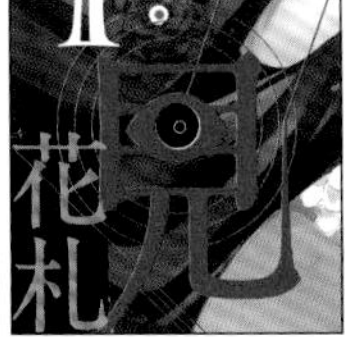

從陰陽師聯想到五芒星，並以幾何圖案纏繞書名。作品中令人印象深刻的眼珠也融入了LOGO。

使用高彩度的文字元素 襯托插畫的可愛感

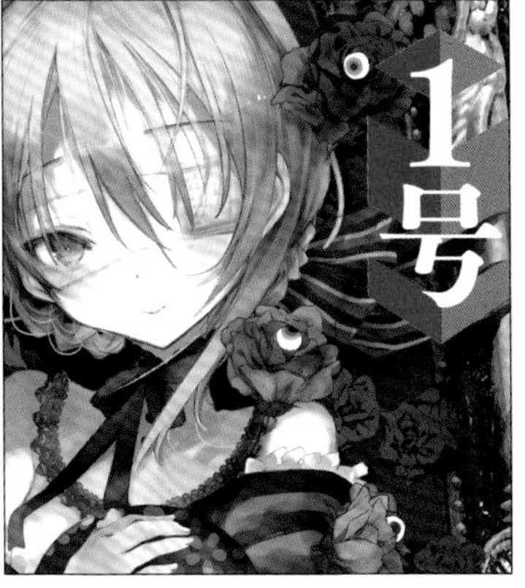

在文字周圍搭配高彩度的顏色，襯托插畫。這部漫畫的前身《怪鼠一見帳》是使用頹廢的陰暗風格來製作，這部分的對比也很值得玩味。

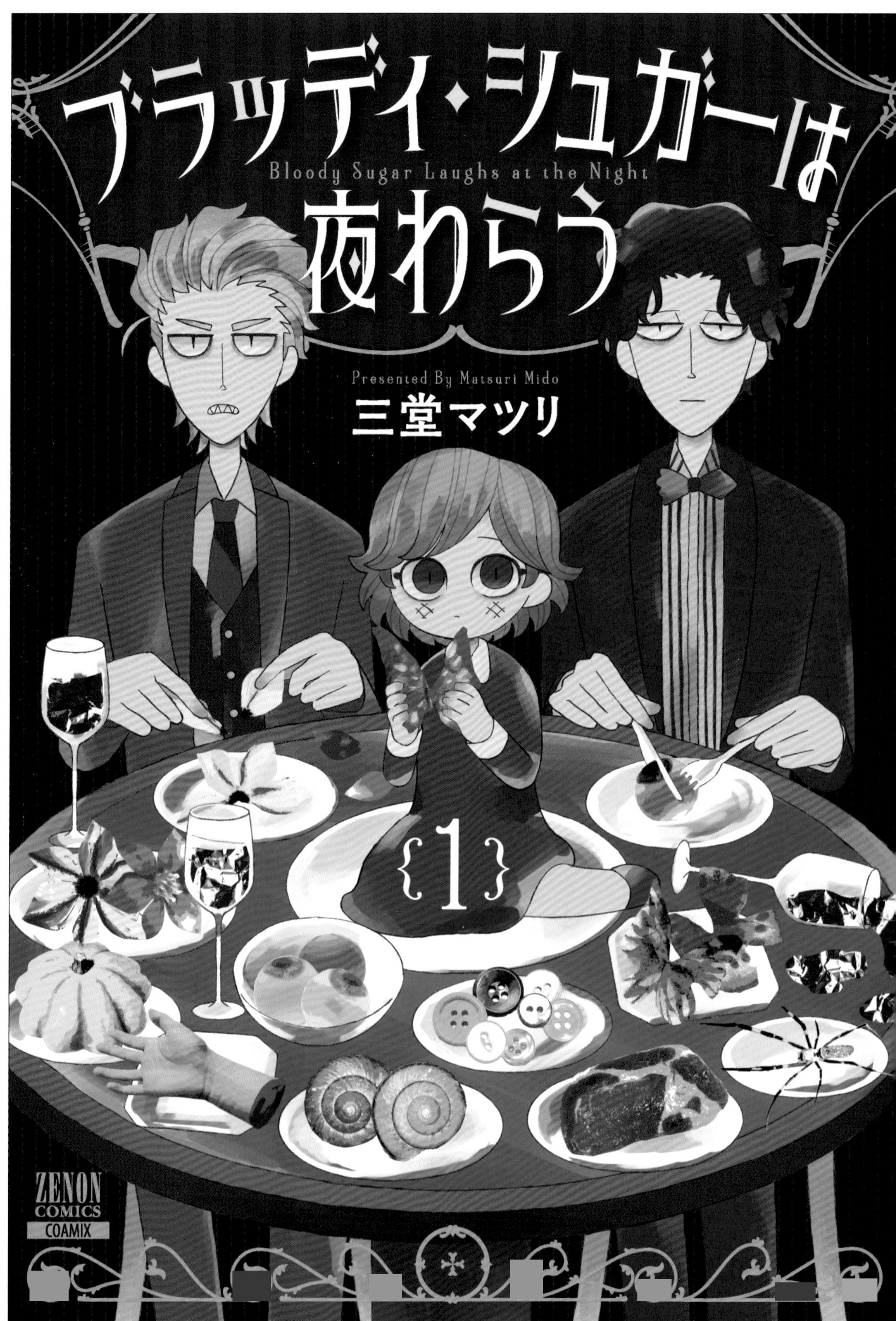
ブラッディ・シュガーは
Bloody Sugar Laughs at the Night
夜わらう
Presented By Matsuri Mido
三堂マツリ
{1}
ZENON
COMICS
COAMIX

Cute

(11)《ブラッディ・シュガーは夜わらう》

發行／COAMIX　作者／三堂マツリ　設計師／竹内亮輔（crazy force）

可愛的插畫對比黑暗的世界觀 不妨礙插畫氛圍的書名與裝飾

由於封面插畫採用迷幻的色調，LOGO本身是用比較清爽的配色來製作。本作的書名很長，所以降低了色彩的數量，讓讀者能夠流暢地閱讀。整體設計著重於馬戲團或舞臺表演般「好戲即將開始的興奮感」。設計上並沒有膚淺地強調作品的藝術性，而是考慮到各種不同客群的讀者。

[L O G O]

使用字型

きずなドロップス、刻明朝
參考以上字型設計而成

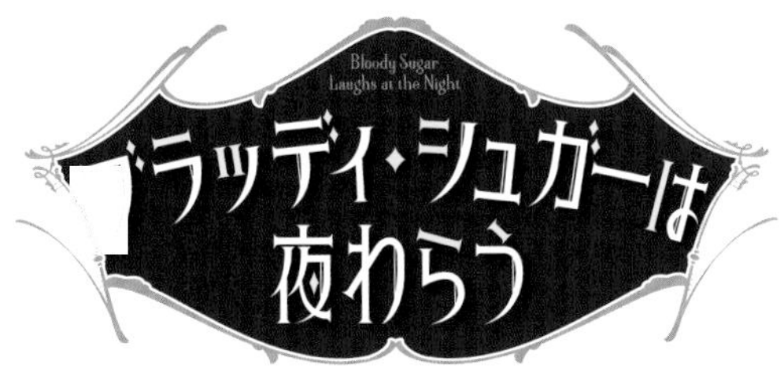

融合「きずなドロップス」的稚氣與「刻明朝」的銳利感，營造童趣與品味兼具的風格。

[I L L U S T R A T I O N]

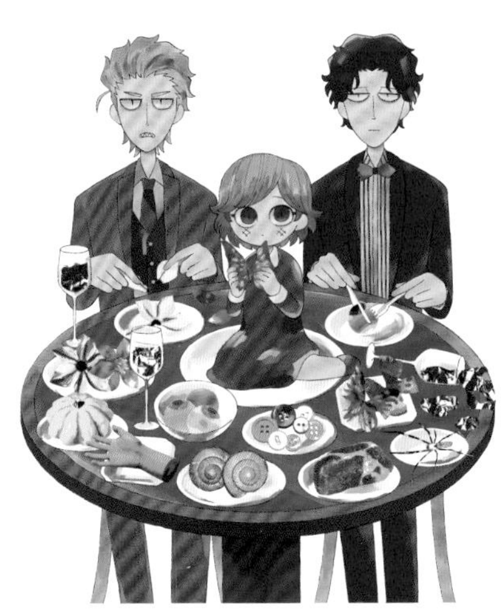

使用多種高彩度顏色所畫成的迷幻風插畫。雖然畫風很可愛，卻也帶著一點黑暗又詭異的氣息。

[O N E　P O I N T]

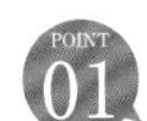

以書名與背景的氛圍
凸顯作品的風格

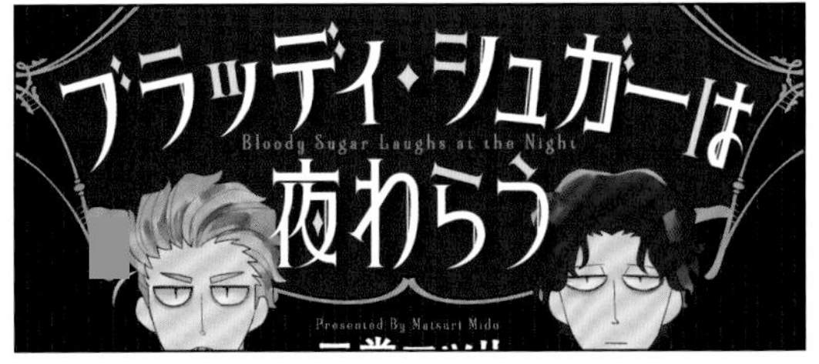

插畫的背景是黑底搭配直線條紋路，增添黑暗的氛圍，避免整體畫面過於可愛。

周圍的裝飾
也是為了襯托插畫的世界觀

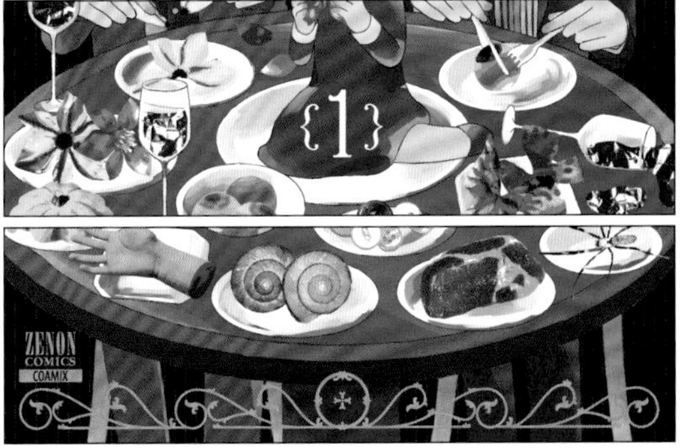

為了維持設計與插畫的諧調，單行本的集數標示與裝飾元素也配合了作品的世界觀。

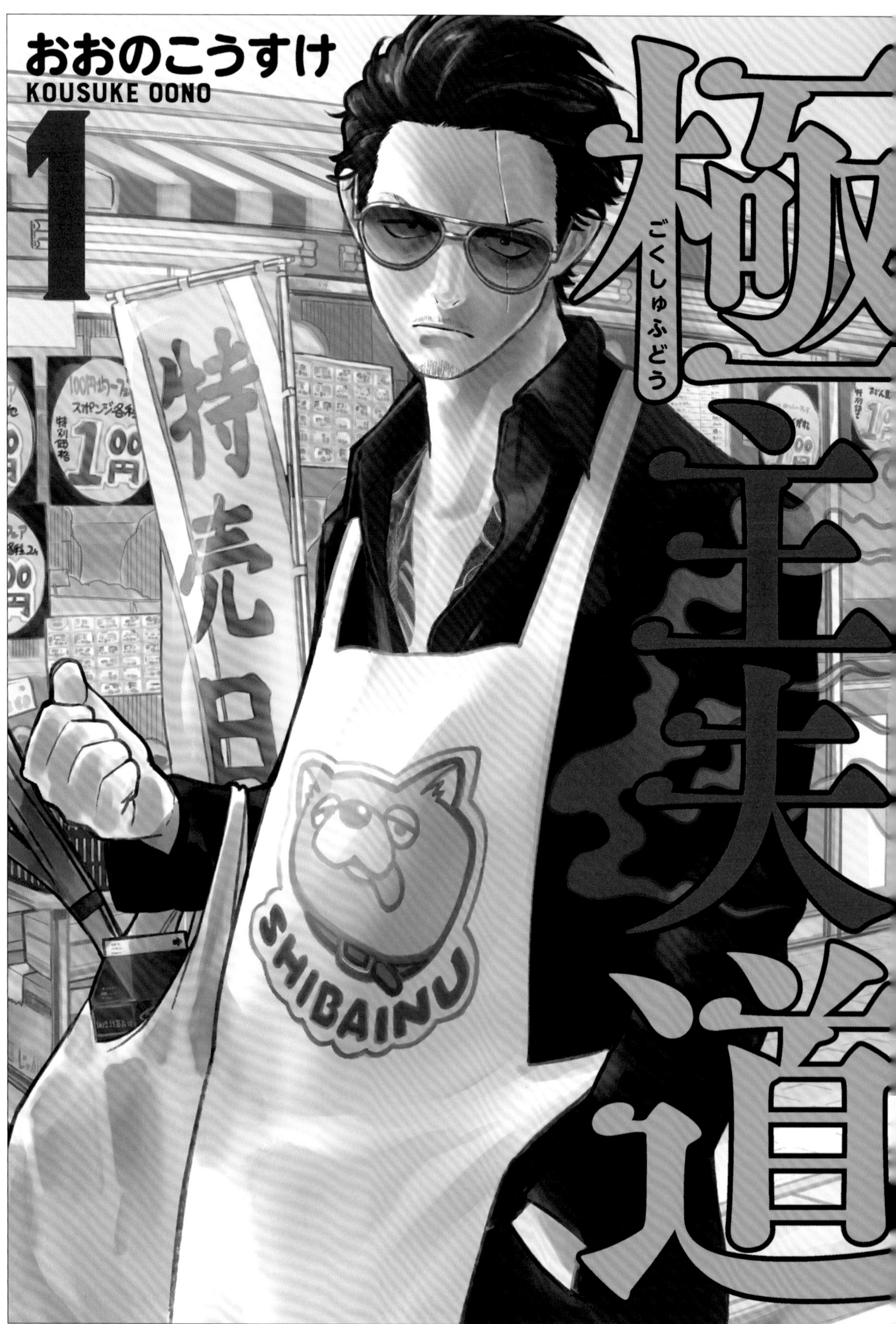
おおのこうすけ
KOUSUKE OONO
1
極主夫道
ごくしゅふどう
特売日
SHIBAINU

Pop

（1）《極主夫道》（《極道主夫》）

發行／新潮社　作者／おおのこうすけ　設計師／竹內亮輔、梅田裕一（crazy force）

為了傳達插畫的衝突感與有趣之處 使用雖大卻不至於破壞畫面的書名比例

原本混黑道的男人竟然當上了家庭主夫，過著普通的日常生活……的暖心喜劇。剛開始在網路連載時做好的LOGO已經能完整傳達作品的概念，後來為了使用在單行本封面上，又經過了一番打磨。現在的LOGO繼承了原本的風格，但修改為更加簡約的造型。

[LOGO]

使用字型

日文：筑紫Aオールド明朝B
英文：Burford

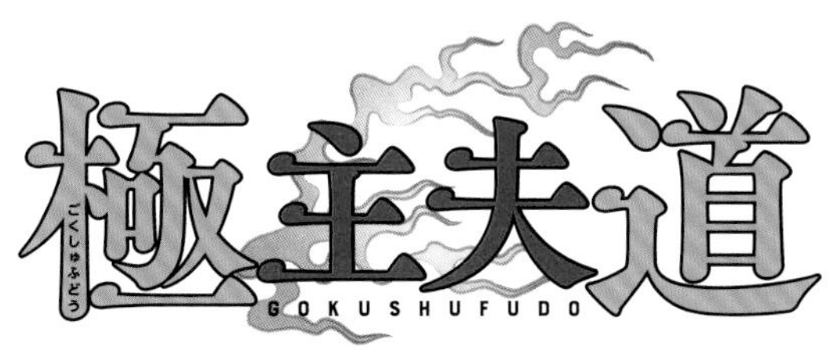

以「極道」與「主夫」這兩個互相衝突的詞彙組合成書名，能夠將概念清楚地傳達給讀者。

[ILLUSTRATION]

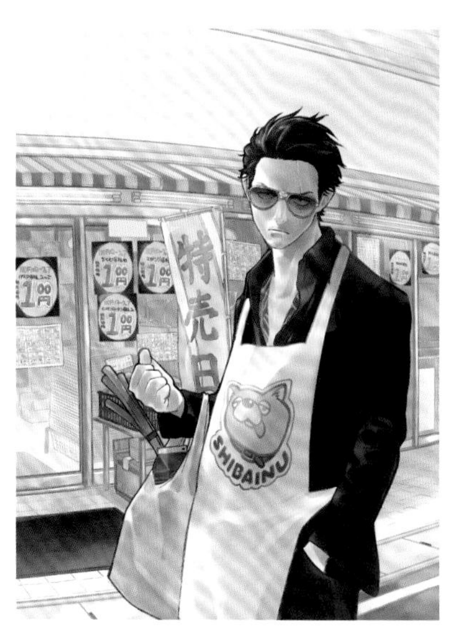

過去號稱「不死之龍」，令人聞風喪膽的傳奇男子結婚之後，選擇成為扶持妻子的家庭主夫。封面描繪了長相凶惡的男子過著日常生活的一幕。

[ONE POINT]

POINT 01 書名與插畫構成了淺顯易懂的比例

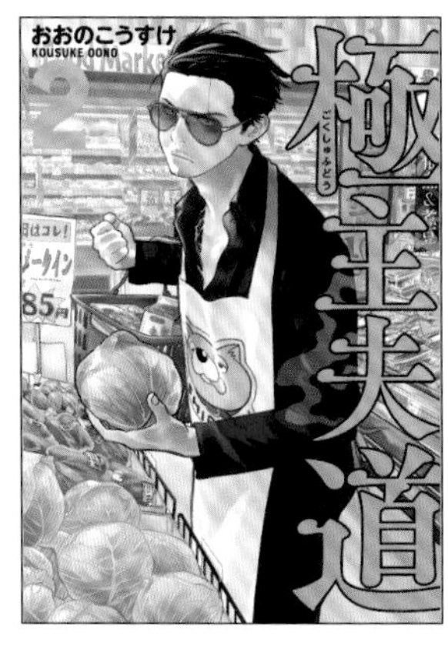

由於插畫本身就說明了漫畫的主題，所以為了保持淺顯易懂的感覺，書名的設計並沒有加上多餘的裝飾。封面統一將直排的書名放在右側邊緣。

POINT 02 網路連載時的LOGO也是由同一位設計師操刀

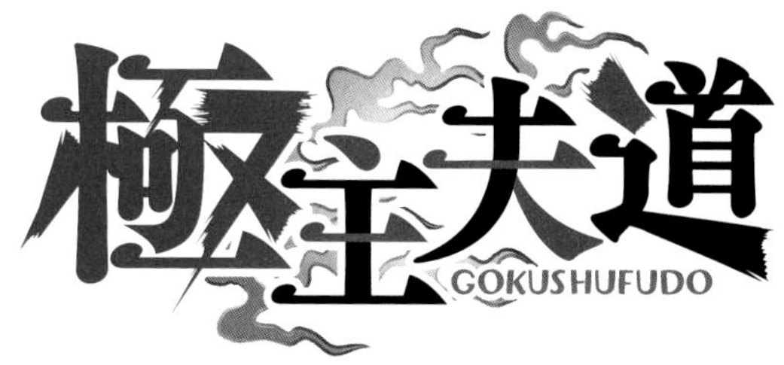

連載時的LOGO也是由同一位設計師製作。「極道」的文字效果比較強烈。

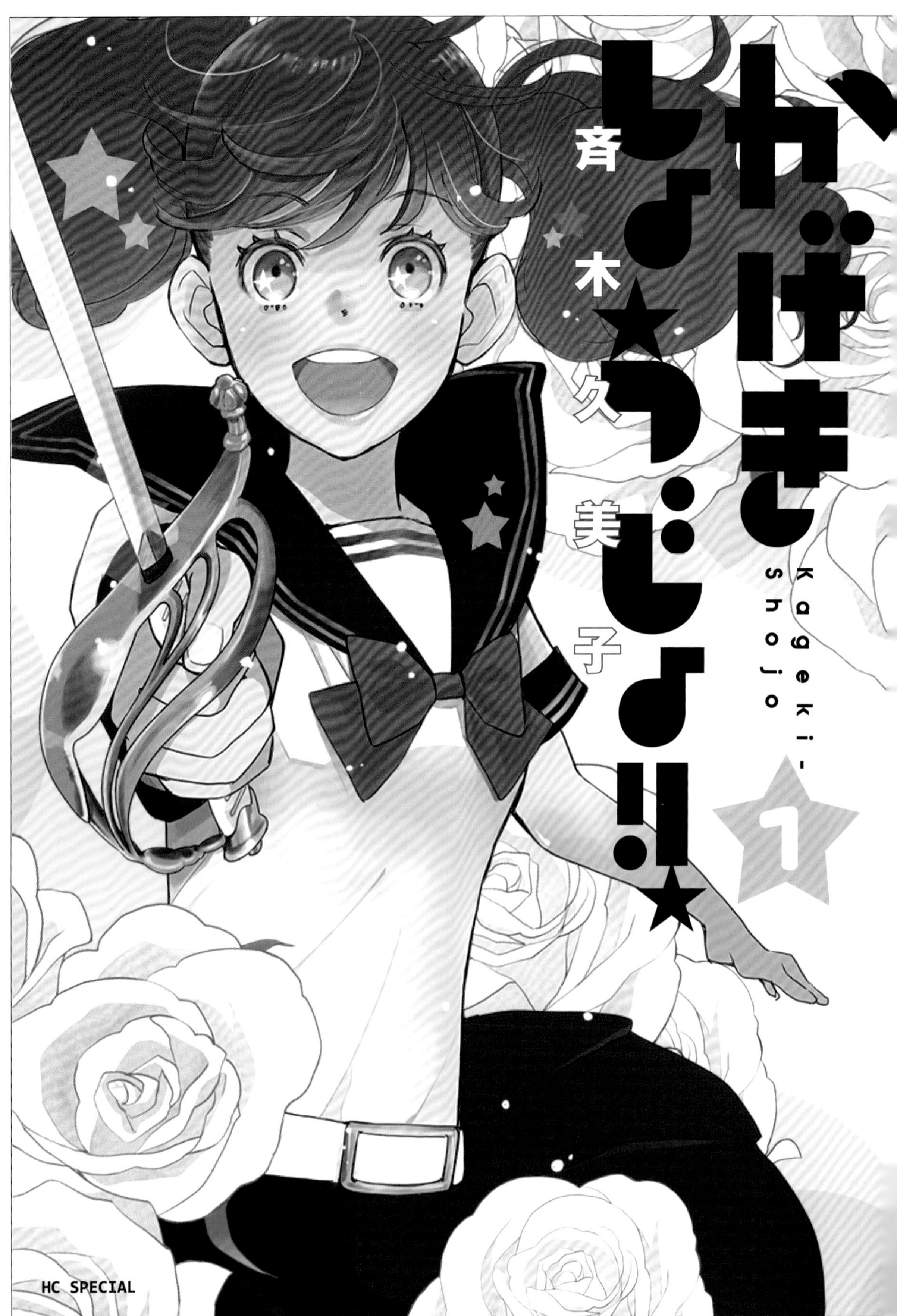
かげきしょうじょ!!
斉木久美子
Kageki-shojo
1
HC SPECIAL

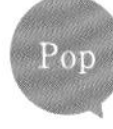

(2)《かげきしょうじょ!!》(《歌劇少女！》)

發行／白泉社　作者／斉木久美子　設計師／黑木香（Bay Bridge Studio）

兼具可愛與活潑俏皮感的LOGO 使用圓滾滾的字體卻仍保有易讀性

「紅華歌劇團」創立於大正時代，成員皆為未婚女性。本作便是描述一群少女進入該音樂學校就讀的故事。由於目標客群是女性，所以在設計上凸顯了周邊商品般的可愛感，做出會讓人想要收藏的裝幀。內容也包含了運動家精神，因此以熱血的形象呈現了活潑的感覺。

[LOGO]

使用字型

設計師自創

かげき★しょうじょ!!★

Kageki-Shojo

圓滾滾的文字帶著玩具般的可愛與活潑感。星星代表了舞臺上的燈光。

[ILLUSTRATION]

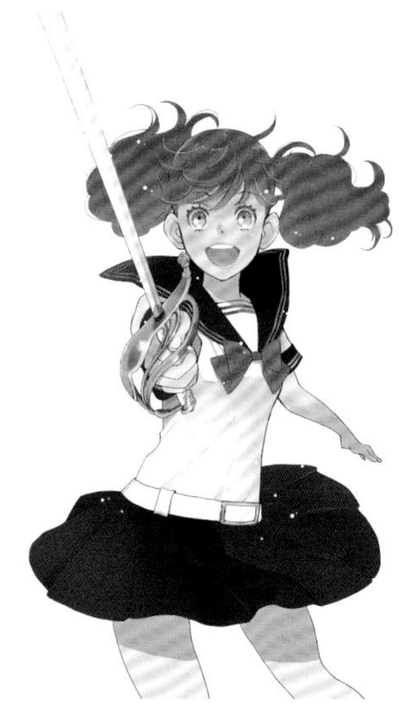

擁有修長的身材與柔軟的身段，天真爛漫且勇於挑戰任何事物，就讀紅華歌劇團音樂學校第100屆的主角。

[ONE POINT]

彷彿角色周邊商品的可愛風格

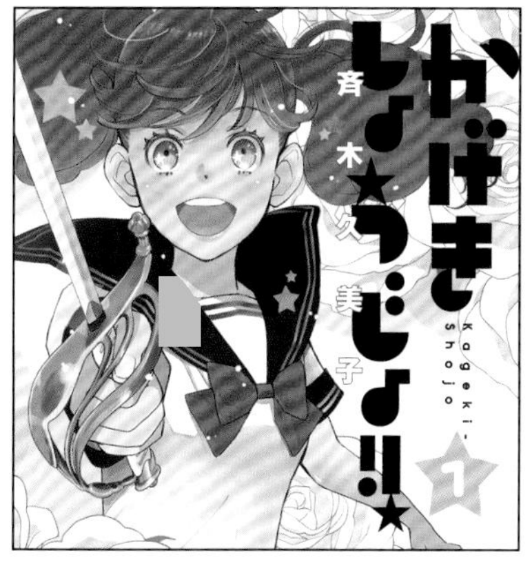

設計師所想像的是三麗鷗商品般的夢幻可愛感。LOGO與插畫的呈現方式都有意識到這一點。

從連載當時開始就是由同一位設計師操刀

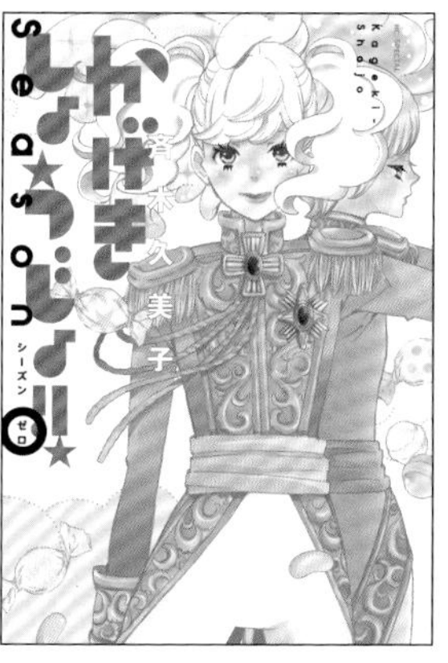

本作原本是在不同出版社連載的作品。作為復刻版的「第0季」也是由同一位設計師操刀。「第0季」的插畫色調偏淡，所以使用了粉彩風的LOGO色調。

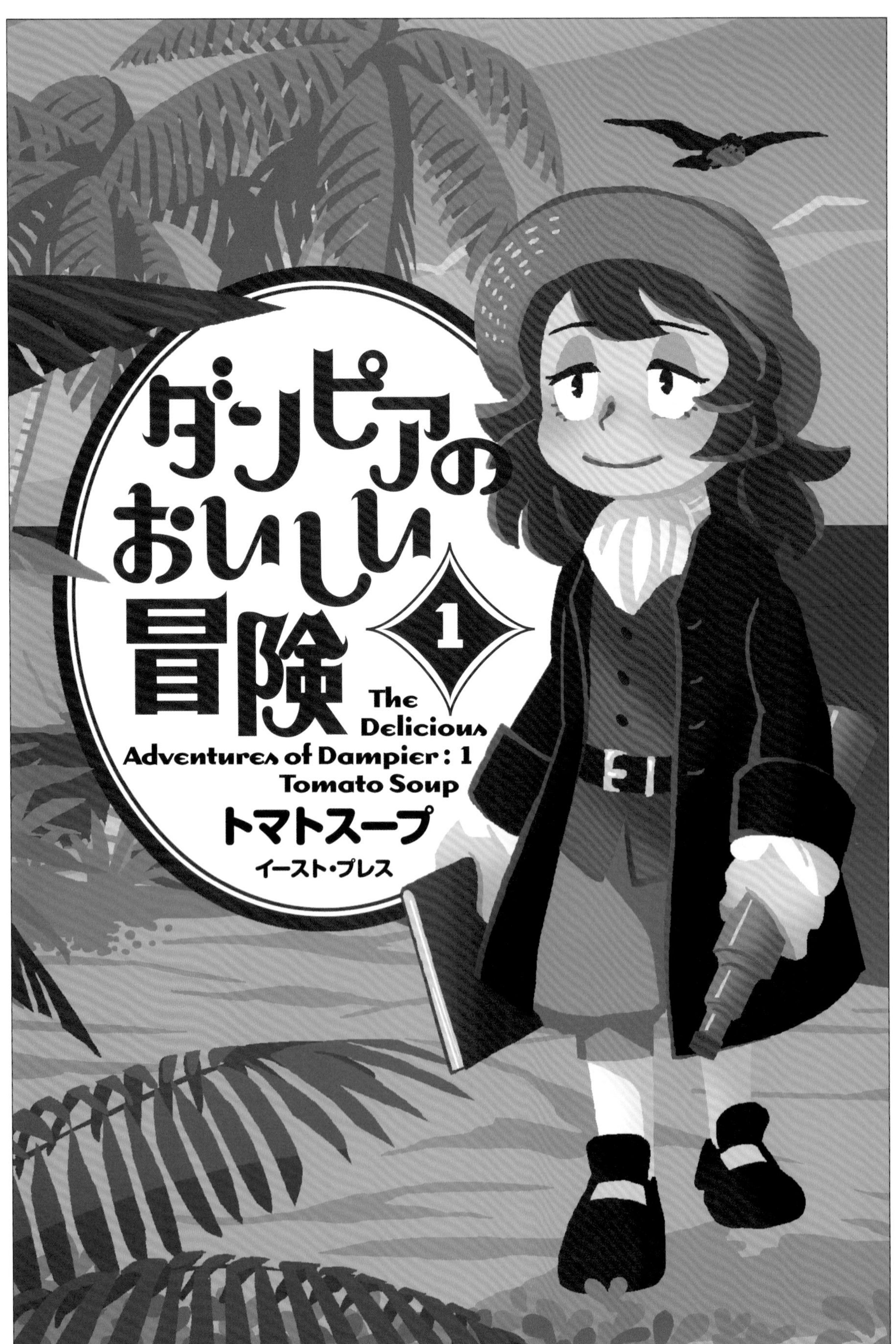
ダンピアのおいしい冒険
1
The Delicious Adventures of Dampier : 1
Tomato Soup
トマトスープ
イースト・プレス

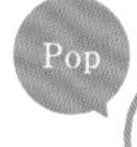

(3)《ダンピアのおいしい冒険》

發行／EAST PRESS　作者／トマトスープ　設計師／鈴木成一設計室

雖是偏長的日文書名卻也加入英文使用西洋繪本般的文字設計來統整畫面

改編自17世紀的航海家——威廉．丹皮爾的真實故事，以中世紀到近代的世界史為主題的歷史漫畫。為了用封面表現作者トマトスープ老師的世界觀，設計師在文字設計上下足了工夫。書名的設計與插畫融合得十分巧妙。

[LOGO]

使用字型

參考Dogma字型設計而成

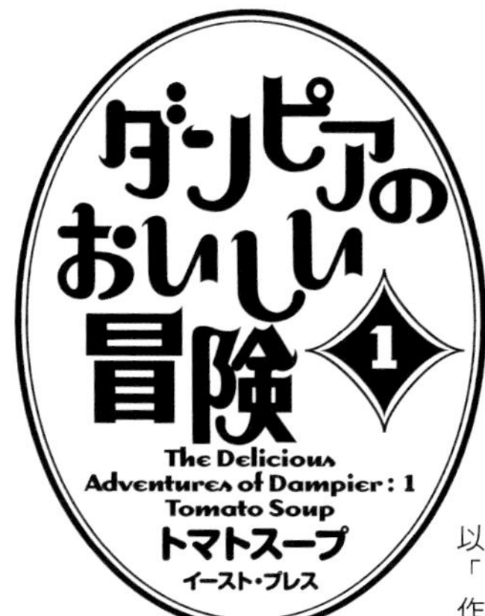

以Emigre的英文字型「Dogma」為基礎所製作的書名。

[ILLUSTRATION]

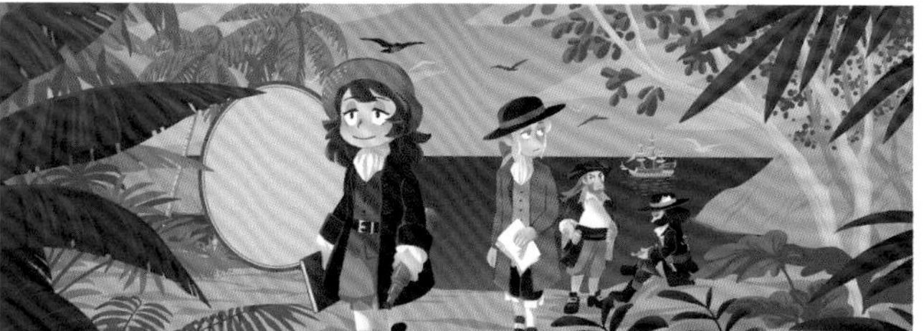

封面插畫是涵蓋了左右折口的環景形式。
擺放書名的空間是一開始就準備好的。

[ONE POINT]

配合作品的世界觀設計書名LOGO

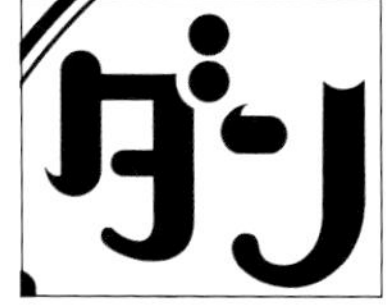

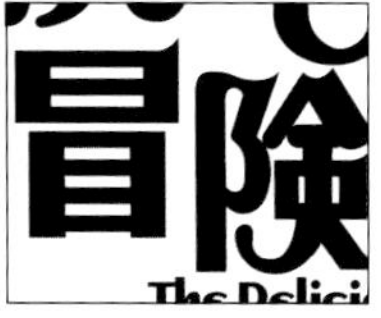

圓潤且富有重量感的書名。文字末端的裝飾類似襯線體，呈現中世紀的風格。文字的造型與可愛的插畫非常搭調。

在主要角色旁邊編排大範圍的書名

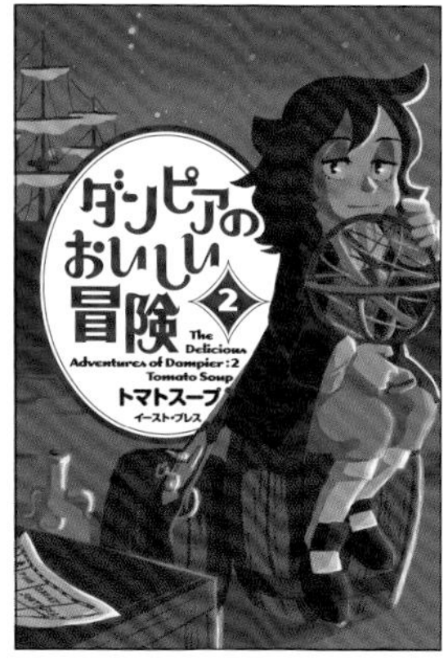

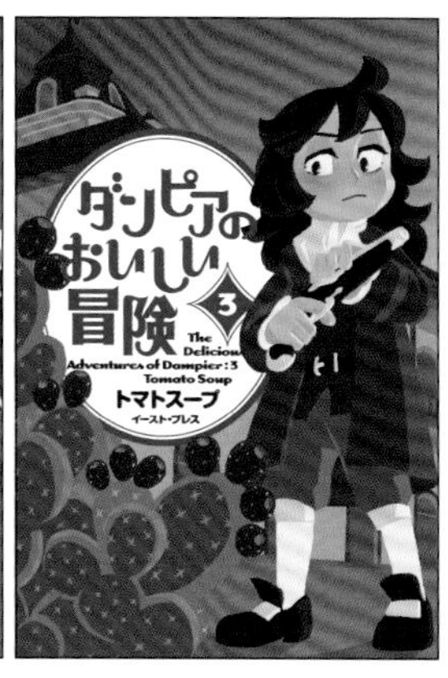

保留大範圍的邊框來編排書名的設計，到了第2集之後依然不變。

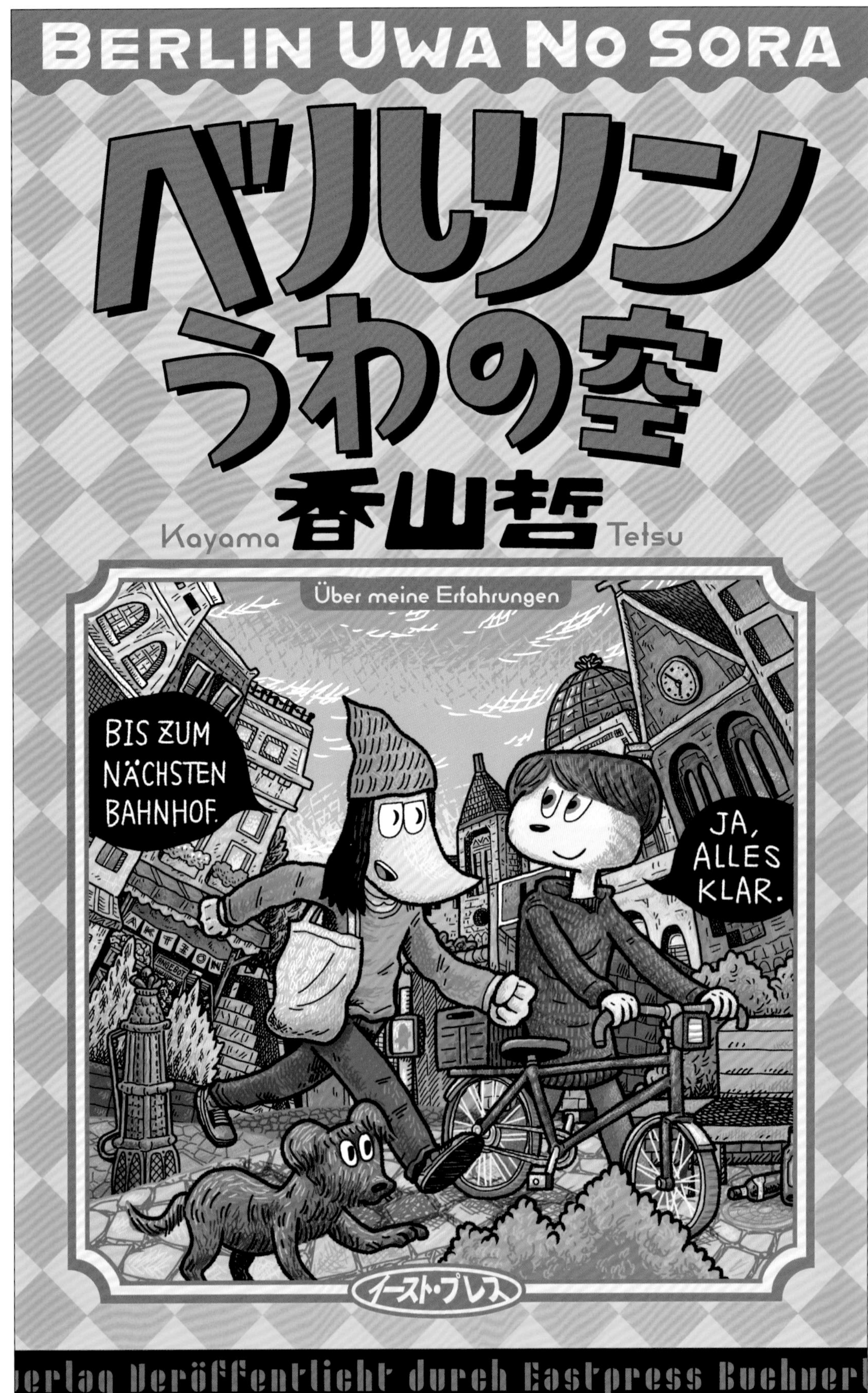
BERLIN UWA NO SORA
ベルリンうわの空
Kayama 香山哲 Tetsu
Über meine Erfahrungen
BIS ZUM NÄCHSTEN BAHNHOF.
JA, ALLES KLAR.
イースト・プレス
erlag Veröffentlicht durch Eastpress Buchverl

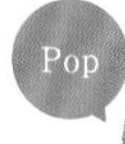

(4)《ベルリンうわの空》

發行／EAST PRESS　作者／香山哲　設計師／森 敬太（合同會社飛ぶ教室）

居住在柏林的作者所創作的隨筆漫畫 透過書籍設計來傳達異國的當地風情

居住在德國柏林的作者所創作的隨筆漫畫。不過，這並不是描寫外國生活的作品，所以應該著墨的地方並不是柏林的特色，而是意識到人們生活在角度、溫度、速度都與我們所居住的國家稍有不同的地方。就結果而言，封面設計適當地呈現了透過作者的生活所描繪的「遙遠的柏林」。

[LOGO]

使用字型

設計師自創

ベルリン
うわの空

LOGO是由設計師自創。風格就像是作者親自製作的一樣。

[ILLUSTRATION]

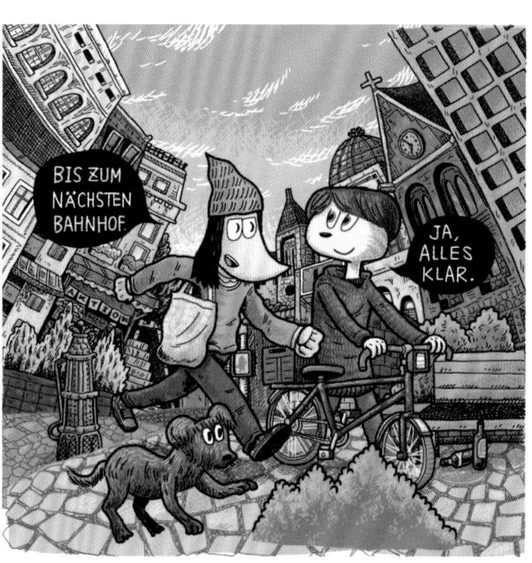

畫風類似國外的卡通，登場人物都是擬人化的動物或植物，相當俏皮。

[ONE POINT]

想像隨身攜帶、閱讀的情況 來設計書籍的構造

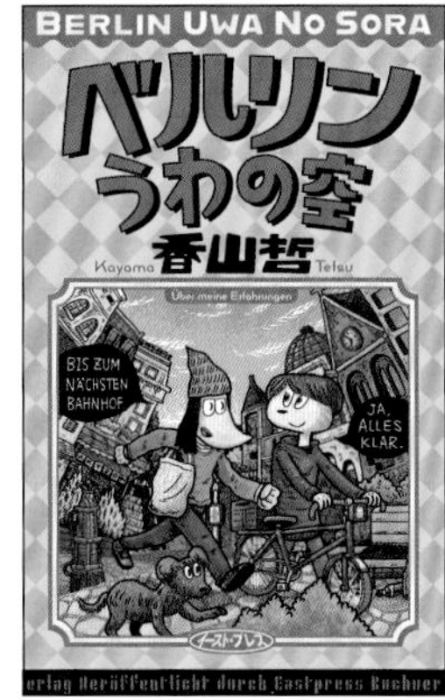

實體書籍的設計有考慮到上街閱讀的情況。書籍的尺寸剛好可以用單手拿起，並且放在外套的口袋裡隨身攜帶。多虧責任編輯的通融，本書將B6的尺寸裁去13mm的寬度，成了比較細長的特殊版型。

模仿零食的包裝 將書腰加工成有光澤的質感

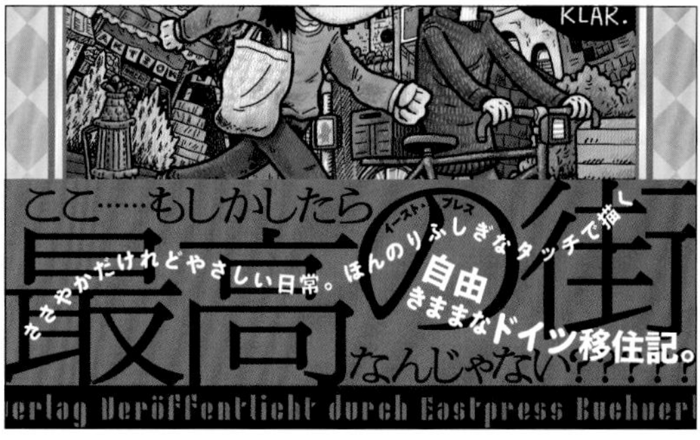

書腰使用了包裝紙常用的單亮面牛皮紙。這麼做是為了在單亮面牛皮紙上印刷金屬色油墨，製造隨機反射的光澤，做出零食包裝的感覺。

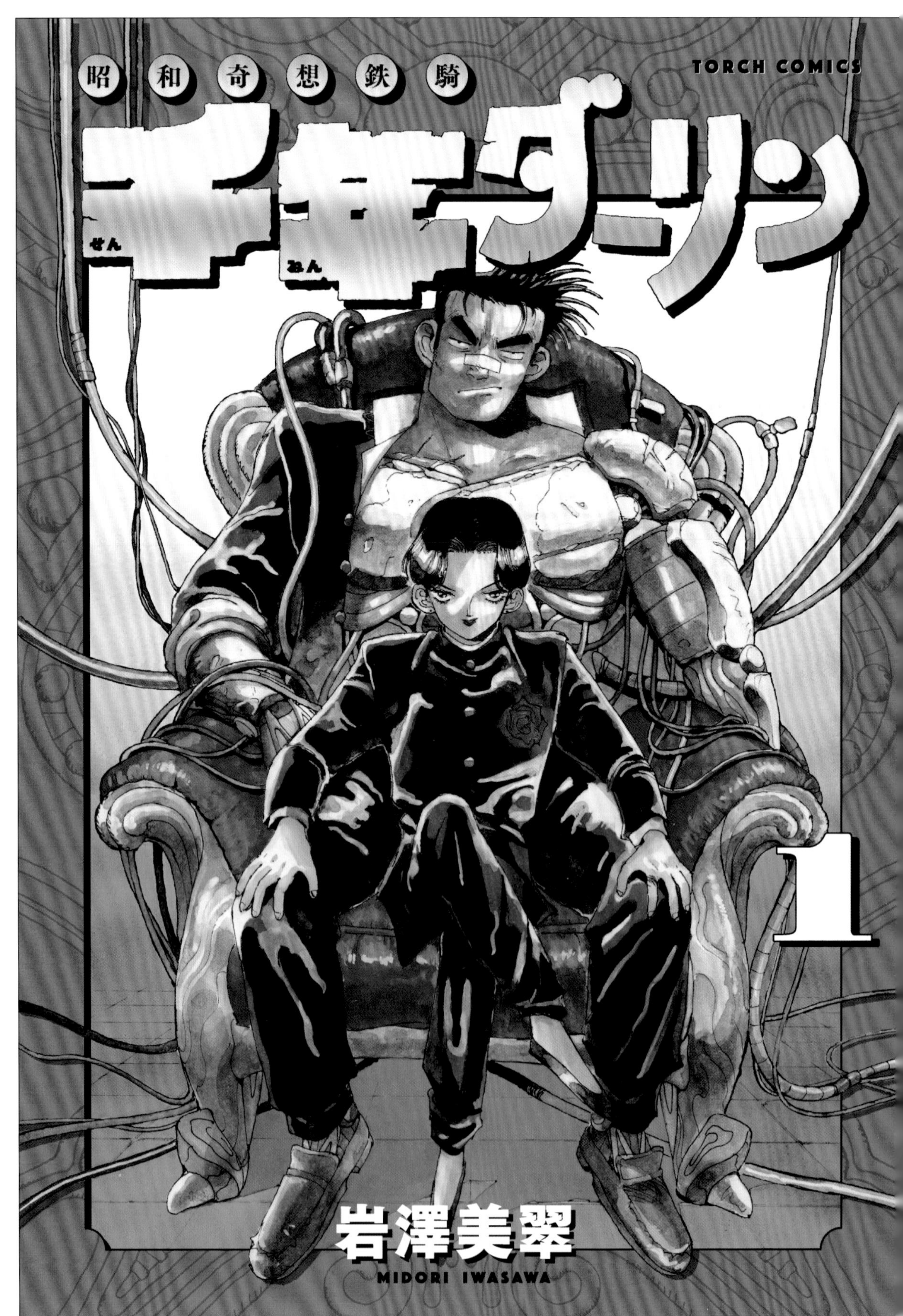
昭和奇想鉄騎
TORCH COMICS
千年ダーリン
せん ねん
1
岩澤美翠
MIDORI IWASAWA

Pop

(5)《千年ダーリン》

發行／LEED社　作者／岩澤美翠　設計師／中山望（LEED社）

雖然參考了往年的漫畫設計 卻有著不帶惡搞意味的熱情

以1980年代為舞臺，故事的主軸圍繞著一對搭檔——賭命戰鬥的高大男子與拯救其危機的美少年。模仿80～90年代的少年漫畫，且為了傳達作品所散發的純真情懷，設計成不帶「刻意感」的不做作風格，以免看起來像是老式漫畫的惡搞作品。書名部分的銀箔也是其中一種表現方式。

[L O G O]

使用字型

設計師自創

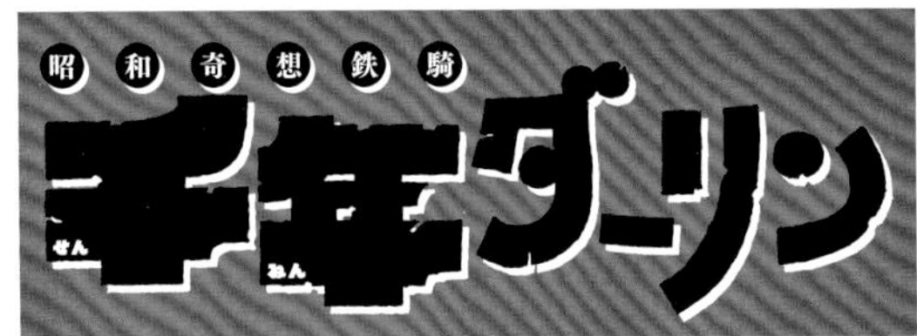

書名LOGO的製作參考了90年代的漫畫作品與遊戲LOGO。

[I L L U S T R A T I O N]

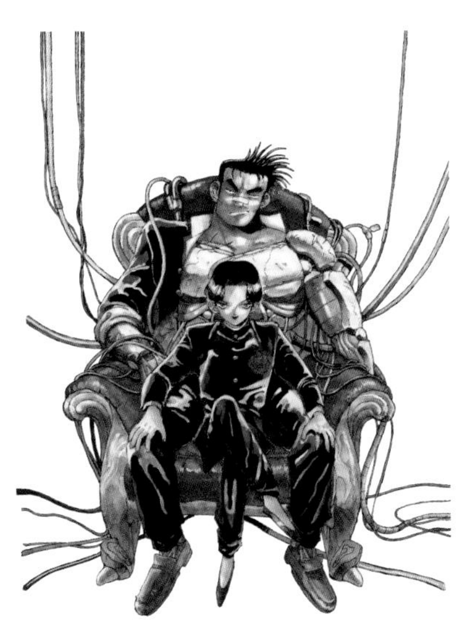

精緻、豪放且充滿爆發力的封面插畫是手繪而成的作品。

[O N E　P O I N T]

POINT 01 貼合作品的世界觀 卻又帶有現代感的設計

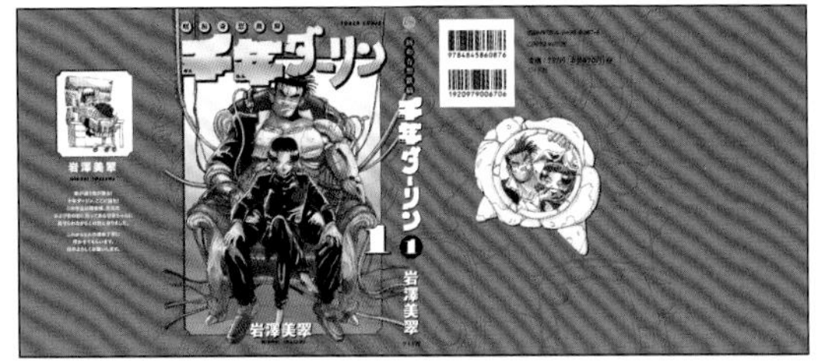

封底與折口部分也參考了昭和時代的少年漫畫，但維持在不像惡搞作品且不至於太過火的平衡點。

POINT 02 帶著圓潤的俏皮感 令人印象深刻的復古風LOGO

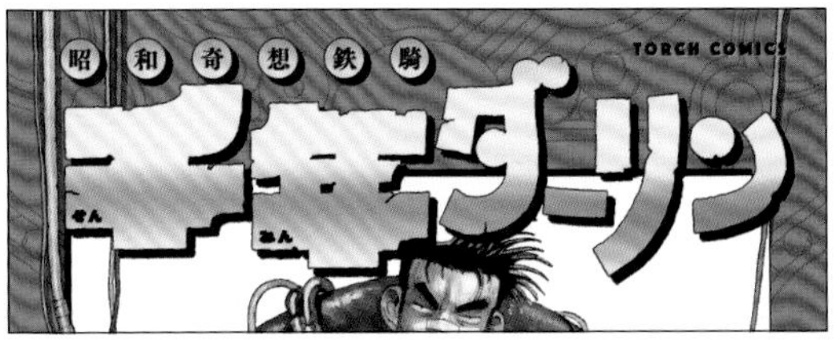

書名原本是連載專用的LOGO，因身為作者的岩澤美翠老師相當中意，於是也將裝幀交給同一位設計師負責。

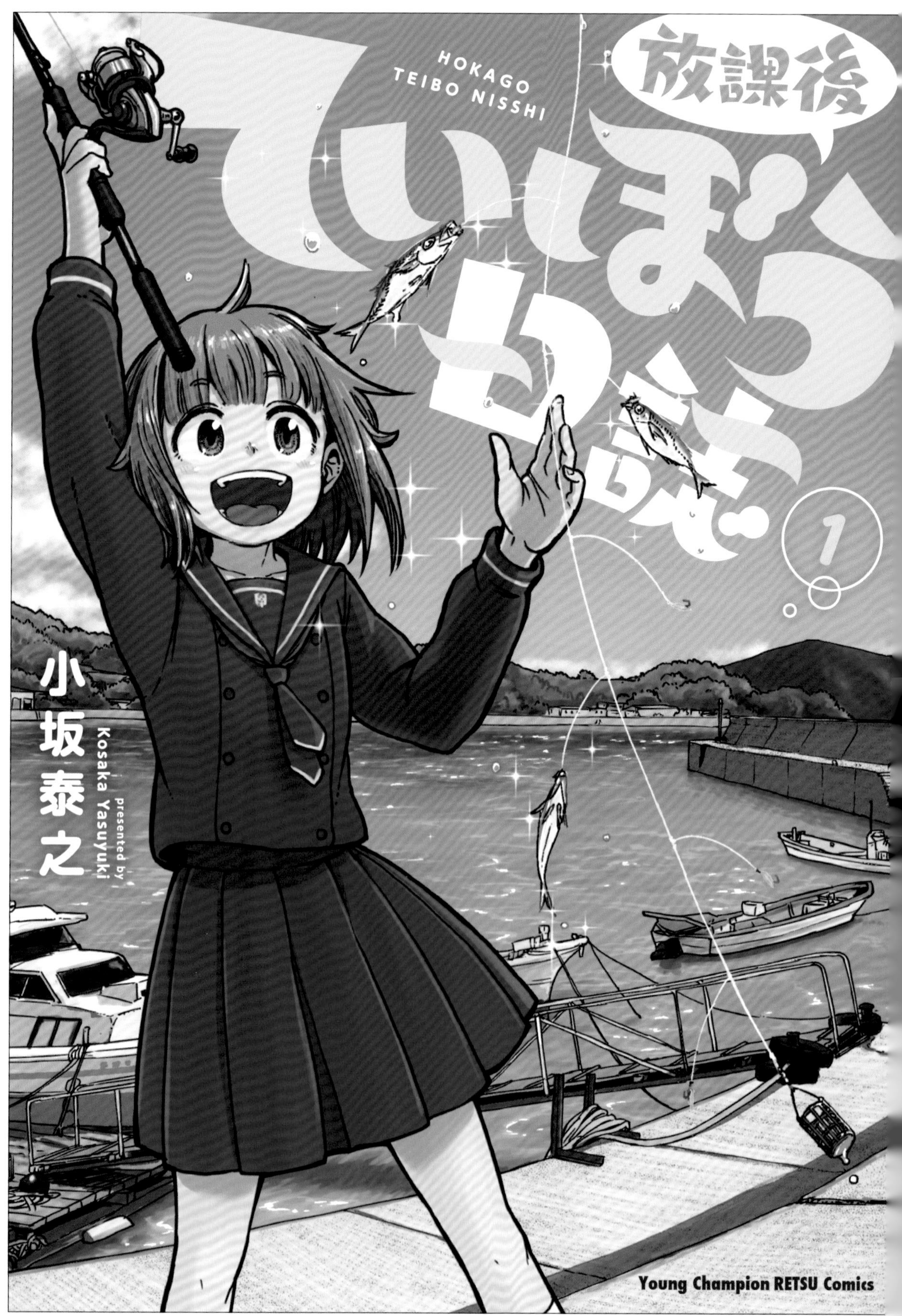
放課後
HOKAGO TEIBO NISSHI
ていぼう日誌
1
小坂泰之
presented by Kosaka Yasuyuki
Young Champion RETSU Comics

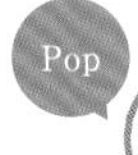

（6）《放課後ていぼう日誌》（《放學後堤防日誌》）

發行／秋田書店　作者／小坂泰之　設計師／小島翔太（5GAS DESIGN STUDIO）

從「釣魚」聯想出充滿動感的書名 以活潑可愛的風格表達社團活動的快樂感受

搬到鄉下的主角與學姊相識，因此被迫加入「堤防社」，開始了釣魚生涯。由於作品內容是關於女孩們一起釣魚的社團活動，所以在設計方面必須傳達角色的爽朗、活潑、快樂的感覺。封面描繪了海邊的風景，因此也採用了在背景中顯得十分亮眼的配色。

[LOGO]

使用字型

日文：設計師自創
英文：A-OTF UD 新丸ゴ Pro H

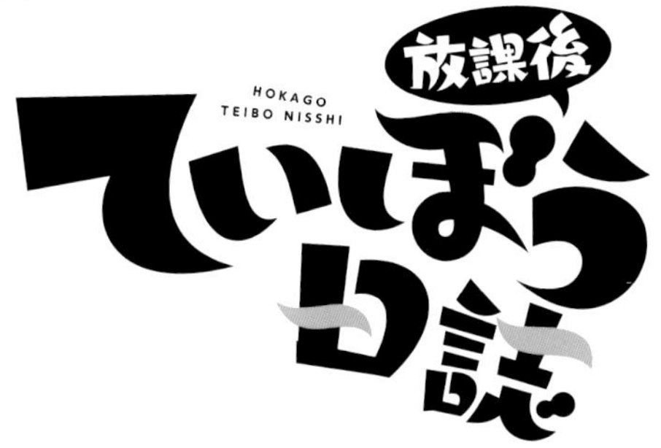

日文假名部分是從「魚鉤」、「揮舞釣竿的動作」進行聯想，以逐漸變細的末端來做出帶有動感的活潑印象。除此之外，重點處更加上了代表海浪或海風的元素。為了表現社團活動的熱鬧感，「放學後（放課後）」的文字是設計成對話框的造型。

[ILLUSTRATION]

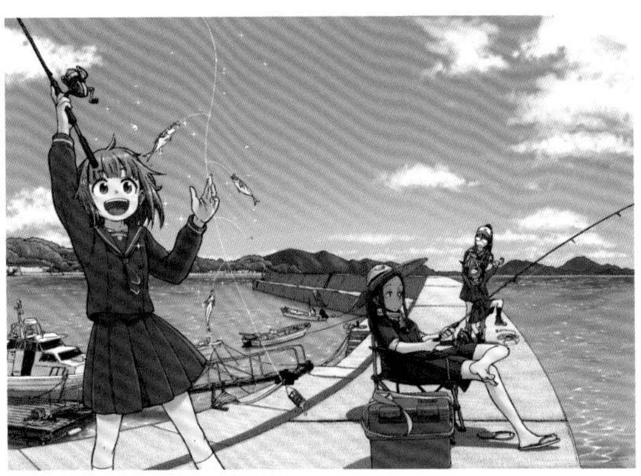

封面插畫是涵蓋了封底的環景構圖。以描繪著海邊風景的作品使整體氛圍一致。

[ONE POINT]

POINT 01 適合搭配碧海藍天的色彩

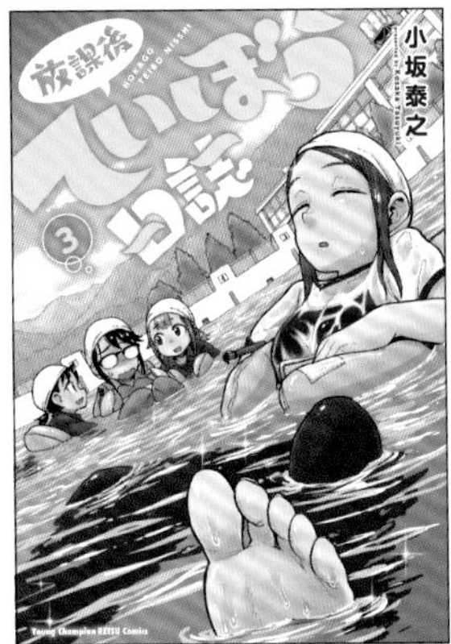

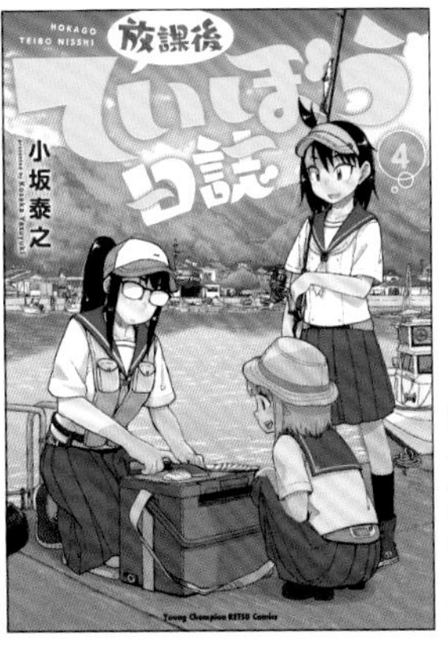

封面插畫的主要色調大多是海洋或天空的藍色系，所以書名採用在背景中很亮眼的黃白配色。

POINT 02 雜誌連載時的LOGO 也是由同一位設計師操刀

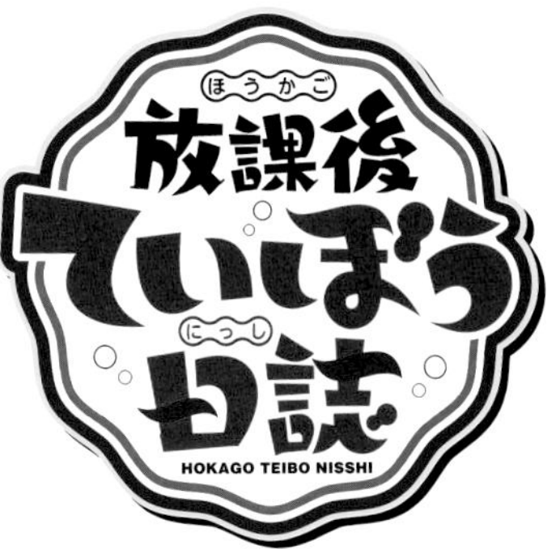

雜誌連載時的LOGO如上。經過一番打磨之後，使用在封面上。

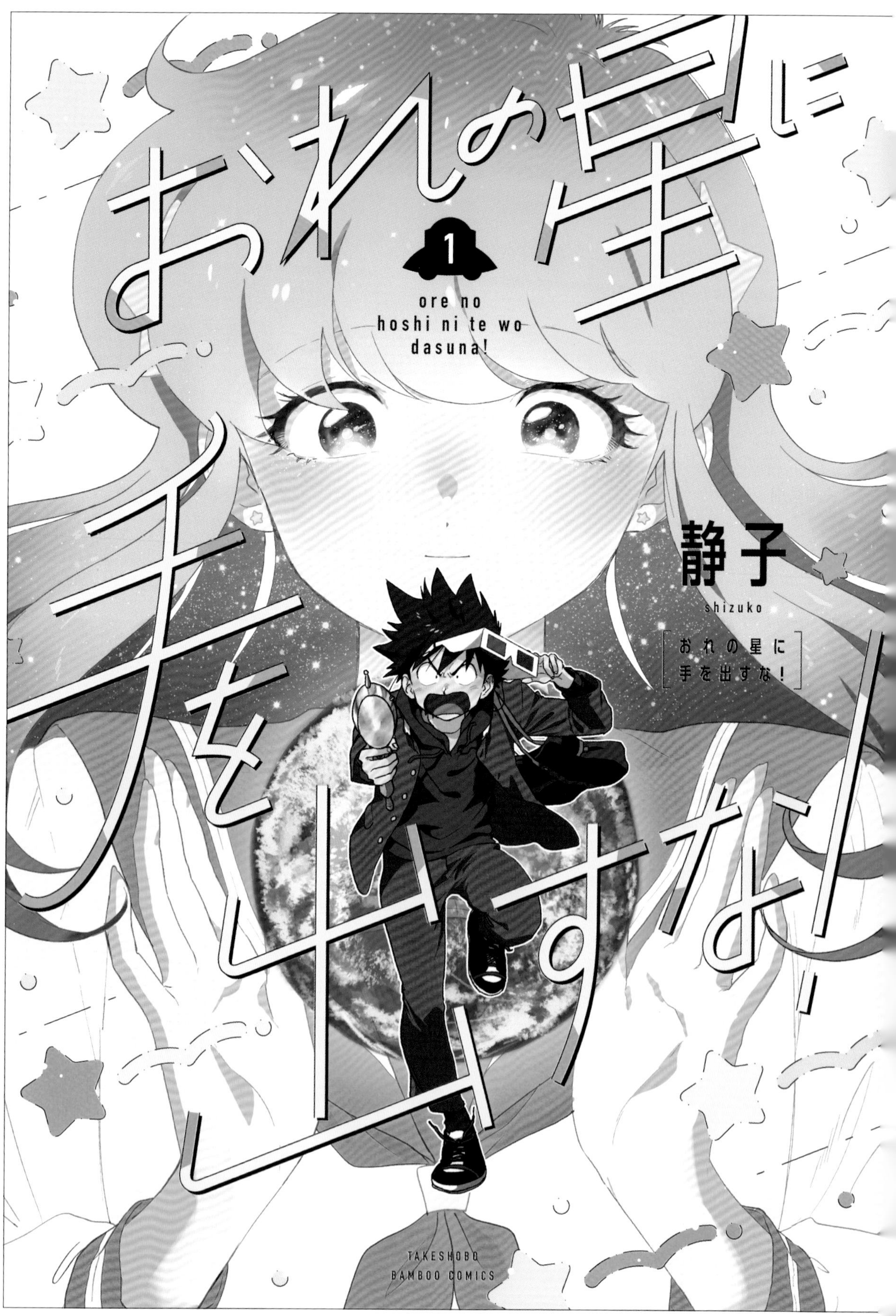
おれの星に手を出すな!
1
ore no
hoshi ni te wo
dasuna!
静子
shizuko
おれの星に
手を出すな!
TAKESHOBO
BAMBOO COMICS

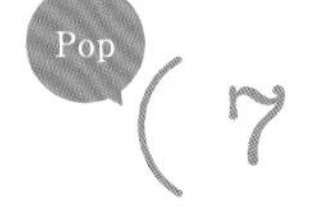

（7）《おれの星に手を出すな！》

發行／竹書房　作者／静子　藝術總監／楠目智宏（合同會社arcoinc）　設計師／池田悠（合同會社arcoinc）

從插畫與作品風格凸顯80年代的懷舊氛圍卻也包含不流於陳舊的現代品味

一名少女轉學到主角的學校，轉眼間便成為眾所矚目的焦點，但她卻有個天大的祕密……的科幻故事。從畫風與故事中感覺到懷舊氛圍的設計師，採用了70～80年代的美術風格，將俏皮又可愛的氣氛融入作品的世界觀。雖然引用復古的元素，卻也將整體調性調整為帶有現代風的感覺。

[L O G O]

使用字型

設計師自創

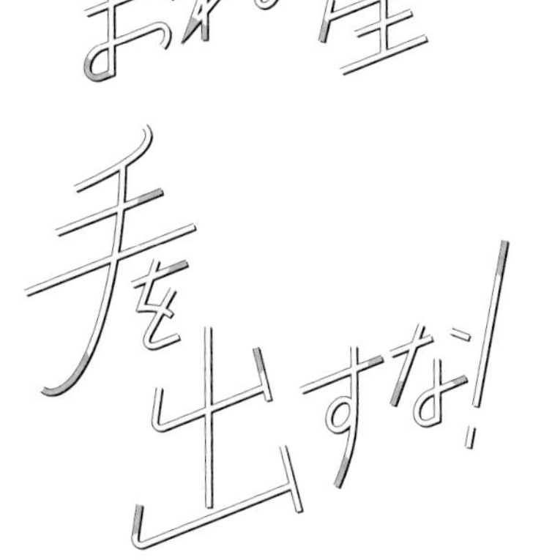

參考昭和時代的文字設計所做成的書名。將徒手寫出的文字當作底稿，並且適度地降低書寫的手工感，調整成既復古又銳利的印象。

[I L L U S T R A T I O N]

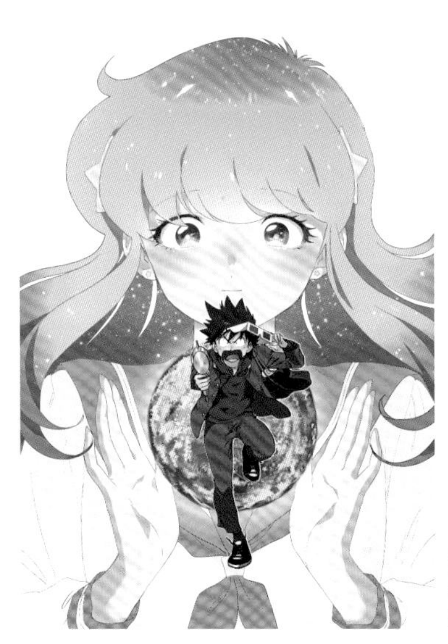

描繪帶著祕密的女主角與發明狂主角的插畫。

[O N E　P O I N T]

POINT 01 俏皮的裝飾參考了昭和時代的動畫以及城市流行樂

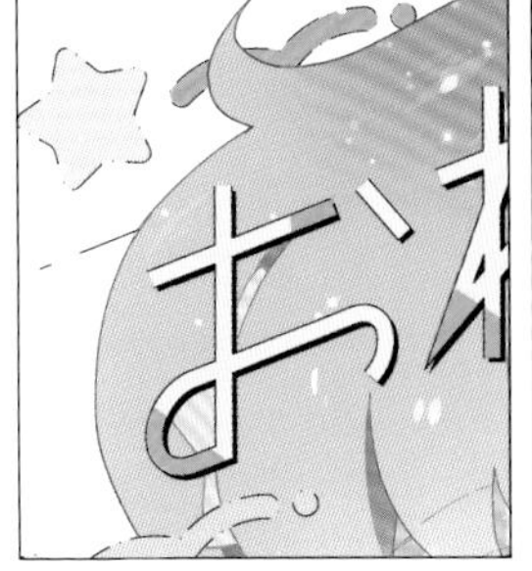

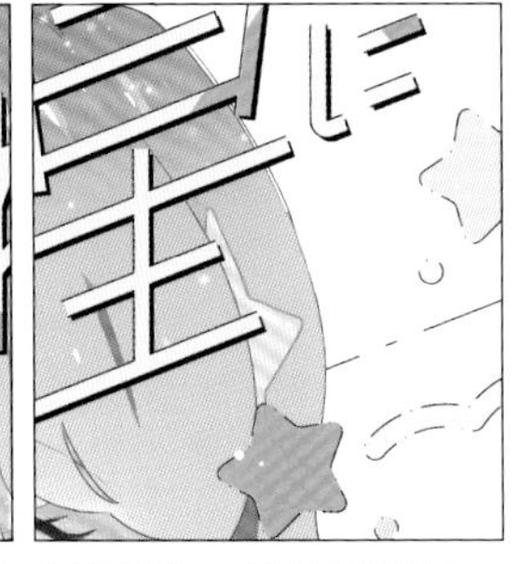

設計師重新調整了作者所畫的星星裝飾，使用在封面上。設計時參考了許多昭和時代的動畫與城市流行樂的平面設計。因為接觸過當時的作品，所以才能呈現往年的氛圍。

POINT 02 留意細節的設計與配色避免成為過去作品的翻版

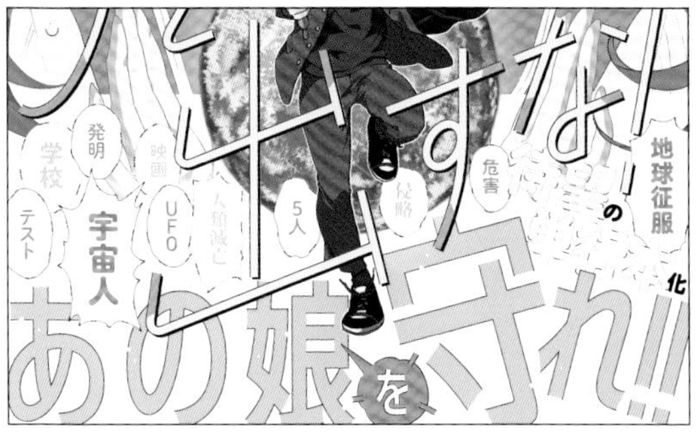

配色與書腰的設計雖然令人懷念，但也特別留意不讓它看起來像直接改編過去的作品。目的是讓現代的讀者也能感到新鮮。

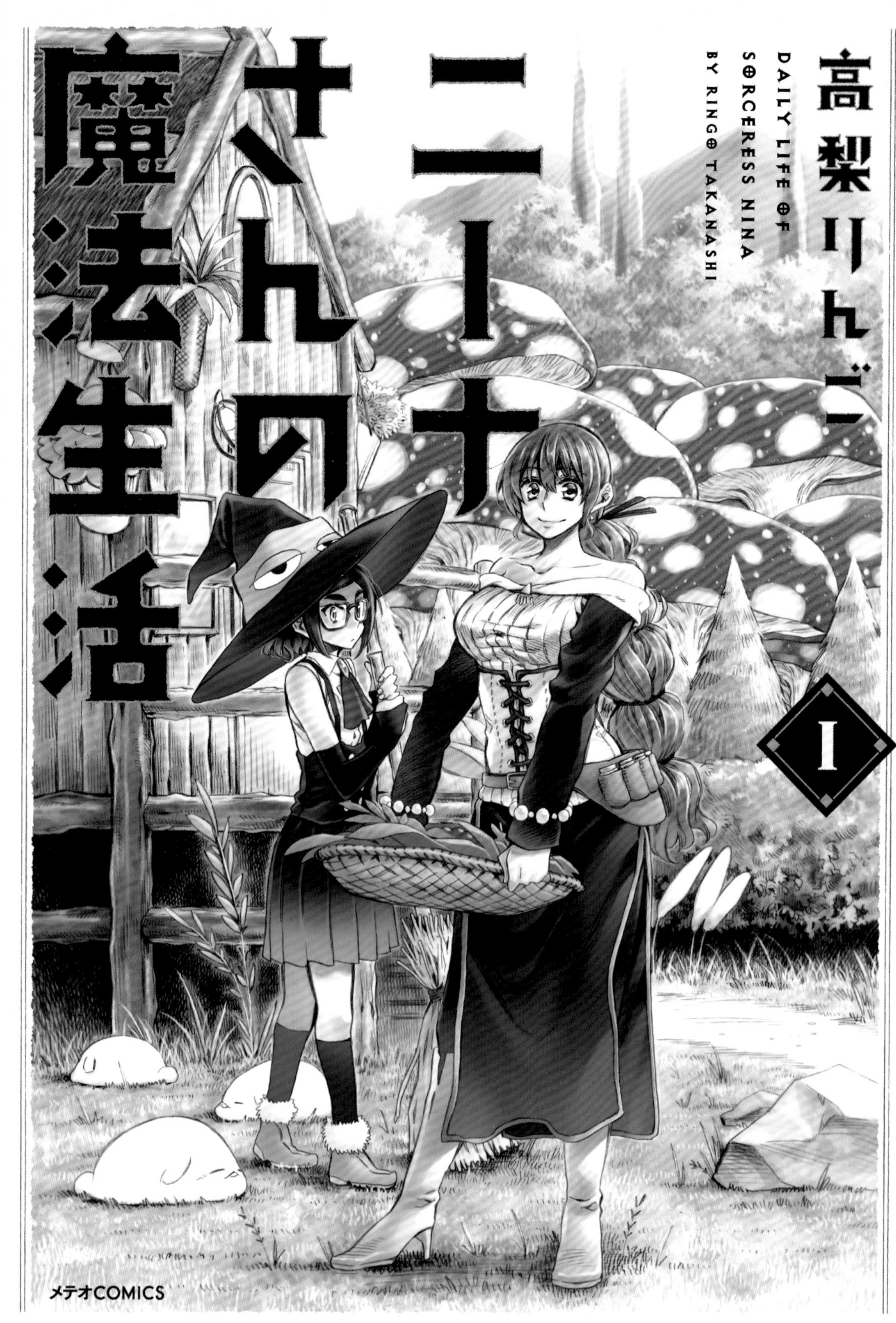
ニーナさんの魔法生活
高梨りんご
DAILY LIFE OF SORCERESS NINA
BY RINGO TAKANASHI
I
メテオCOMICS

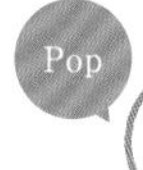

(8)《ニーナさんの魔法生活》

發行／Flex Comix　作者／高梨りんご　設計師／名和田耕平設計事務所

輕鬆悠閒的異世界奇幻故事 呈現自由自在的生活感與安寧感

妮娜（ニーナ）是世界上最強的魔女。本作是描述魔女見習生艾莉絲（アイリス）向妮娜拜師，兩人一起過著平靜日子的日常系異世界奇幻故事。由於書名包括了主角的名字，所以設計得清晰且顯眼。封面有著古書般的裝飾，作為異世界奇幻風的元素，與插畫互相調和。

[LOGO]

使用字型

設計師自創

ニーナさんの魔法生活

為了表現主角自由奔放的個性，使用粗體字來製作LOGO。

[ILLUSTRATION]

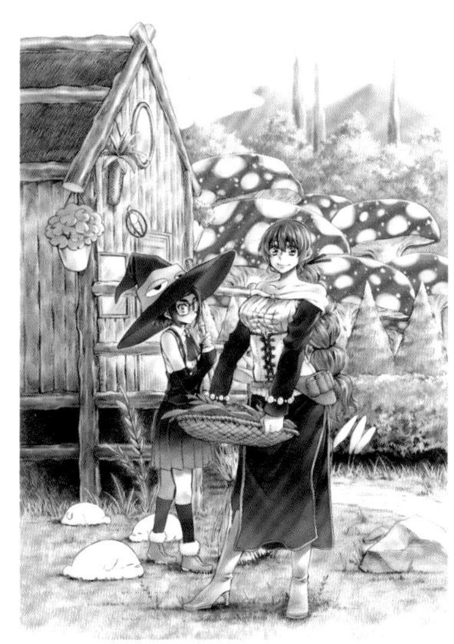

續集的封面也同樣是描繪魔女與其徒弟的組合。

[ONE POINT]

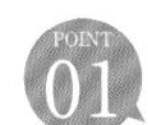

在插畫與文字邊緣
增添老舊的味道

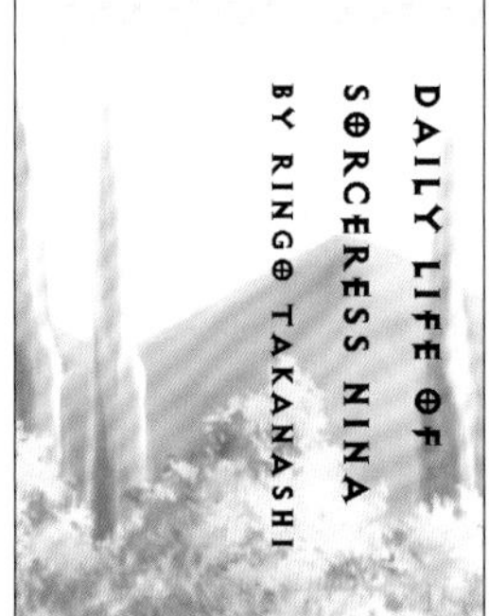

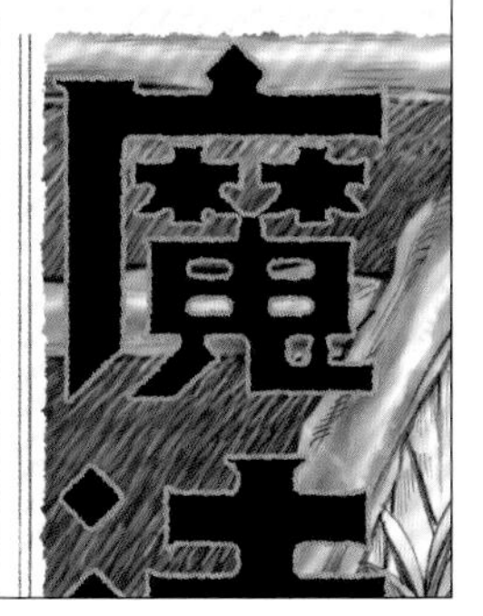

插畫下方襯著底色，但加上了粗糙的效果，表現經年累月的損傷。文字周圍也有類似的加工。

不破壞插畫的氛圍
色調沉穩的書腰

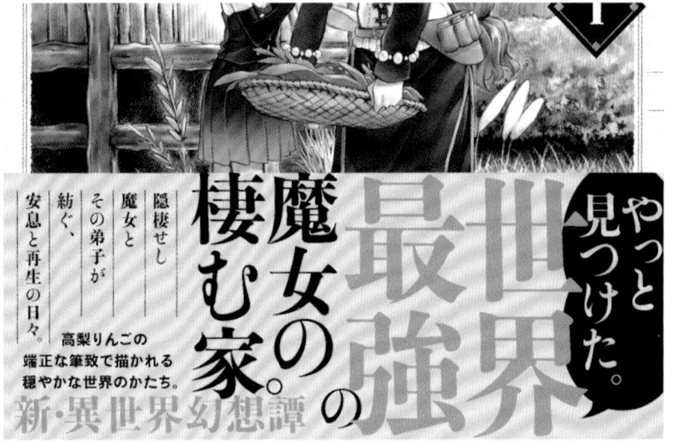

封面插畫主要是描繪奇幻世界的日常生活。為了不破壞畫面，書腰也使用了基本的土黃色系與黑色。

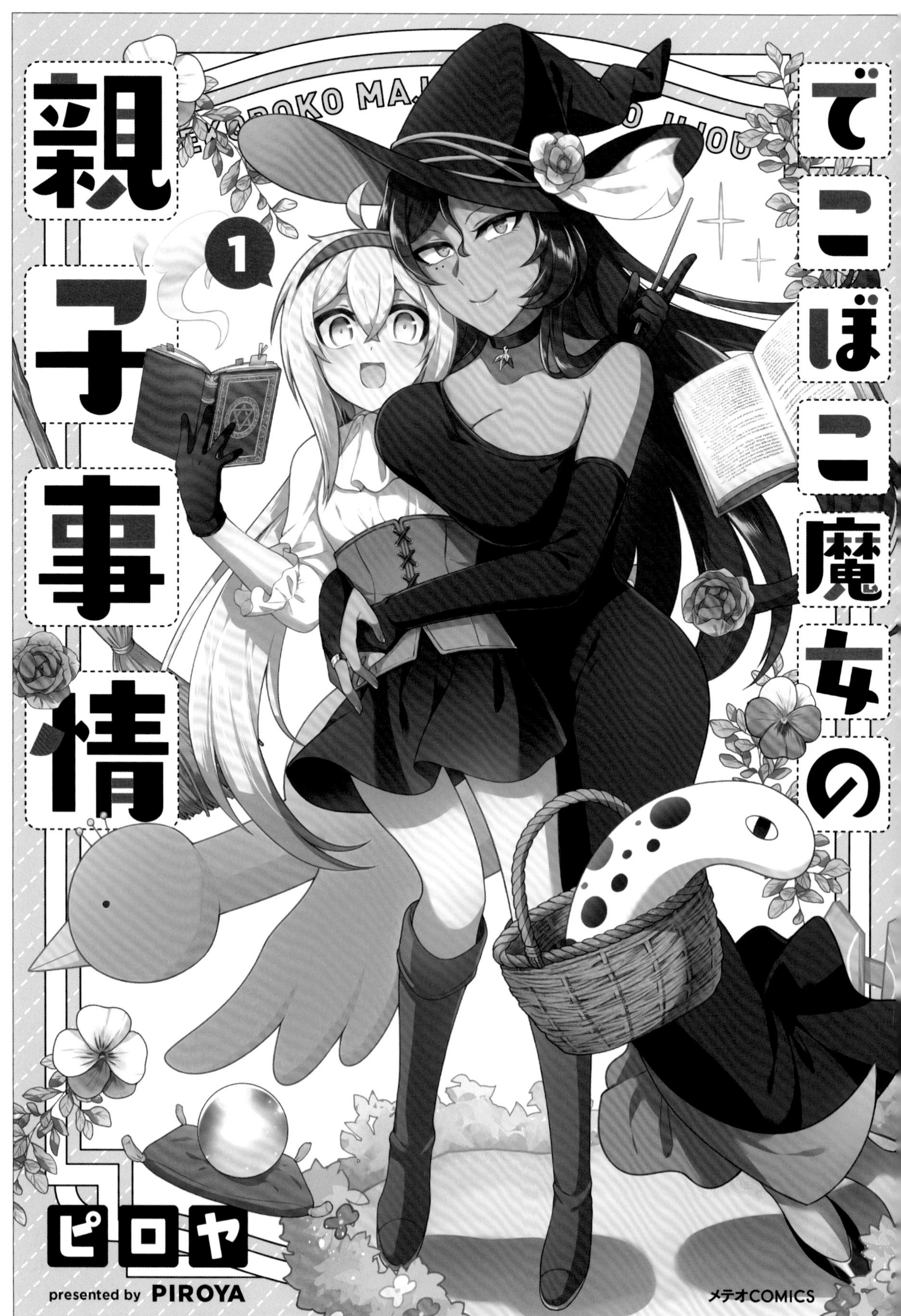
でこぼこ魔女の
親子事情
1
ピロヤ
presented by PIROYA
メテオCOMICS

Pop

(9)《でこぼこ魔女の親子事情》(《凹凸魔女的親子日常》)

發行／Flex Comix　作者／ピロヤ　設計師／倉地悠介（アストロープ）

用角色與各種小配件塞滿畫面 設計得十分熱鬧卻也不會掩蓋書名

魔女將撿來的人類嬰兒養大，卻發現這個孩子的成長遠遠超乎自己的想像……以奇幻世界為舞臺的搞笑漫畫。封面上擺滿了角色與各種小配件，傳達了作品的氛圍。由於畫面相當熱鬧，為了避免書名被掩蓋，每一個文字都加上了外框，使書名變得容易辨識。

[LOGO]

使用字型

設計師自創

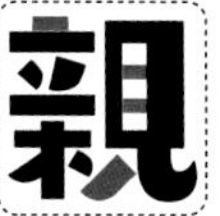
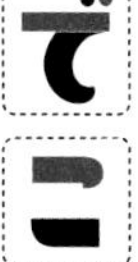
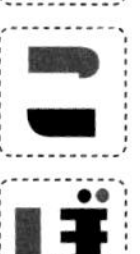
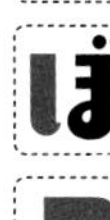
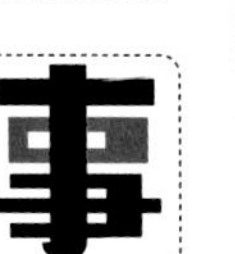
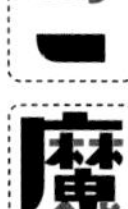
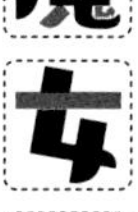
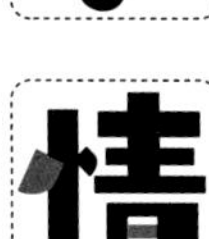
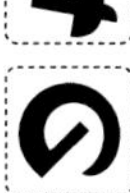
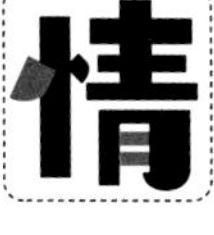
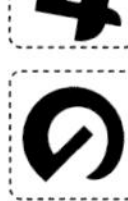

更改「FOT ベビポップ」的形狀，使用在書名上。配合詼諧的故事內容，設計成俏皮的風格。

[ILLUSTRATION]

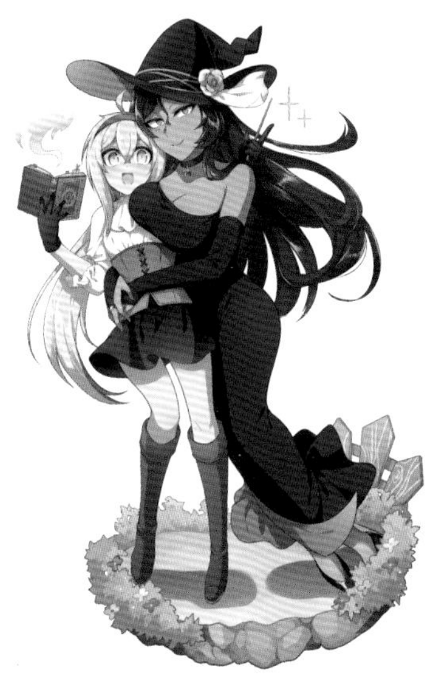

223歲的魔女艾麗莎有著稚嫩的外表，而16歲的薇奧拉看起來卻很成熟，兩人的反差相當有趣。

[ONE POINT]

塞滿了各式各樣的元素 卻不會給人俗氣的感覺

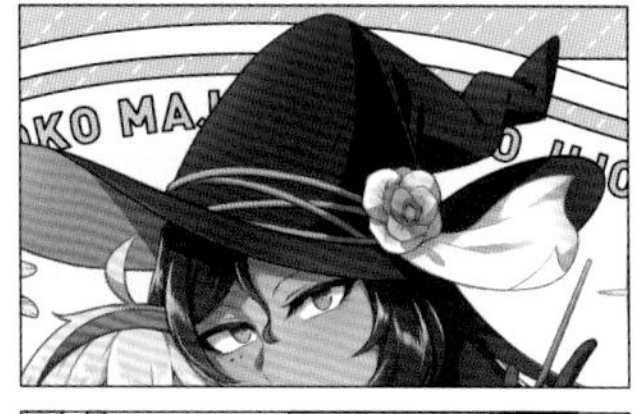

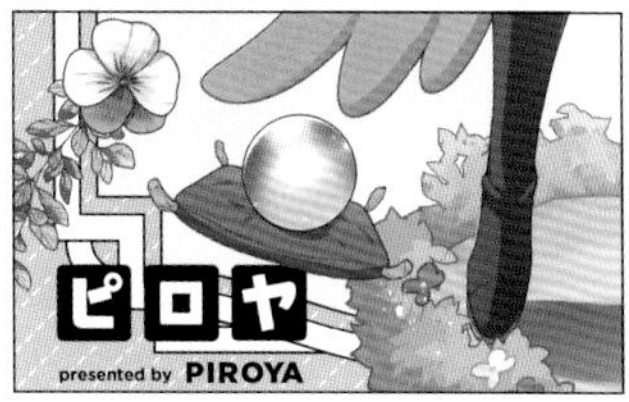

因為元素偏多，特別注重配色，以免造成俗氣的感覺。封面除了螢光粉紅色之外，背景的藍色也使用了特殊色。背景中的邊框，是從零食的盒子獲得的靈感。

POINT 02 角色以外的元素 是由設計師負責編排

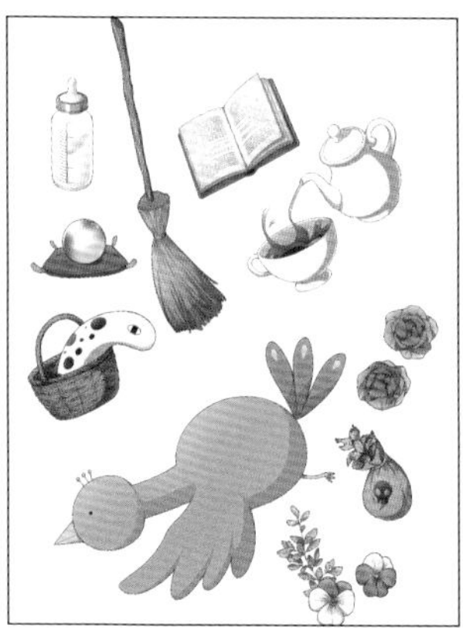

設計師請作者分別描繪不同的配件，再組合這些元素。橘色的鳥（不死鳥）頗受讀者歡迎，設計師希望在附有書腰的狀態下也能看見，所以很猶豫要放在什麼位置。

Cute　Pop　Stylish　Natural

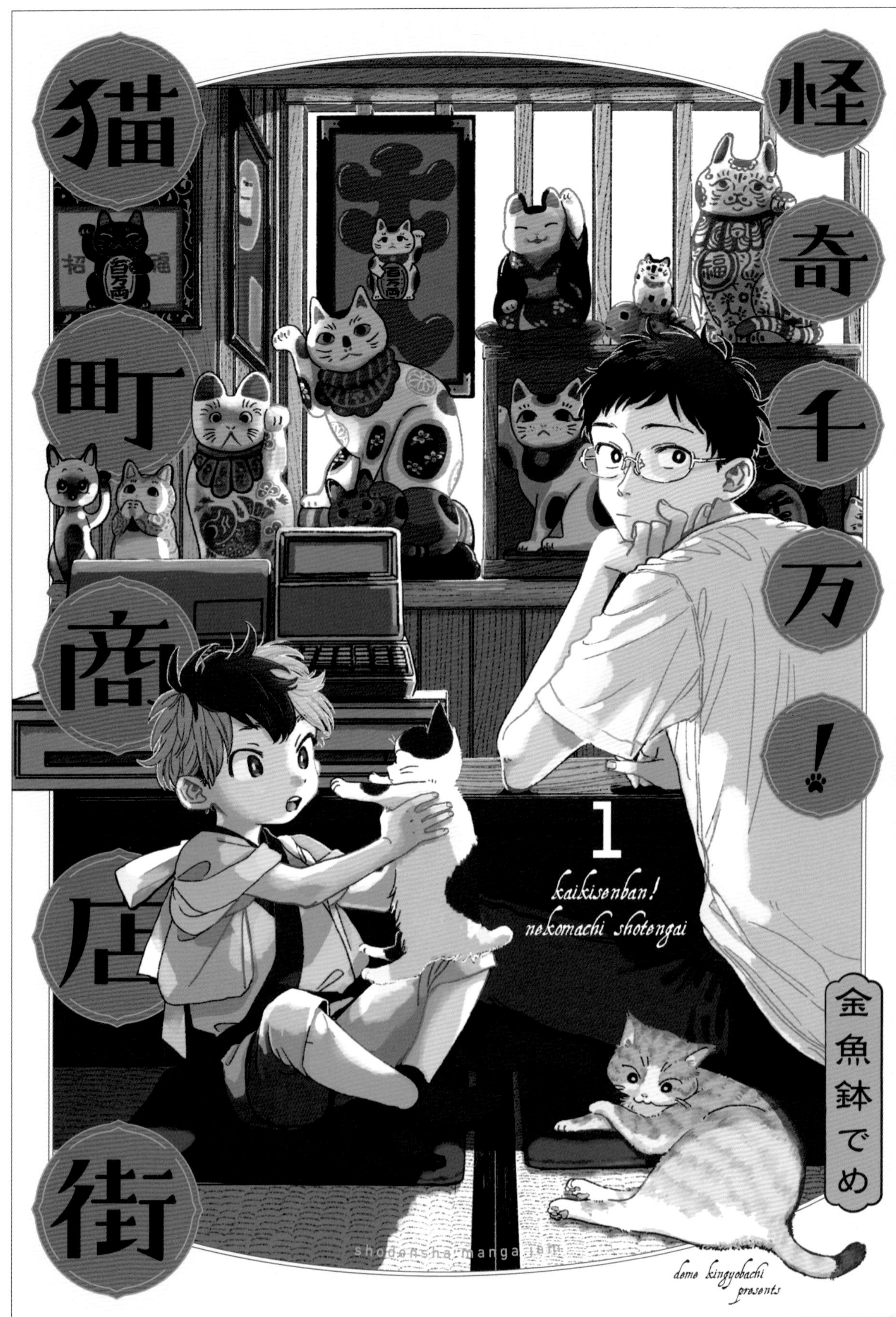
怪奇千万!
猫町商店街
1
kaikisenban!
nekomachi shotengai
金魚鉢でめ
demo kingyobachi
presents

Pop

(10)《怪奇千万！猫町商店街》

發行／祥傳社　作者／金魚鉢でめ　設計師／岩井美沙

搭配柔和插畫的復古風設計 藉著底色與書名裝飾表達沉穩氛圍

描述一群貓在不為人知的情況下變成人類的模樣，生活在商店街的作品。設計師委託作者，將作中令人印象深刻的主角的店與招財貓畫成封面插畫。LOGO與封面都帶著日式風味。由於是第1集，所以設計的目標是一眼就能傳達作品的內容，引起讀者的興趣。

[L O G O]

使用字型

設計師自創

怪奇千万！
猫町商店街

以「FOT-つばめ」為基礎，並且組合一部分的英文字型「Catull」，增添現代感。作為點綴，「！」的點是貓的肉球造型。

[I L L U S T R A T I O N]

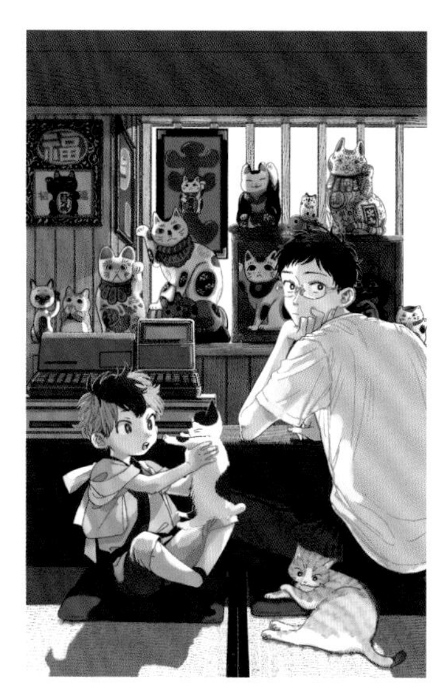

為了增強讀者的印象，設計師委託作者描繪逆光的插畫。

[O N E　P O I N T]

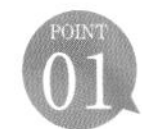

POINT 01 設計元素不會遮住描繪得十分細膩的插畫

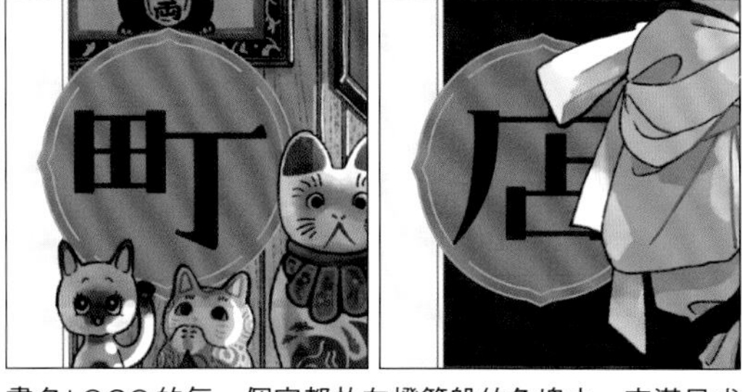

書名LOGO的每一個字都放在燈籠般的色塊中，充滿日式風情。色塊穿插在小配件與背景之間，不會遮住細部的裝飾。

POINT 02 配合插畫的色調使用復古又新潮的底色

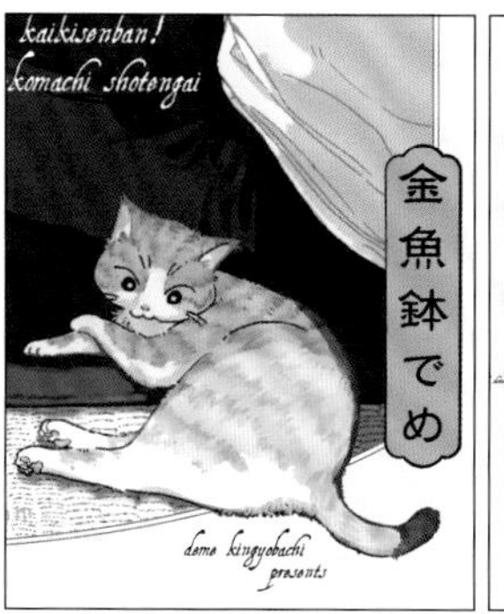

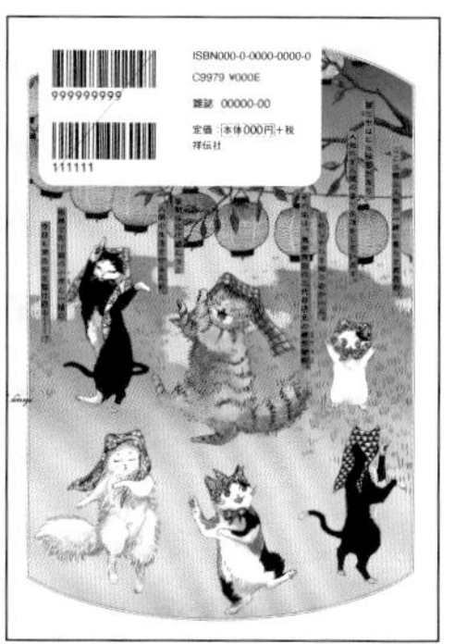

插畫的外框是復古風的底色，但也用超出外框的貓來表現立體感。封底也是使用同樣形狀的外框。

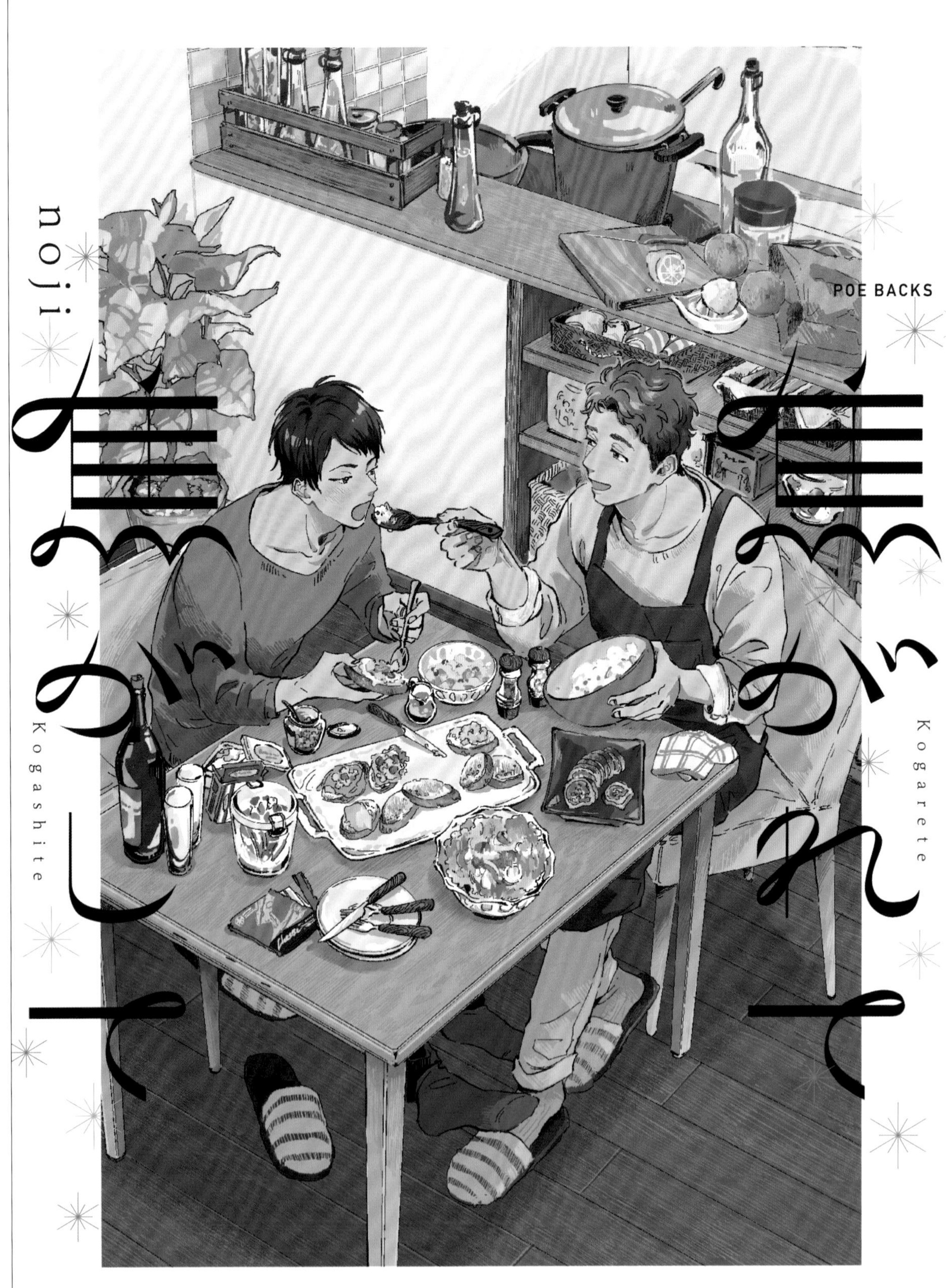
焦がれて
Kogarete
POE BACKS
焦がして
Kogashite
noji

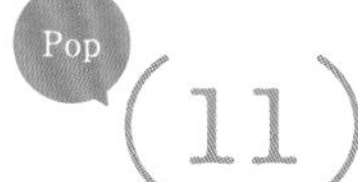

《焦がれて焦がして》

發行／Fusion Product　作者／noji　設計師／須川理瑛（Fusion Product）

配合平靜又溫柔的插畫氛圍
以清爽手法表現幸福感與戀愛的閃耀情境

描寫被工作追著跑的上班族，與剛開始經營咖啡酒吧的廚師之間發生的BL（Boy's Love）故事。編輯方提供的設計方向是「表現出戀愛的閃耀情境」。設計師透過封面，試圖表現作品內容與插畫所散發的幸福感。另外，也加上發光圖案作為特效，呈現作品的平靜氛圍。

[L O G O]

使用字型

設計師自創

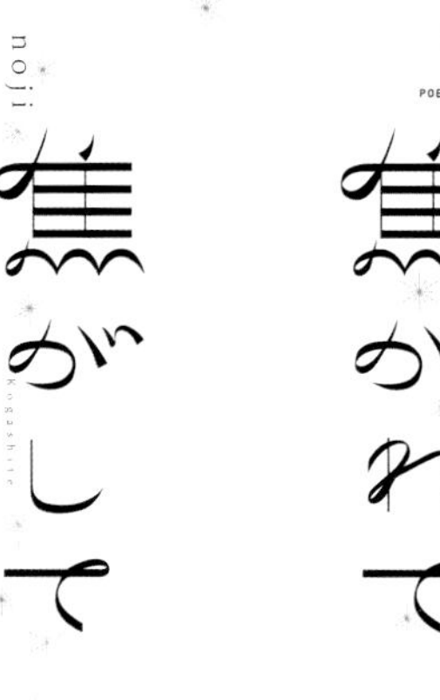

為了表達戀愛的興奮感與主角單方面暗戀的情愫，設計師使用翹起與捲曲的筆劃來設計書名。

[I L L U S T R A T I O N]

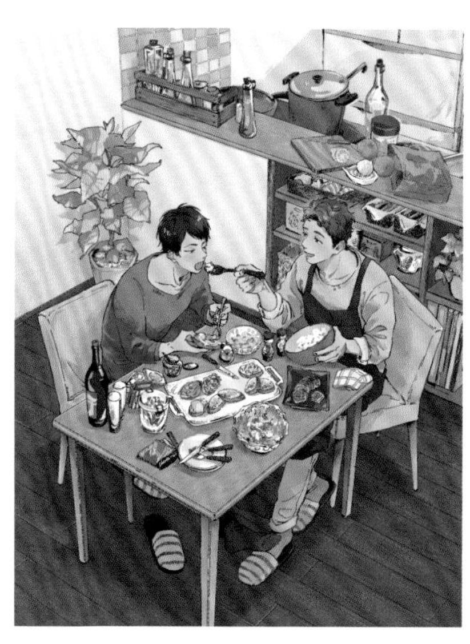

兩人吃著一整桌料理的模樣。從菜色到餐具都描繪得十分講究。

[O N E　P O I N T]

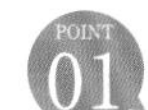

將主要角色夾在中間的書名位置

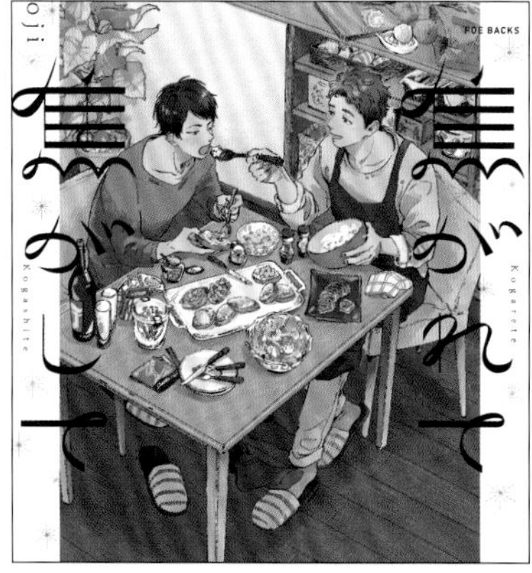

書名排列在角色旁邊，呈現對稱的構圖。文字比例不會干擾到擺滿整張桌子的料理。

POINT 02

使用留白來表現舒暢感以及純真的感情

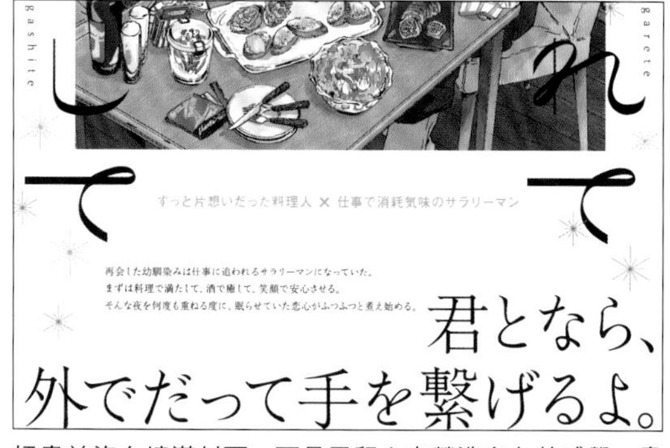

插畫並沒有填滿封面，而是用留白來營造自在的感覺。書腰也採用白色，代表戀愛的純真。

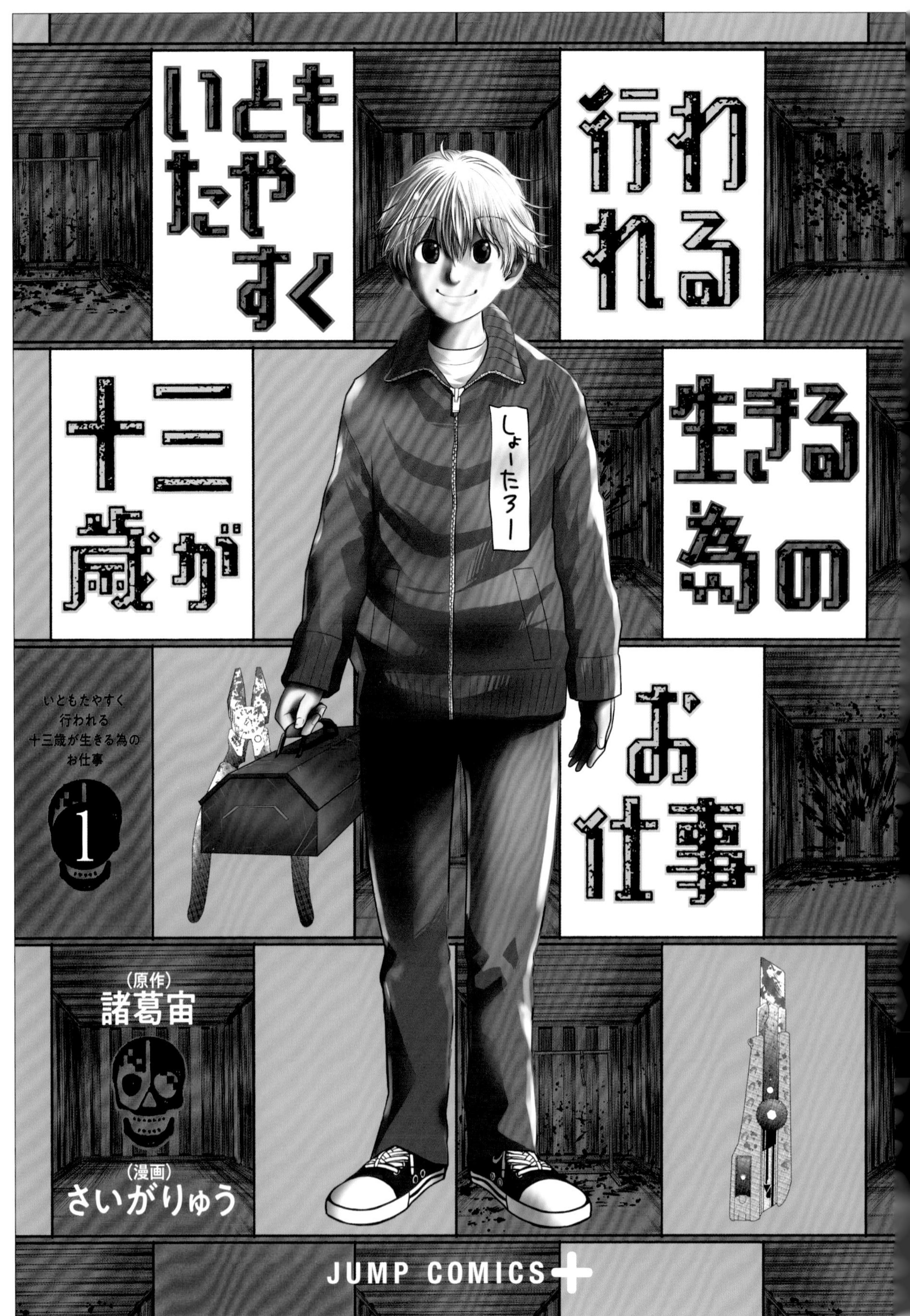
いともたやすく
行われる
十三歳が
生きる為の
お仕事
しょーたろー
いともたやすく
行われる
十三歳が生きる為の
お仕事
1
(原作)
諸葛宙
(漫画)
さいがりゅう
JUMP COMICS+

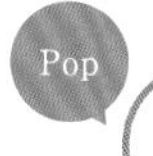

(12)《いともたやすく行われる十三歳が生きる為のお仕事》

發行／集英社　作者／諸葛宙（原作）、さいがりゅう（漫畫）　設計師／高橋健二（TERRA ENGINE）

可愛的插畫對比殘酷的主題 俏皮之中帶著緊張感的設計比例

13歲少年為了代替他人復仇，而成為連續殺人魔的犯罪懸疑漫畫。客戶的要求是凸顯主角的可愛，而且看得出是會有許多人喪命的故事。因此混合了俏皮感與殘酷性，做出平面藝術式的設計。藉著帶血的連續格子來暗示許多人的死亡，並且透過工具上的血跡等鮮豔的配色，營造輕鬆休閒的感覺。

[L O G O]

使用字型

設計師自創

いともたやすく行われる
十三歳が生きる為のお仕事

從少年殺人魔的形象聯想到點陣文字，表現出遊戲感與懸疑感。

[I L L U S T R A T I O N]

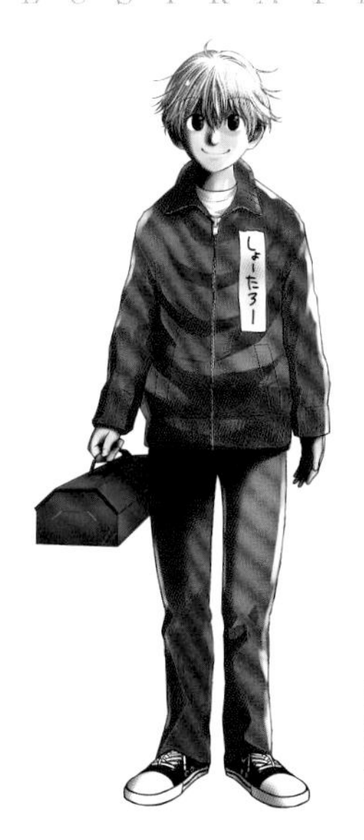

主角雖然是個可愛的少年，卻能毫不猶豫地拷問對手，連續殺害許多人。

[O N E P O I N T]

將多張背景和工具的插畫與書名交互排列

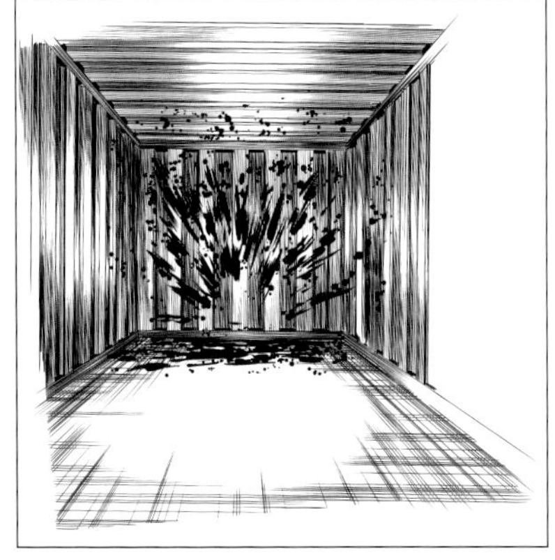

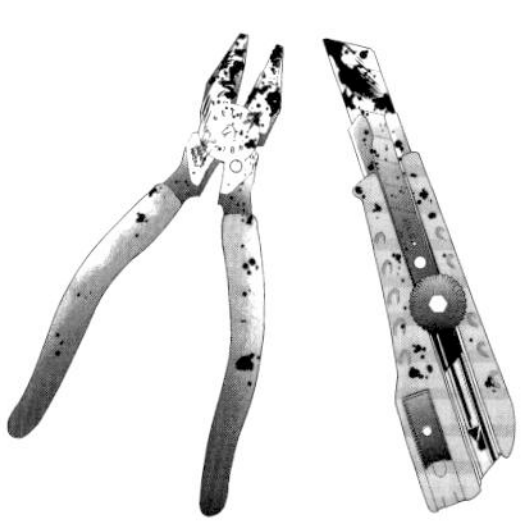

在設計的提案階段，排版的方向就已經確定了，所以設計師請作者分開描繪多張插畫，然後組合到封面上。偏長的書名被編排成多個部分。

POINT 02

連載時使用的書名也是由同一位設計師操刀

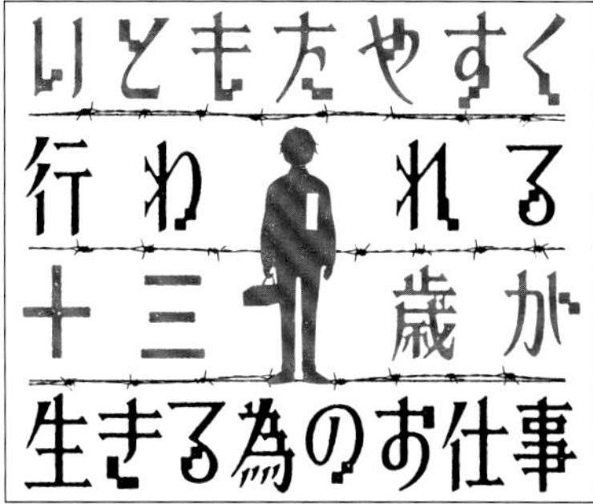

連載時的書名如上。因為字數偏多，所以單行本編排得比較有節奏感，以免讓人感到冗長。

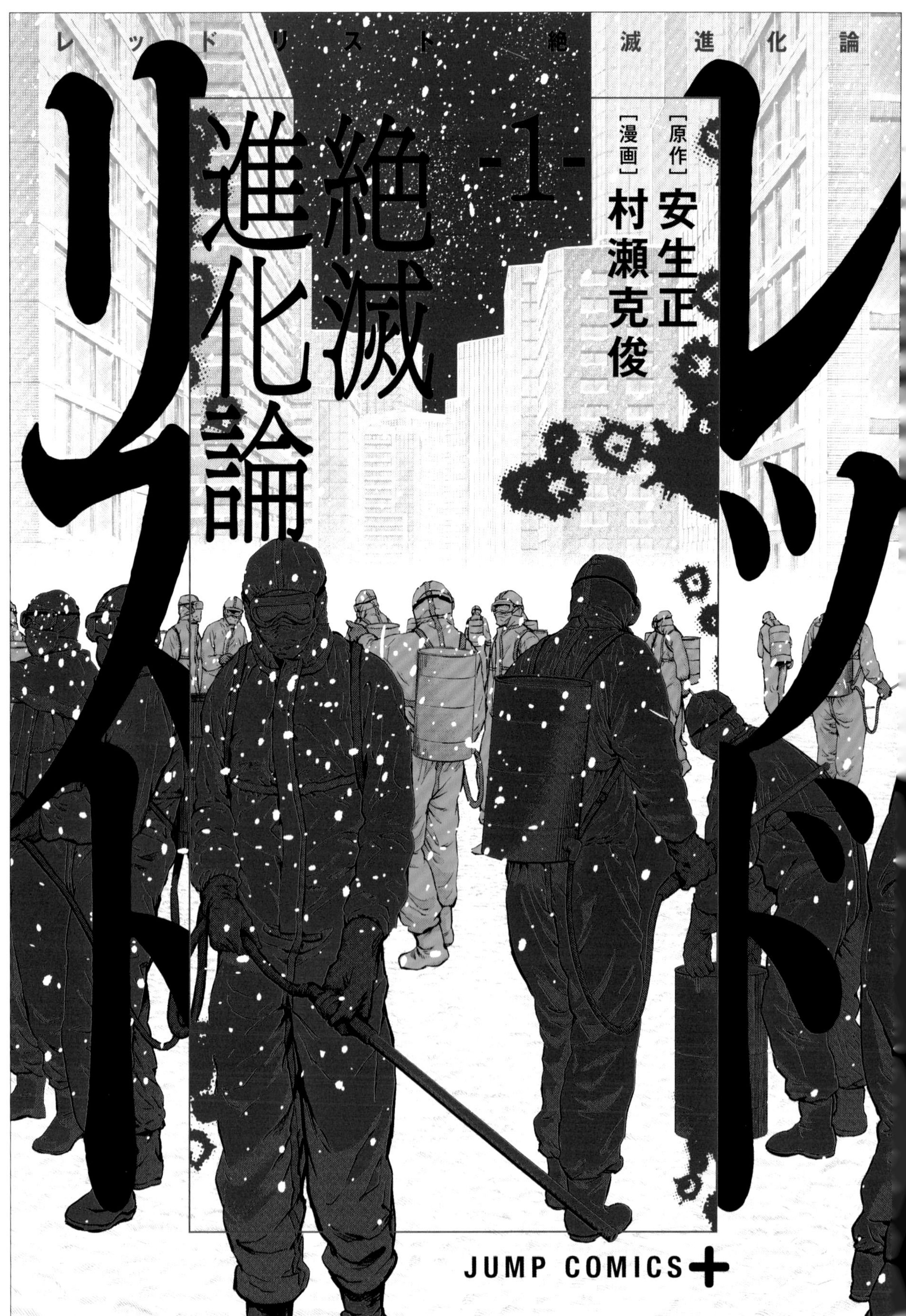
レッドリスト絶滅進化論
レッドリスト
絶滅進化論
-1-
［原作］安生正
［漫画］村瀬克俊
JUMP COMICS+

（1）《レッドリスト 絶滅進化論》

發行／集英社　作者／安生 正（原作）、村瀬克俊（漫畫）　設計師／高橋健二（TERRA ENGINE）

強調嚴肅故事的事件性 在黑白插畫中加上單色以凸顯緊張感

東京爆發不明的傳染病，陸續造成多人死亡，彷彿暗示現實狀況的故事（原作小說於2018年發行）。客戶希望封面設計能夠喚起世界的危機感。使用鏡頭較遠的構圖，降低色彩數，強調紀錄片般的嚴肅感與事件性。由於客戶想強調「滅絕進化論（絶滅進化論）」，所以設計師聚焦在副書名，將它編排在中央。

[LOGO]

使用字型

光朝 Std Heavy
筑紫新聞明朝 LB

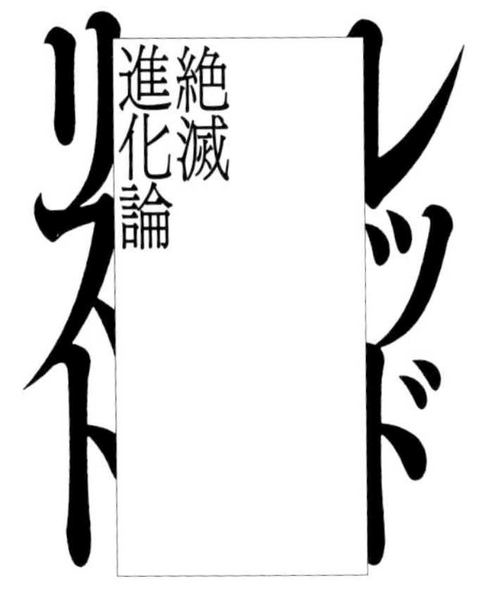

調整字型的比重等細節，使用在書名上。與黑白插畫相輔相成，呈現了新聞報導般的氛圍。

[ILLUSTRATION]

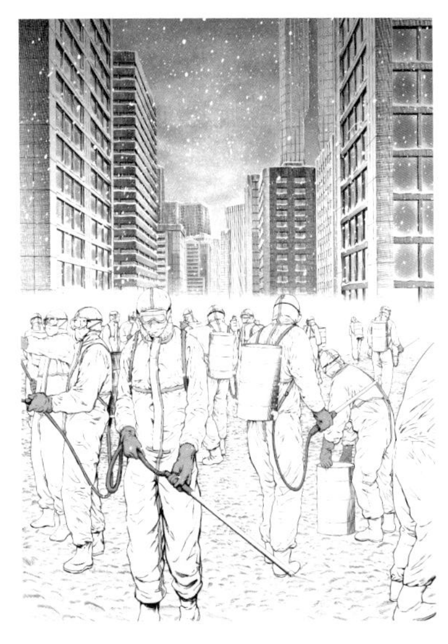

由於作品中工作人員穿著防護衣消毒的畫面令人印象深刻，所以設計師委託作者描繪了封面用的版本。

[ONE POINT]

POINT 01 刻意不凸顯角色的封面表現了嚴肅的調性

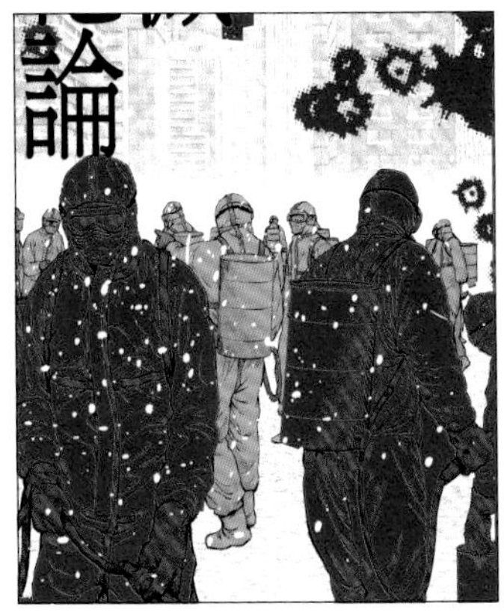

一般漫畫封面都是以凸顯角色為原則，但基於作品的主題，本作使用了黑白插畫來表現真實事件或紀錄片般的感覺。紅色是設計師加上的顏色。

POINT 02 以包圍中央的方框強調副書名

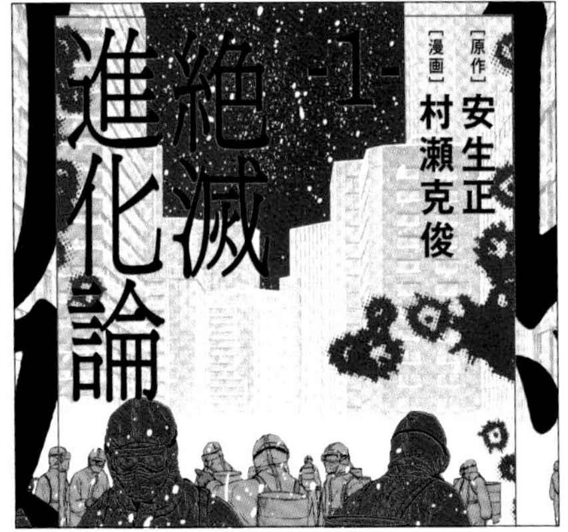

為了強調副書名，設計師利用方框圍起畫面的中央，將文字編排在裡面。由於作品的主題是傳染病，所以其中也加入了病毒般的元素。

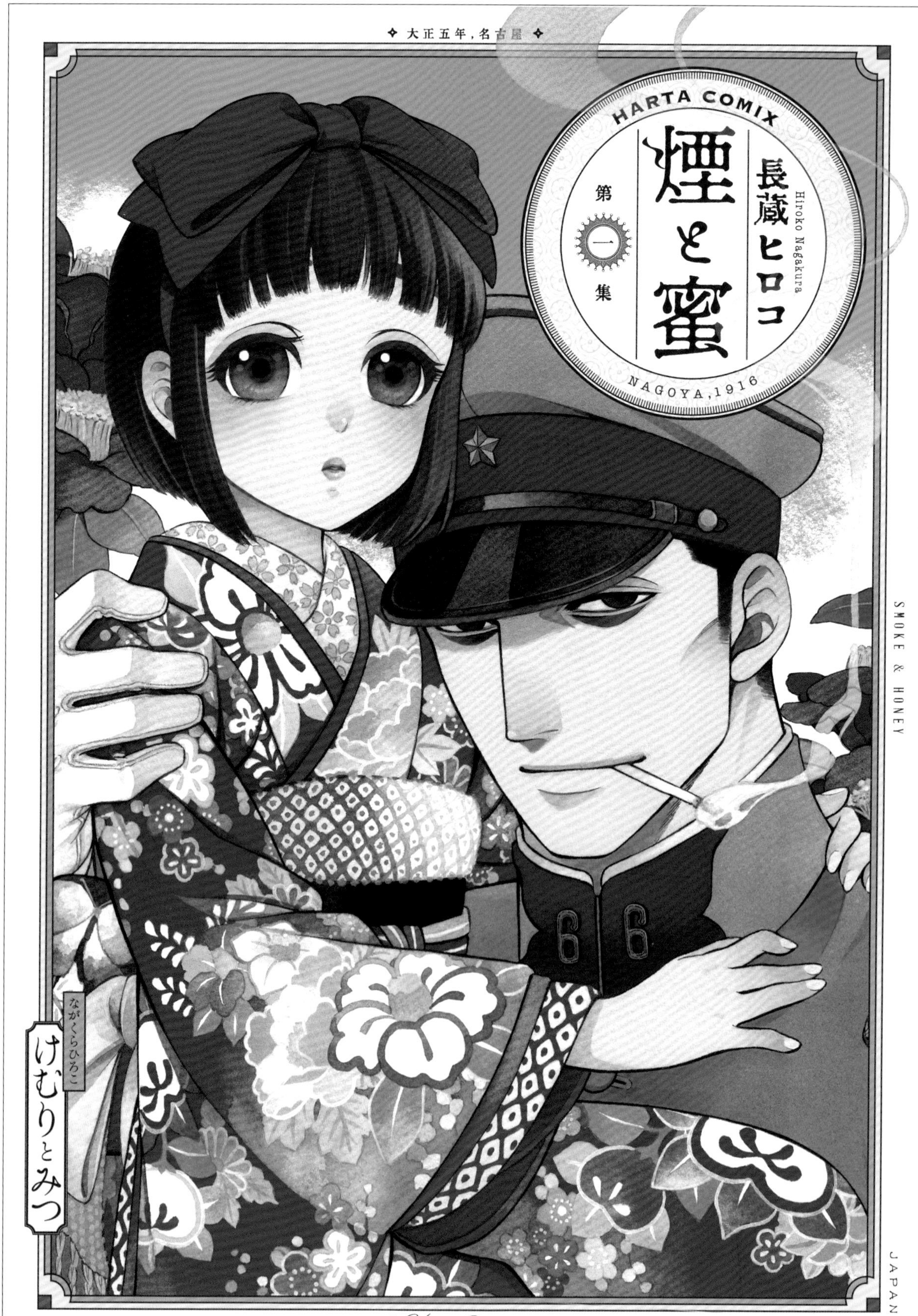

✧ 大正五年，名古屋 ✧

HARTA COMIX

煙と蜜

第一集

長蔵ヒロコ

Hiroko Nagakura

NAGOYA,1916

けむりとみつ

ながくらひろこ

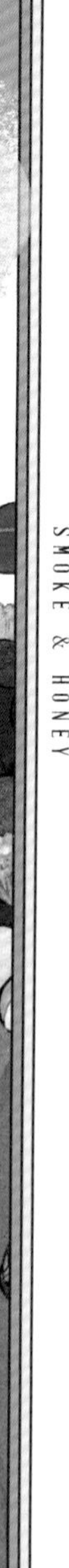

✧ Harta Comix ✧

（2）《煙と蜜》（《煙與蜜》）

發行／KADOKAWA　作者／長蔵ヒロコ　設計師／林健一

配合故事設定表現大正浪漫風 加上最低限度的裝飾以免干擾插畫

以大正時代的名古屋為舞臺，12歲的少女與30歲的軍人編織而成的戀愛故事。由於封面插畫相當華麗，為了襯托這一點，設計上盡量保持簡約。作品內容也包含軍隊的要素，因此相較於閃耀的感覺，又多了一層陽剛氣息，於是在插畫邊緣加上了直線構成的邊框。

[LOGO]

使用字型

秀英にじみ明朝
Oradano-mincho-GSRR

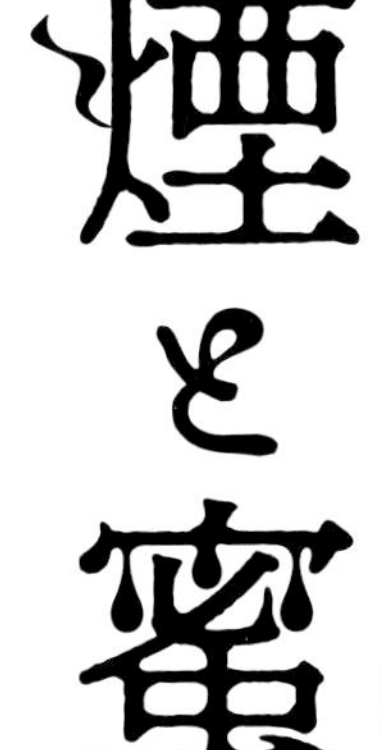

分別以不同的字體加工「煙」與「蜜」兩個字，並增添煙霧繚繞及蜜糖滴落的意象。

[ILLUSTRATION]

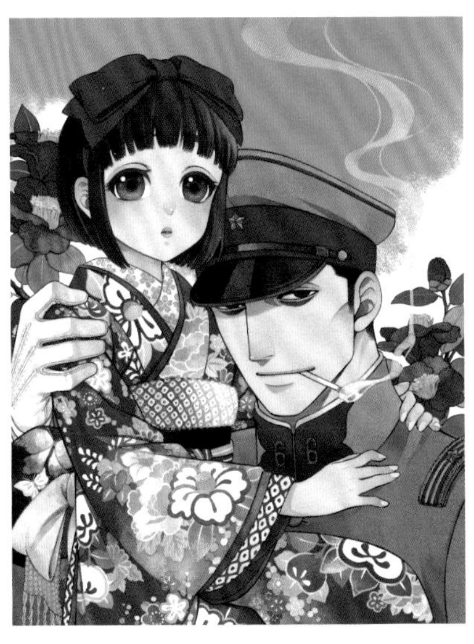

12歲少女姬子與30歲軍人文治。年齡相差多達18歲的兩人訂有婚約。

[ONE POINT]

模仿大正復古風 同時增添變化的書名元素

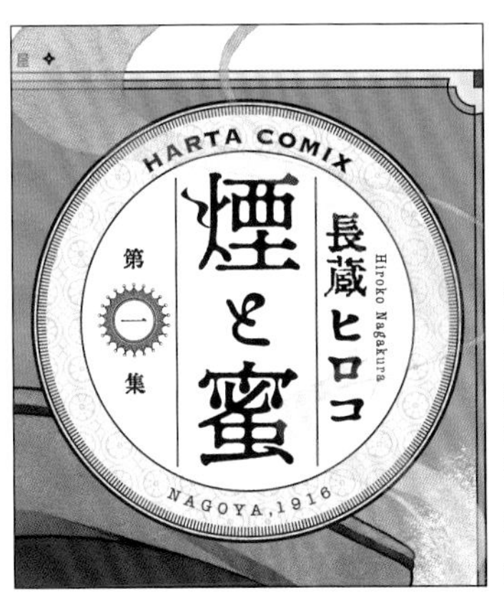

模仿了當時印刷品特有的日西混合復古風。為了不干擾插畫，最後只加上最低限度的裝飾。為了在文字與框線上增添變化，使用了接近黑色的深藍色。

為了襯托插畫的華麗氛圍 邊框設計成簡約的造型

插畫的邊框經過了幾種版本的嘗試。由於續集的封面也會出現五顏六色的和服與花朵，為了襯托這一點並表達「純粹」的印象，底色使用了白色。

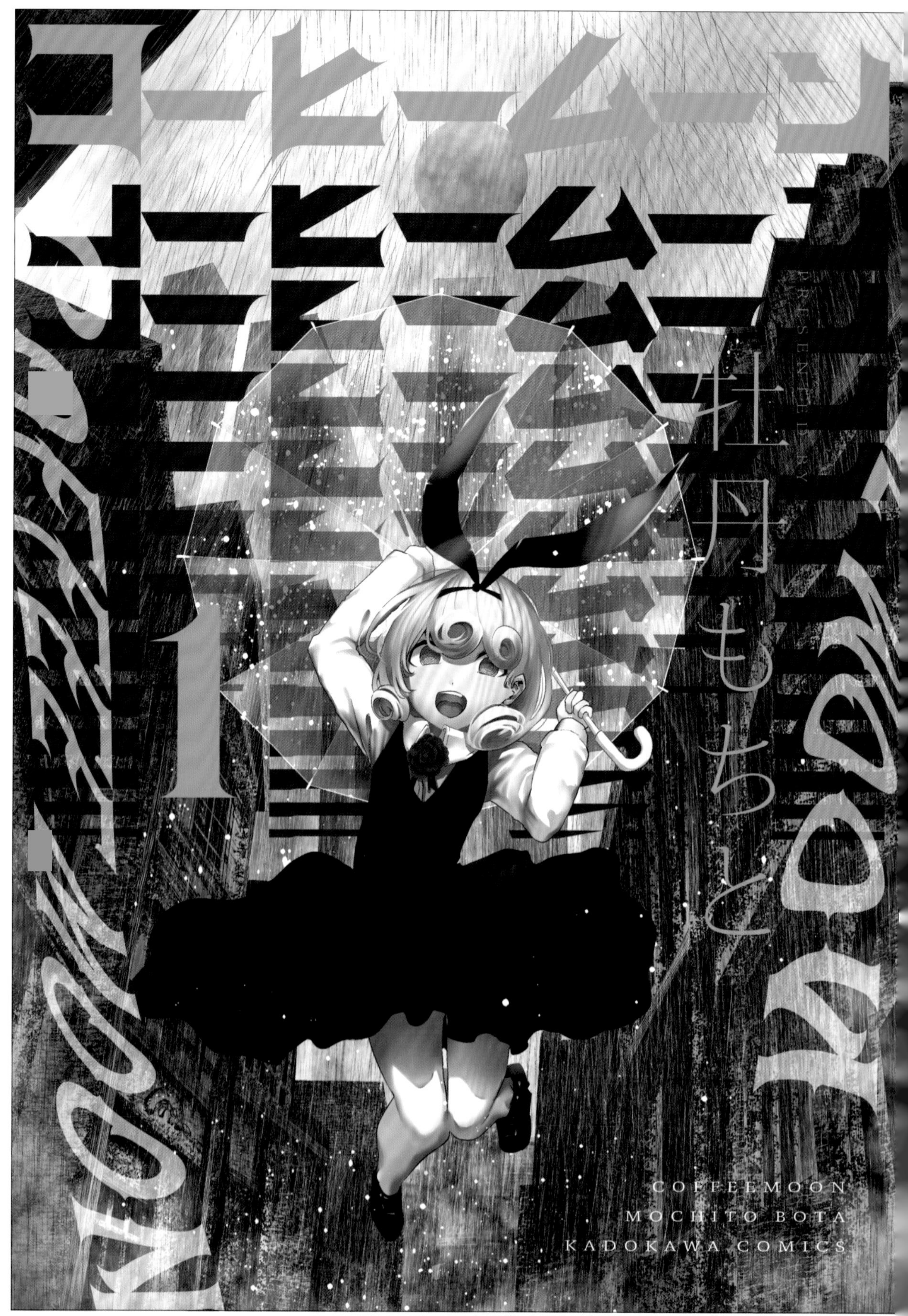
コーヒームーン
1
PRESENTED BY
牡丹もちと
COFFEEMOON
MOCHITO BOTA
KADOKAWA COMICS

(3)《コーヒームーン》

發行／KADOKAWA　作者／牡丹もちと　設計師／伊藤ユキノブ

雖然採用帶有沉重感的前衛設計
卻也透過書名說明日常生活反覆輪迴的主題

主角在降下黑雨的世界過著一如往常的日常生活……有些不可思議的故事。經過一番討論，決定以插畫與書名融為一體的平面設計作為方向。作品的世界觀彷彿黑白電影，因此從前衛電影、蘇聯海報等處獲得靈感，模仿前衛藝術與唱片封面等作品，做出符合故事風格的設計。

[LOGO]

使用字型

設計師自創

コーヒームーン
COFFEE MOON

從琺瑯看板與作品中孩子們就讀的美術學校進行發想，表現出鐵克諾與浩室等舞曲的風格。使用不至於太復古，且包含一點宇宙元素的氛圍來設計。

[ILLUSTRATION]

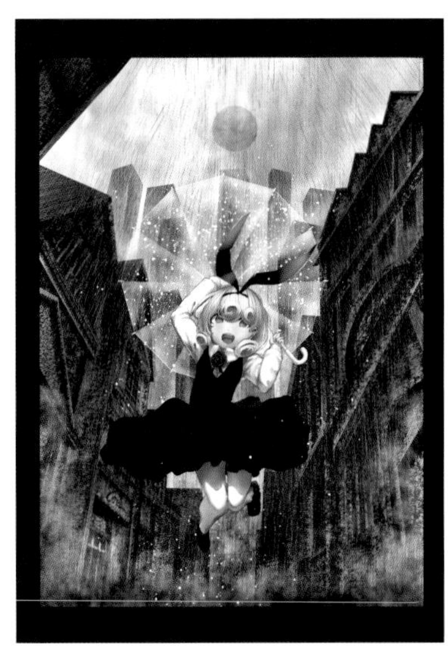

黑白電影般的背景中畫著彩色的人物。雖然帶著沉重的氛圍，卻也包含一點喜劇元素。

[ONE POINT]

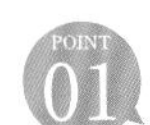

POINT 01 藉著設計的視覺手法說明作品的內容

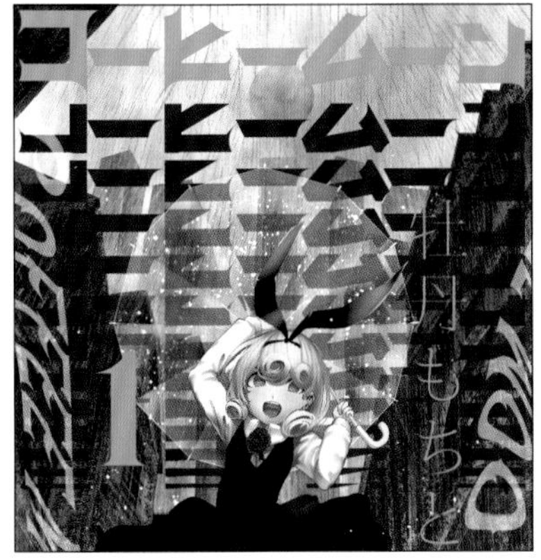

角色身後放著層層疊疊的書名，這麼做並不只有裝飾效果，同時也表現了登場人物「無法逃離輪迴」的狀況。

POINT 02 透過文字的扭曲來表現世界觀的幻想氛圍

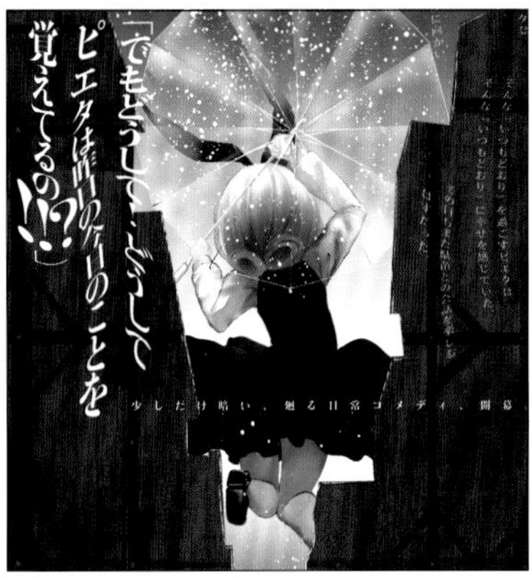

封底就像是從背後看著封面的構圖，可以看出背景的城市其實是假造的布景，給人詭異的印象。文字的扭曲暗示了世界觀的異常之處。

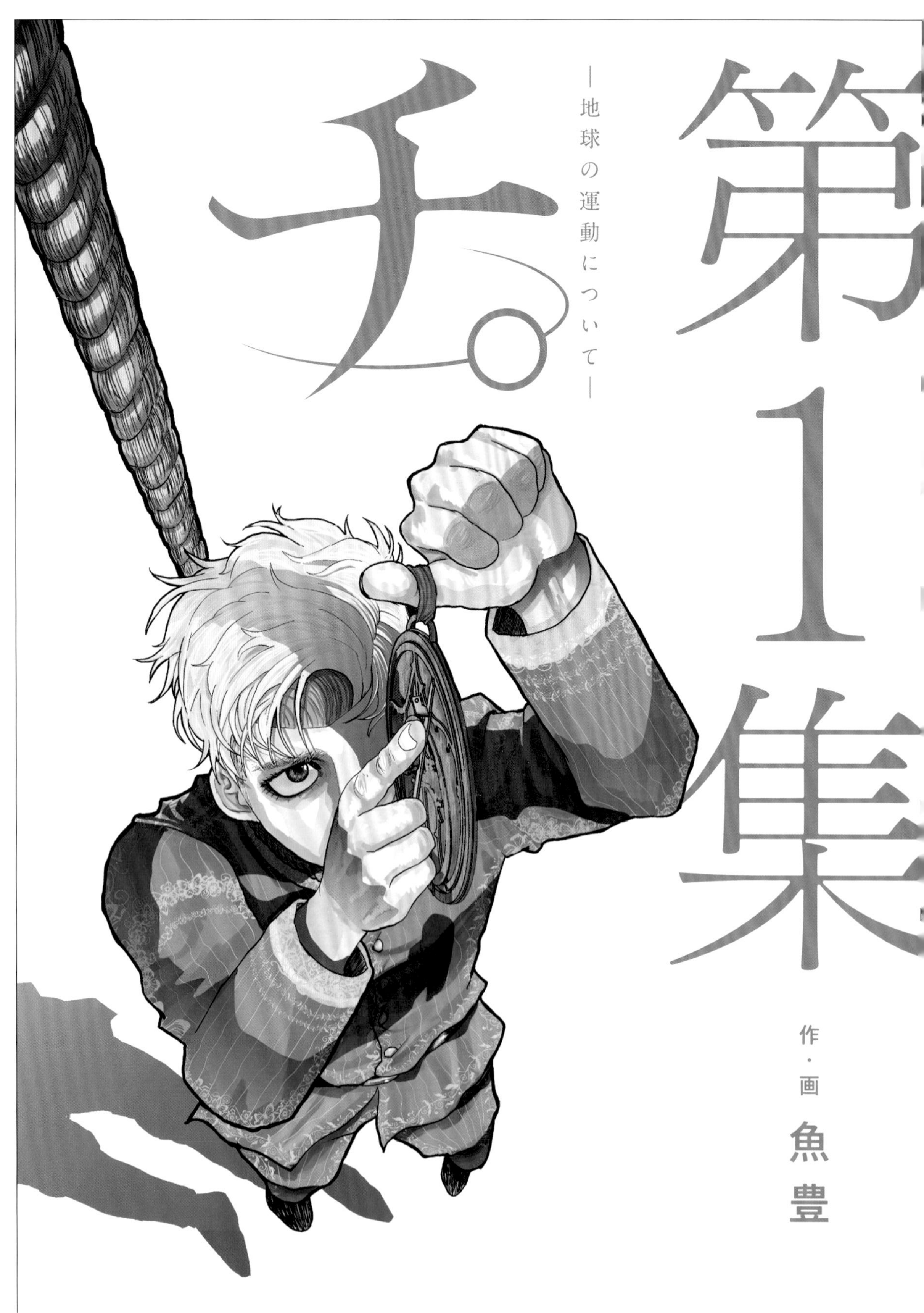
第1集
チ。
—地球の運動について—
作・画
魚豊

(4)《チ。—地球の運動について—》

發行/小學館　作者/魚豊　設計師/久持正士（有限會社hive）

使用纏繞在周圍的天體元素
表現單一文字構成的極簡書名

在天動說為主流的15世紀歐洲，研究被稱為異端思想的「地動說」……的故事。設計師接到的委託是按照作品的精神，設計出不受既存框架限制的封面。標示集數的「第○集」比書名還要大，而封底的細密文字是為了表現出活版印刷的味道。

[L O G O]

使用字型

筑紫Cオールド明朝-U

句點「。」代表了行星，並加上代表公轉的線條。

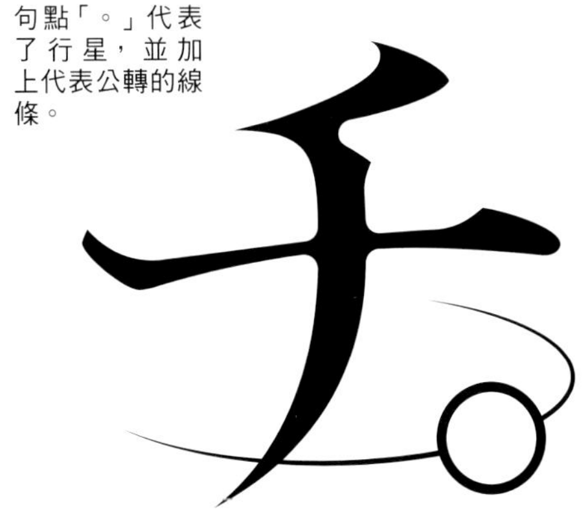

[I L L U S T R A T I O N]

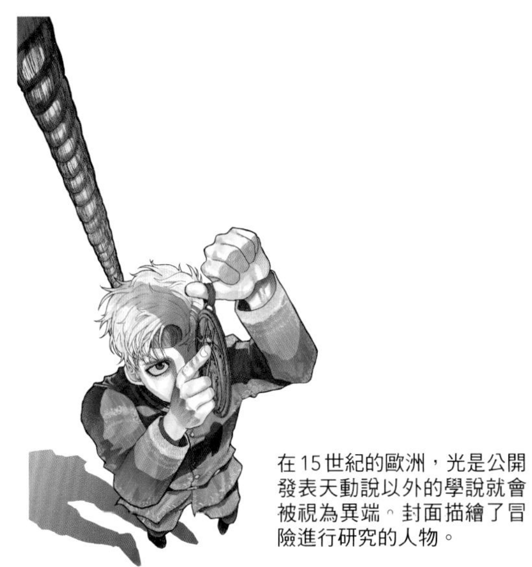

在15世紀的歐洲，光是公開發表天動說以外的學說就會被視為異端。封面描繪了冒險進行研究的人物。

[O N E　P O I N T]

主要色彩來自不同行星的代表色

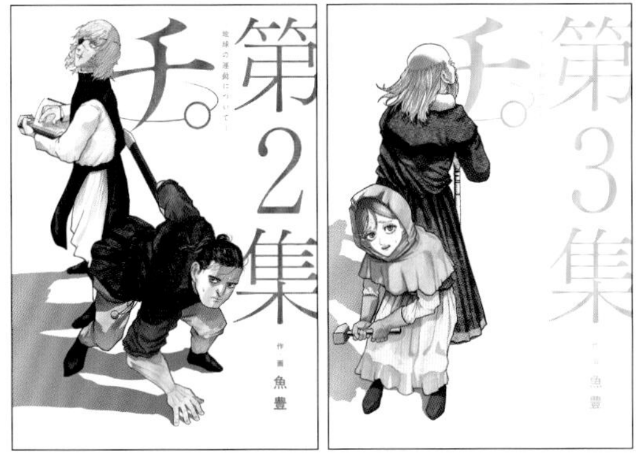

主要色彩來自每一集所探討的行星。

POINT 02　雜誌連載中的其他書名LOGO

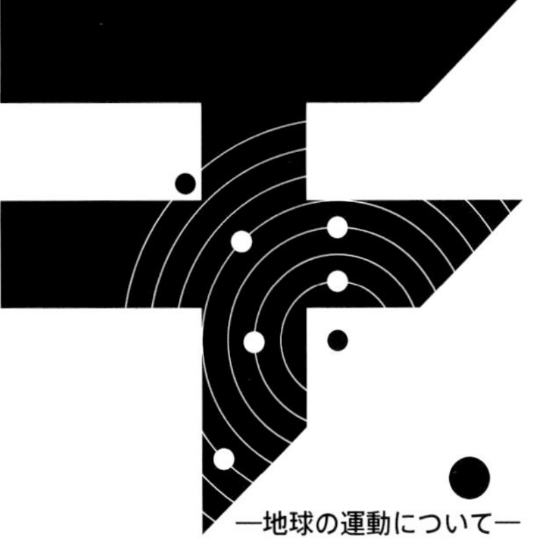

雜誌連載中的LOGO也是由同一位設計師操刀。文字中還包含了天體的週期。

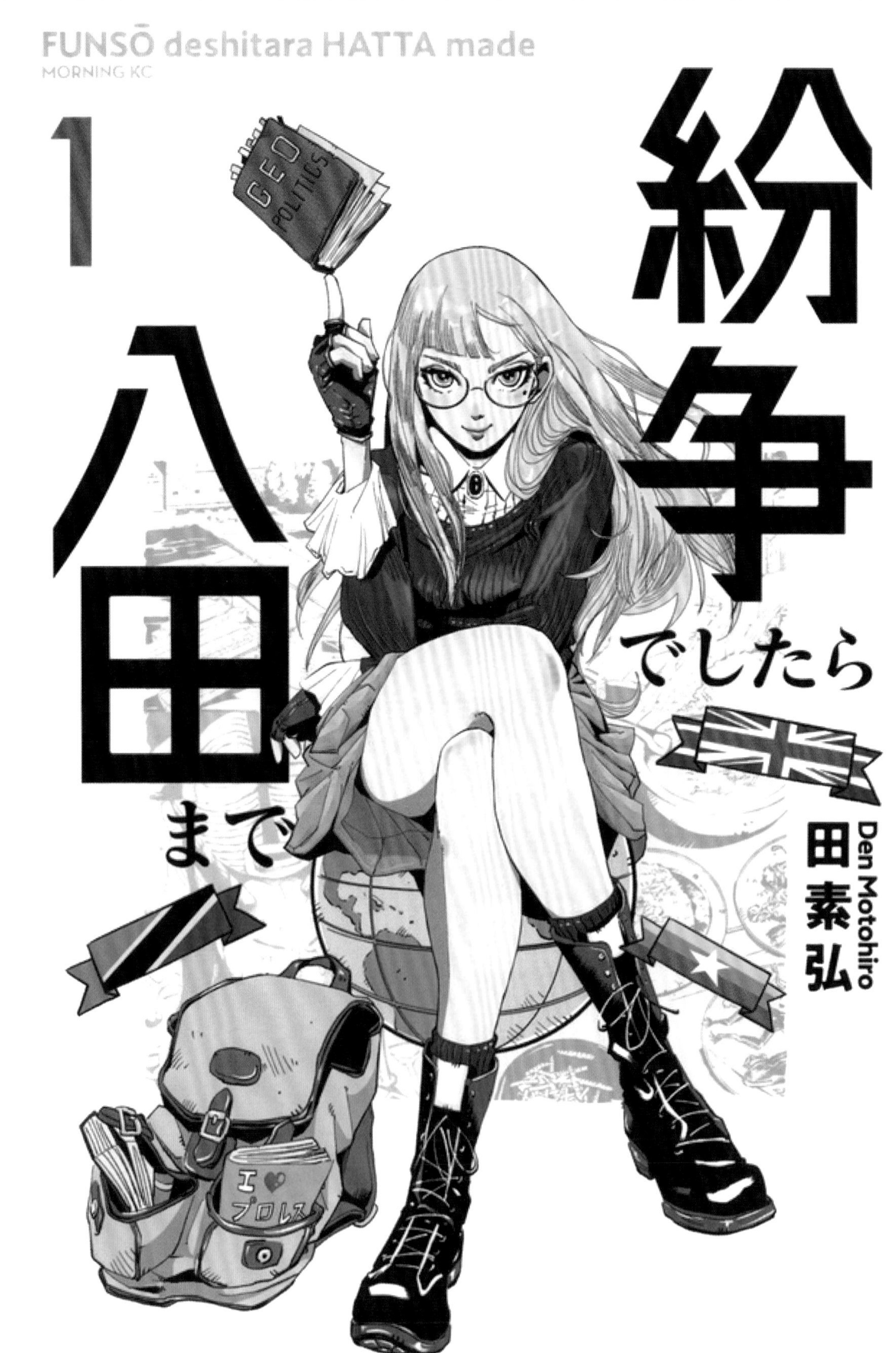
FUNSŌ deshitara HATTA made
MORNING KC
1
紛争でしたら
八田まで
GEO POLITICS
田素弘
Den Motohiro
I ♥ プロレス

(5)《紛争でしたら八田まで》

發行／講談社　作者／田 素弘　設計師／小嶋 直樹（KOJIMA de SIGN）

以留白的自然感來襯托插畫的設計
模仿品牌LOGO的書名LOGO

主角八田百合活用地緣政治學的知識，解決各地糾紛的故事。看過封面插畫的設計師從八田百合的時髦氣質聯想到國外的時尚雜誌，設計出這幅封面。設計師以適當的尺寸與位置來編排書名與插畫，並且維持整體封面的配色平衡，製作出具有深度的平面設計。

[L O G O]

[I L L U S T R A T I O N]

使用字型

設計師自創

紛争

でしたら

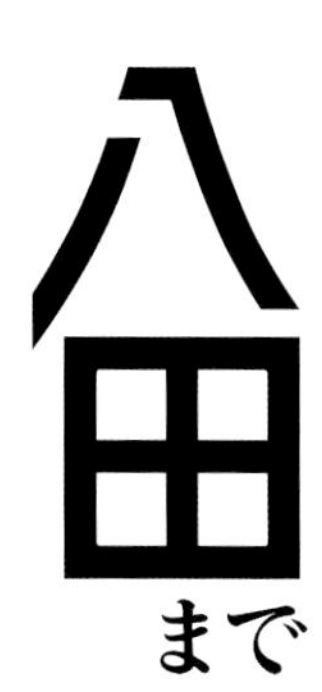

稍長的書名強調了「糾紛（紛争）」與「八田」這兩個關鍵字，設計成平面藝術式的圖形。

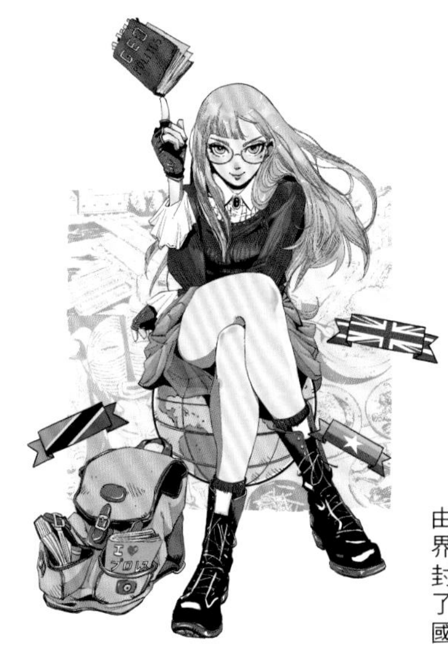

由於主題是全世界的糾紛，所以封面插畫也包含了故事背景的各國國旗。

[O N E 　 P O I N T]

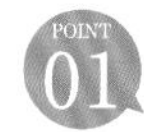

以直線組成吸引目光的書名

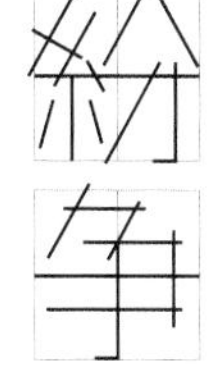

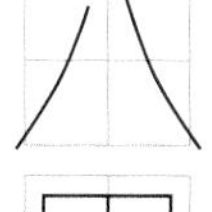

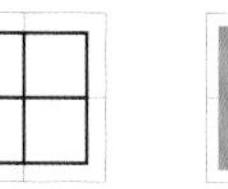

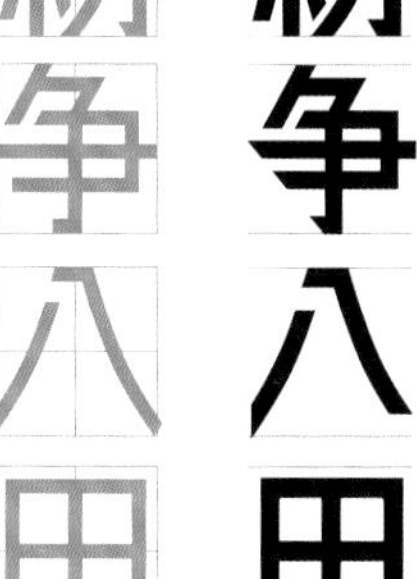

紛争八田

書名中，最主要的「糾紛（紛争）」與「八田」是由粗直線組成，做成了類似品牌LOGO的風格。幾何式的文字中帶著爆發力。

POINT 02

為了加深印象刻意保留空白

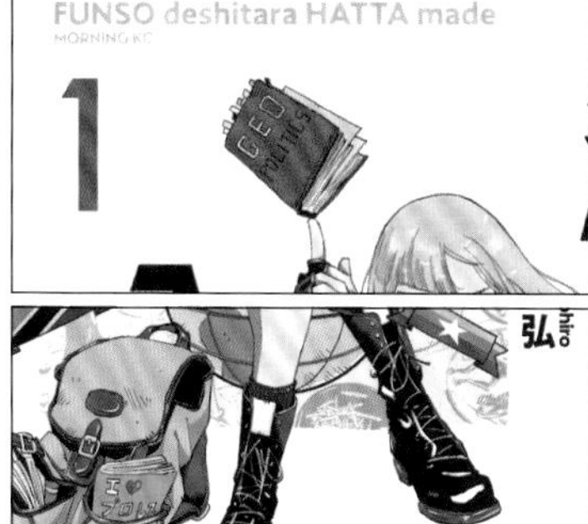

為了凸顯插畫，讓整幅封面更令人印象深刻，設計師刻意保留了空白。另外，也特別注意構圖的平衡，避免加上書腰後顯得雜亂無章。

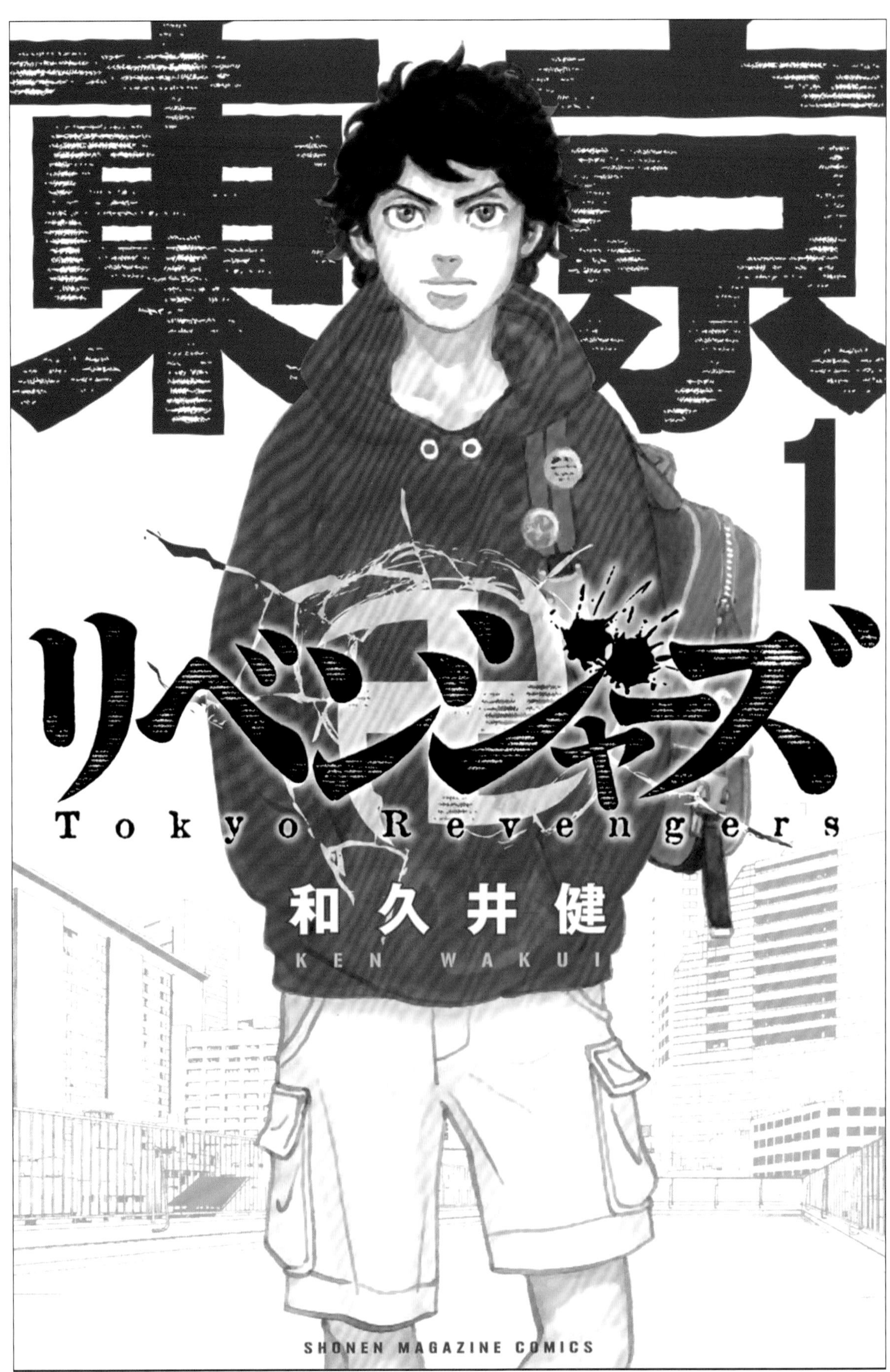
東京
1
リベンジャーズ
Tokyo Revengers
和久井健
KEN WAKUI
SHONEN MAGAZINE COMICS

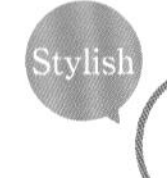

（6）《東京卍リベンジャーズ》（《東京卍復仇者》）

發行／講談社　作者／和久井健　設計師／久持正士、大底隆史（有限會社hive）

故事情節超越了不良少年漫畫的框架 配合作品風格來翻新封面設計

當初設計師接到的委託概念是走王道路線的不良少年漫畫。不過，故事情節卻包含解謎與懸疑要素，超越了不良少年漫畫的框架。為了向讀者表達這部分的訴求，從第5集開始翻新了設計，改成以角色為重的時髦風格。1～4集也發售了新裝版（本書刊載的是新裝版）。

[LOGO]

使用字型

日文：筑紫ゴシック-U＋秀英3号-U
英文：Attic

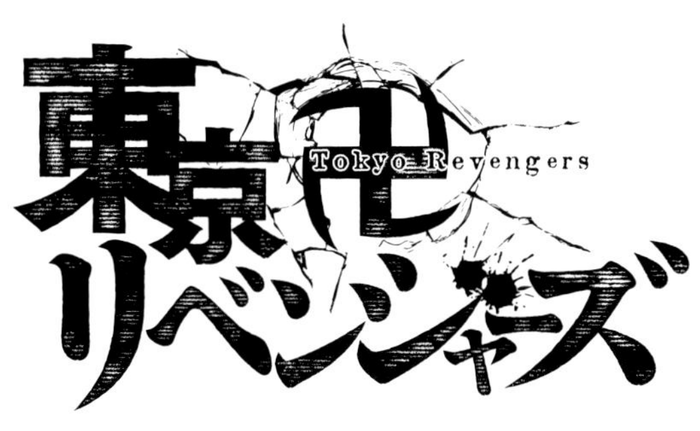

配合當初的不良少年漫畫風，在文字中加上磨損與污漬的效果，並用血跡代替濁音點，表達法外之徒的形象。

[ILLUSTRATION]

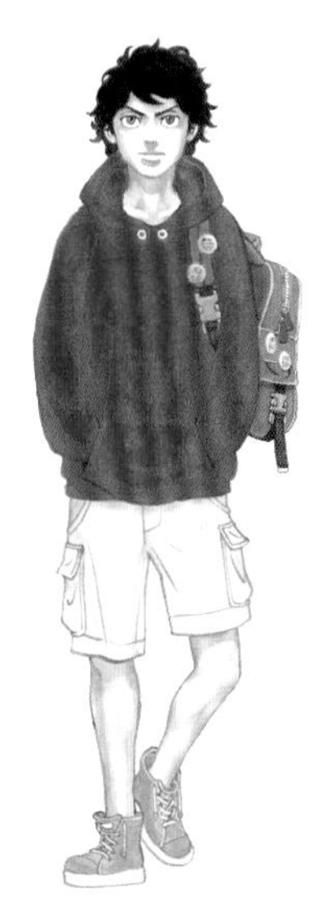

翻新後的封面改採大面積的角色插畫。

[ONE POINT]

01 書名的「卍」用於吸引目光

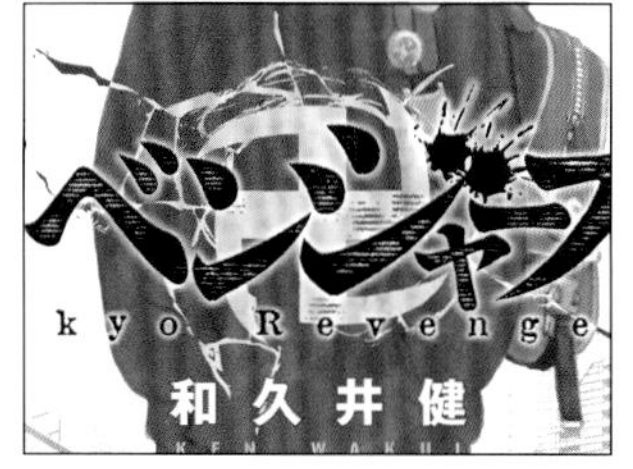

包含在書名中的「卍」並不會特別唸出來，但設計師似乎在編排時付出了不少辛勞。

02 為了強調角色背景使用黑白線稿

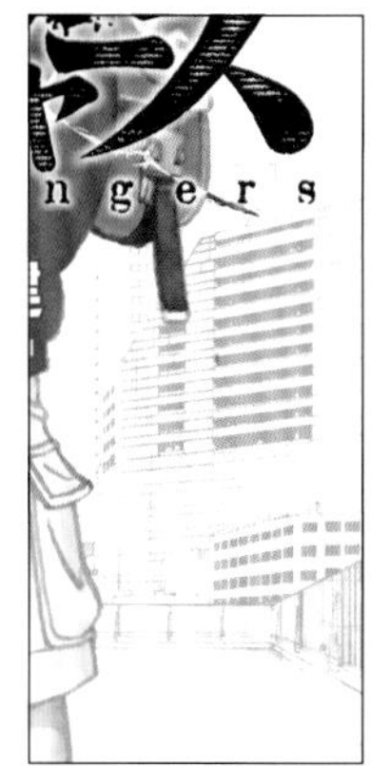

翻新後的封面，是以彩色的角色插畫與黑白的背景線稿組合而成。

03 翻新前的設計

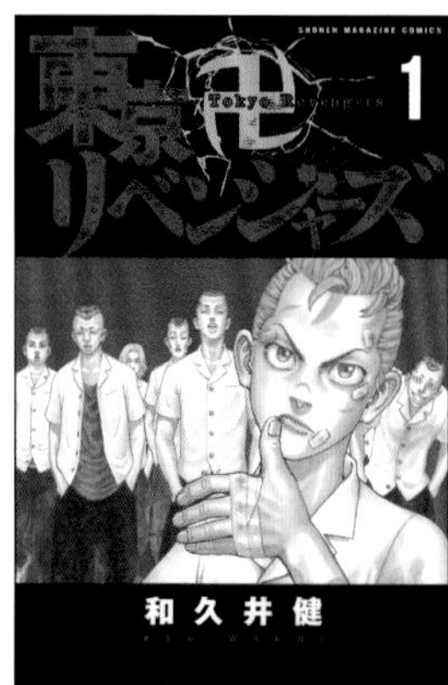

翻新前的設計如左圖。當時的構圖讓人聯想到不良少年之間的衝突與紛爭。

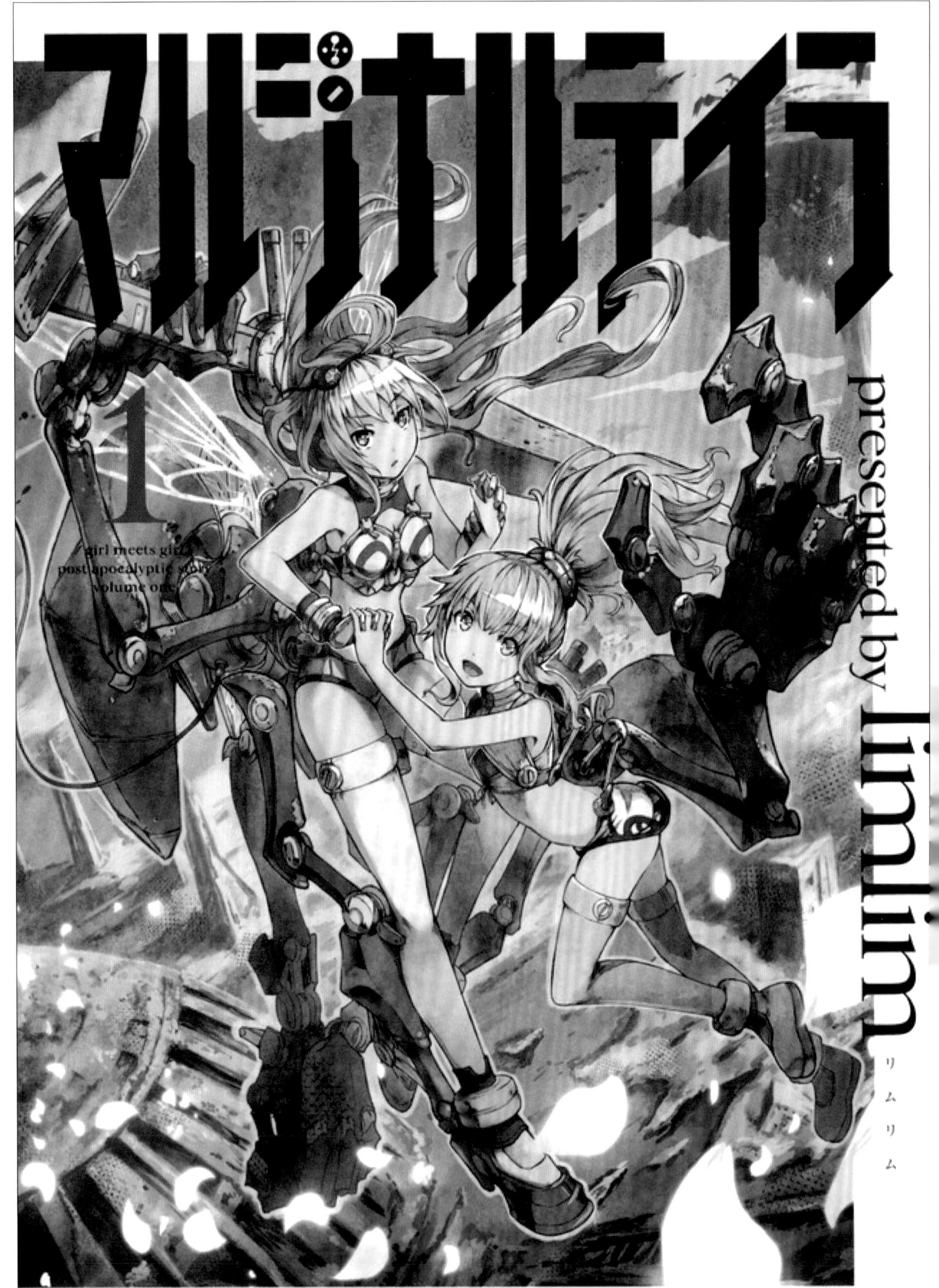
1
girl meets girl
post apocalyptic story
volume one
presented by limlim
リムリム
YOUNG MAGAZINE KC

(7)《マルジナルテイラ》

發行／講談社　作者／limlim　設計師／内古閑智之＋CHProduction

武裝少女在荒廢的世界邂逅彼此的科幻故事 以銳利的設計凸顯末世感與未來感

描寫種族之間互相對立的兩名少女，在荒廢的星球「麗麗堤亞（リリテア）」相遇，以末日後的世界為背景的故事。相對於帶著一點懷舊感的封面插畫，設計出與之對比的銳利風格。根據作品內登場的蟲與裝甲的精美造型，設計師做出書名LOGO的字體，並編排出一幅平面作品。

[LOGO]

使用字型

設計師自創

マルジナルテイラ

書名LOGO的靈感來自於裝甲的造型與四孔連接器。

[ILLUSTRATION]

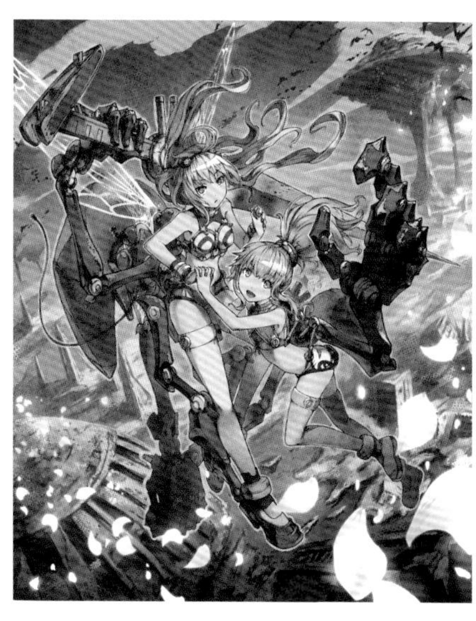

封面人物是兩名少女。機械式的裝甲設計說明了作品的世界觀。

[ONE POINT]

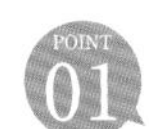

與作品形象有所連結的工業風LOGO

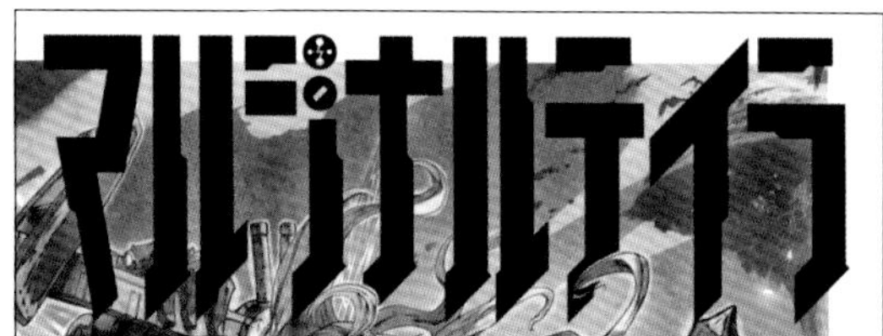

作品中會出現武裝的角色，以及稱為「蟲」的巨大機械生命體。為了配合具有機械感的背景，設計師製作了這組工業產品般的LOGO。

封面與書腰質感的對比

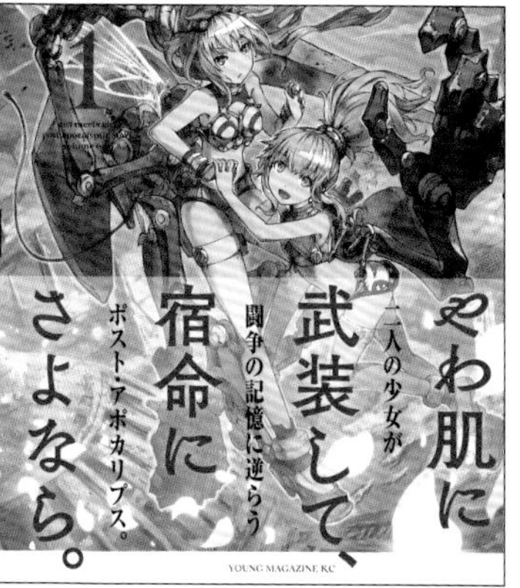

封面使用帶有光澤的亮面PP加工。書腰反而是印刷在質感粗糙的背面。兩者組合而成的對比很有意思。

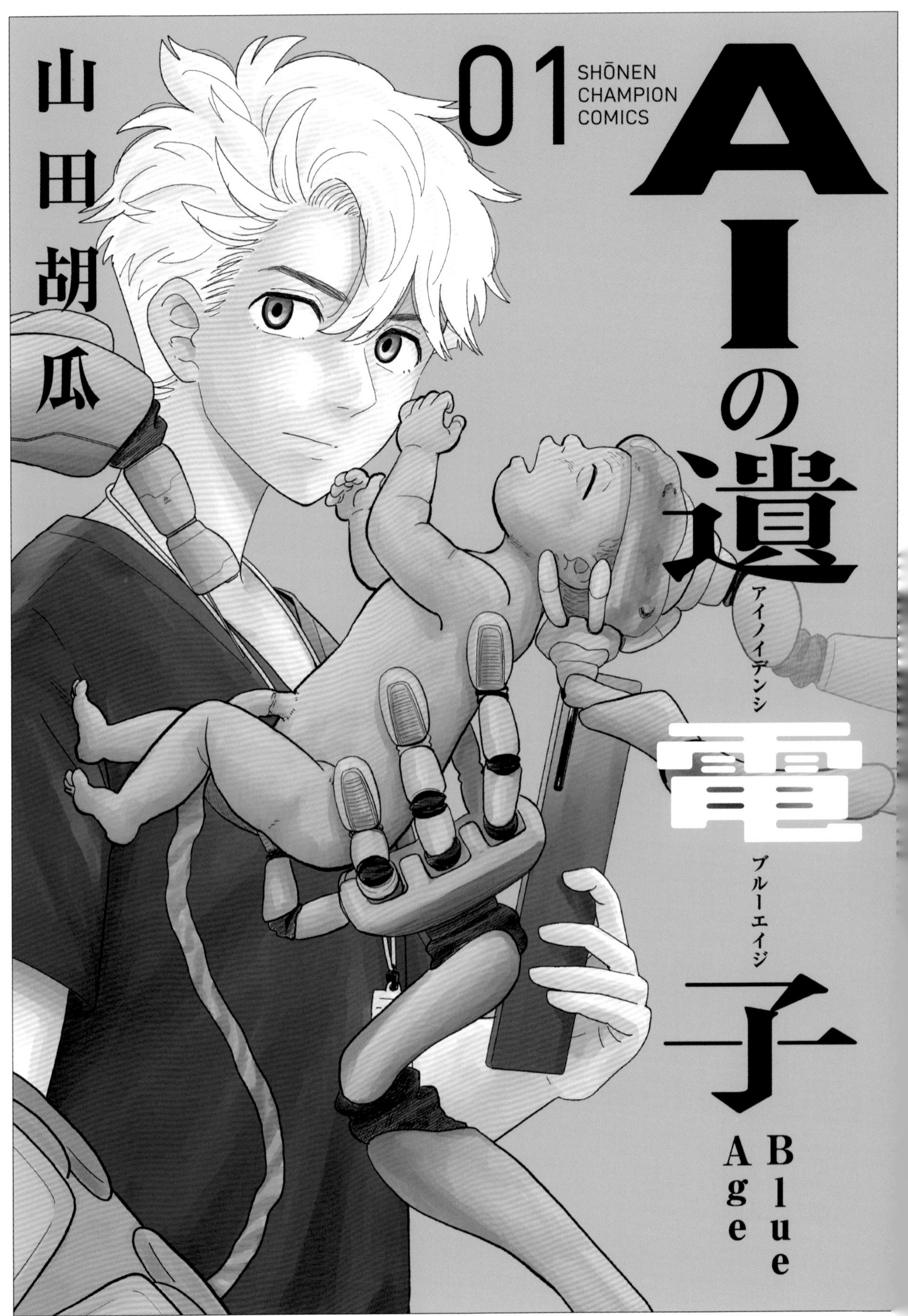
山田胡瓜
01
SHŌNEN
CHAMPION
COMICS
AIの遺電子
アイノイデンシ
ブルーエイジ
Blue
Age

(8)《AIの遺電子 Blue Age》

發行／秋田書店　作者／山田胡瓜　設計師／土方芳枝

以未來人工智慧為主題的科幻作品 設計出貼近網路世界觀的符號式LOGO

以22世紀為舞臺，描寫AI（人工智慧）高度發展的科幻故事。由於封面插畫十分搶眼，因此背景採用了簡約的單色。底色還有白色、黑色、紅色等選項，但因為書名包含了「Blue Age」，因此決定為藍色。話雖如此，設計師也刻意選擇了有點像藍色但又不太像藍色的顏色。

[LOGO]

使用字型

以多種字體加工而成

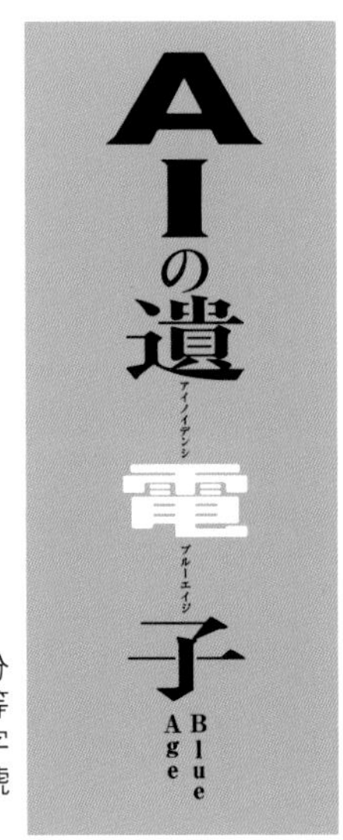

強調「AI」的LOGO。日文的部分是以「リュウミン」與「新ゴ」等字體加工而成。設計師保留了文字的功能性，消除生物感，做出符號式的書名。

[ILLUSTRATION]

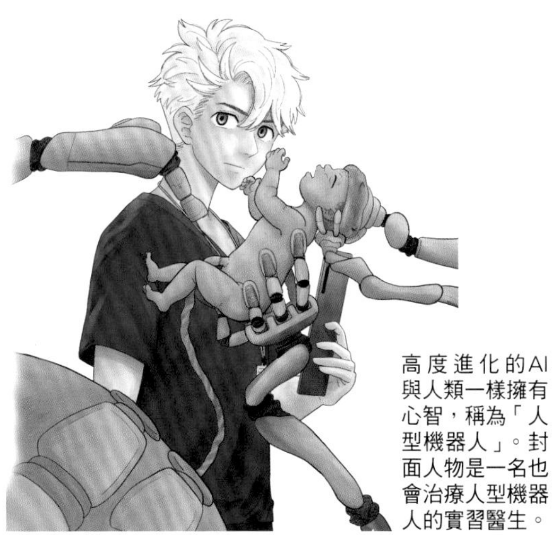

高度進化的AI與人類一樣擁有心智，稱為「人型機器人」。封面人物是一名也會治療人型機器人的實習醫生。

[ONE POINT]

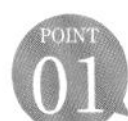

POINT 01 整個系列都由同一位設計師操刀

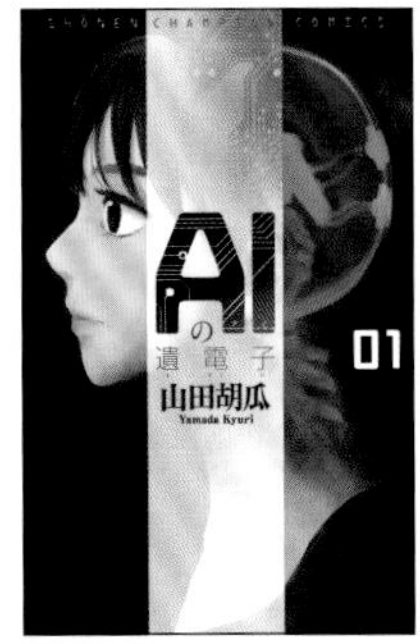

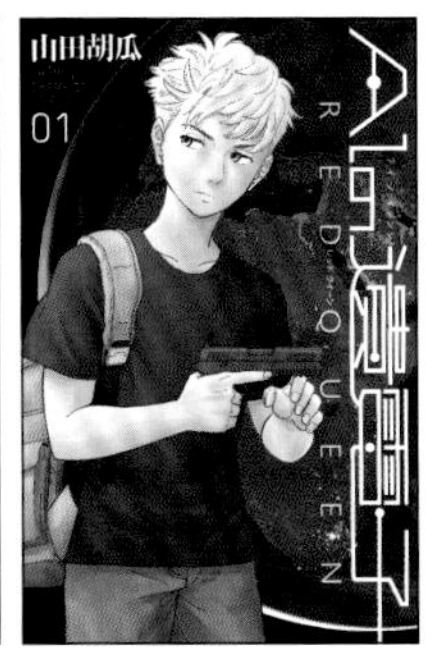

本作是繼《AIの遺電子》、《AIの遺電子 RED QUEEN》之後推出的第3部曲。過去的系列作也是由同一位設計師操刀。每部作品的設計都各不相同。

POINT 02 重視易讀性與作品主題的書名LOGO

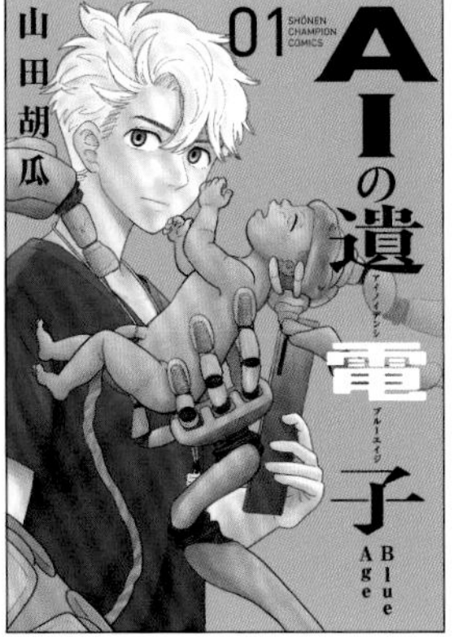

作者與編輯進行無數次討論與修改，最後才做出這組書名LOGO。經過先前的兩部作品，設計師進一步打磨了書名的元素，例如強調「AI」的部分，及「電子基因（遺電子）」的「電」字。

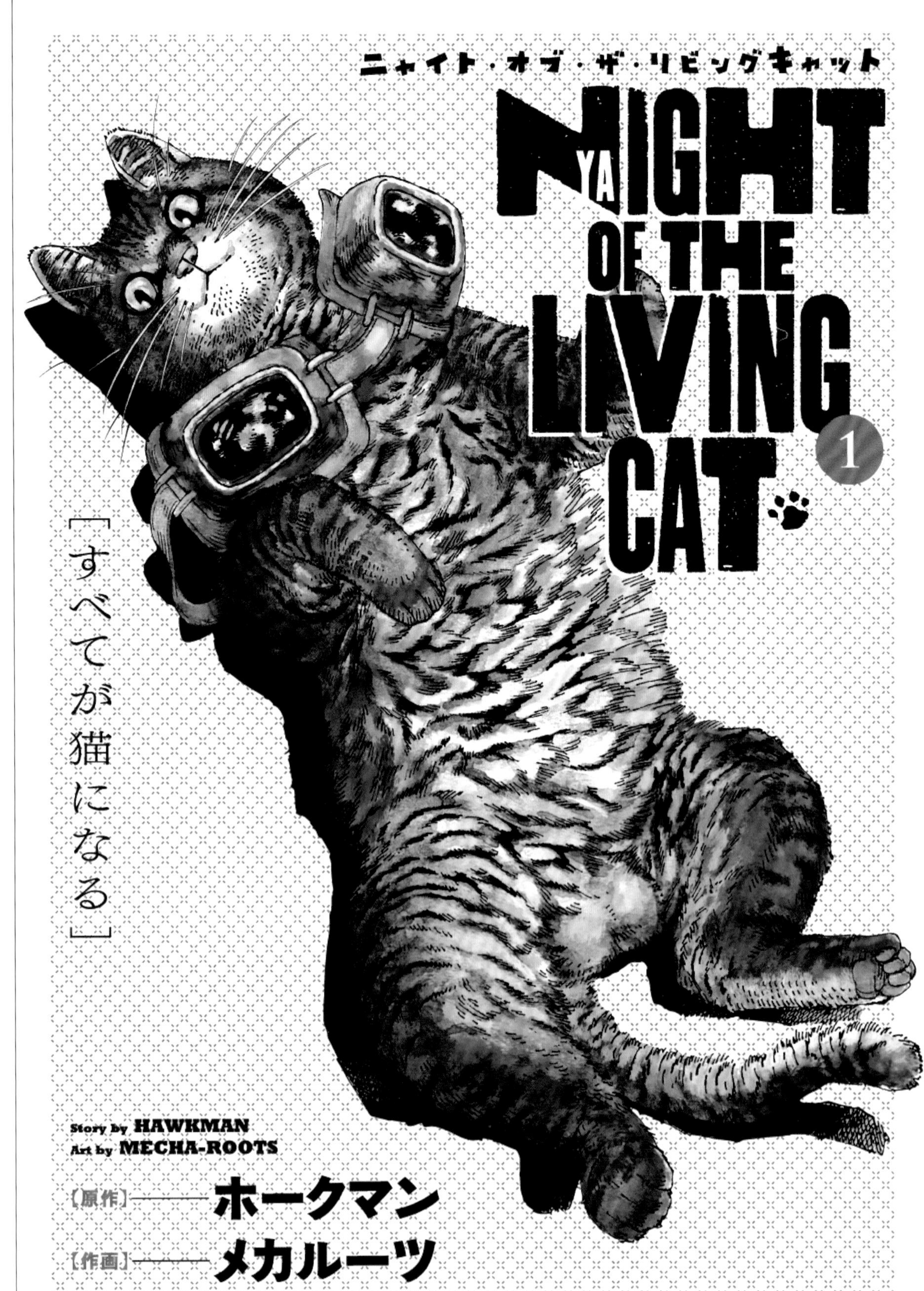
ニャイト・オブ・ザ・リビングキャット
NYAIGHT OF THE LIVING CAT
1
［すべてが猫になる］
Story by HAWKMAN
Art by MECHA-ROOTS
【原作】――ホークマン
【作画】――メカルーツ

Stylish

(9)《ニャイト・オブ・ザ・リビングキャット》

發行／MAG Garden　作者／ホークマン（原作）、メカルーツ（作畫）　設計師／德重 甫（Bay Bridge Studio）

致敬殭屍電影的內容與LOGO 設計成符合插畫的美式漫畫風格

描寫疫情爆發而使人們相繼變成貓，致敬殭屍電影的惡搞作品。經過討論，雙方都認為主打恐怖元素恐怕無法擴展客群，所以封面採用了只有貓的構圖。為了做出平易近人的感覺，封面的紙質也選用了柔和的質感。由於畫風帶著美式漫畫的味道，所以封面的編排特別與日本漫畫做出了區別。

[LOGO]

使用字型

英文：Aerotype Thunderhouse Pro
片假名：設計師自創

NYAIGHT OF THE LIVING CAT
ニャイト・オブ・ザ・リビング キャット

模仿外國影集或電影的「殭屍瘟疫」作品，選擇適合書名的字型。由於該字型的字母各有不同的寬度，所以編排起來不會太整齊，給人平易近人的印象。

[ILLUSTRATION]

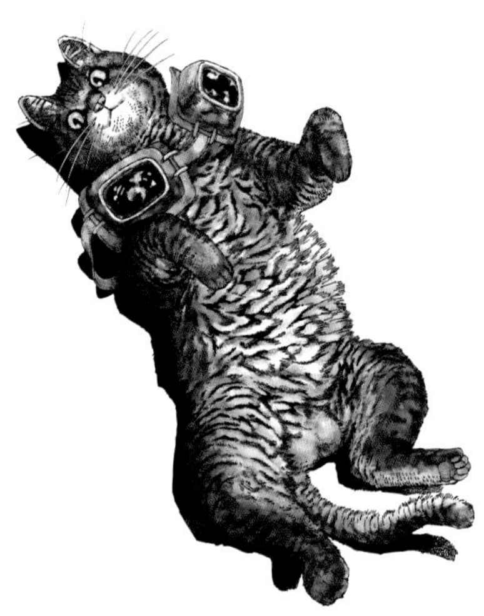

人類由於神祕病毒而陸續變成貓的獨特世界觀。

[ONE POINT]

POINT 01 背景的格子紋路代表隔離網

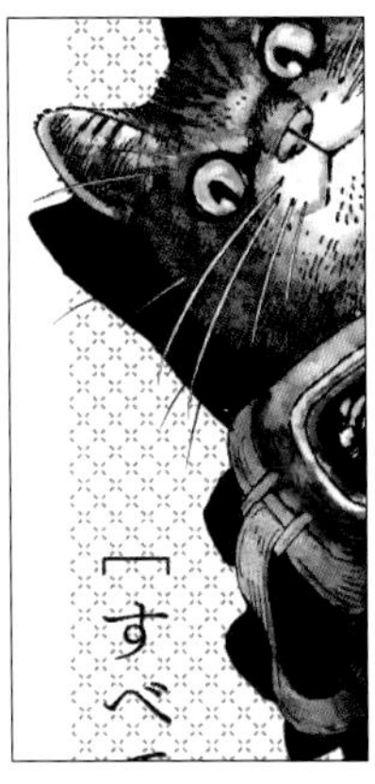

背景的斜格紋原本是點狀花紋，但編輯希望「做出這部作品特有的風格」，於是改成了有如作品中隔離網的紋路。

POINT 02 書腰的材質圖片類似貓毛

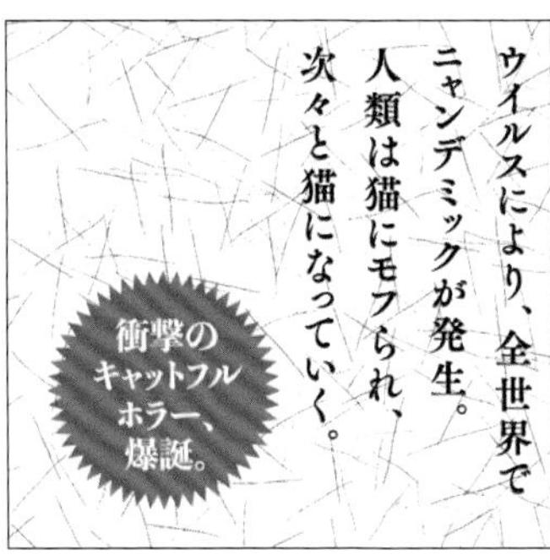

書腰的底圖材質是由作者提供的，有著類似貓毛的質感。

POINT 03 封底編排了本篇的內容

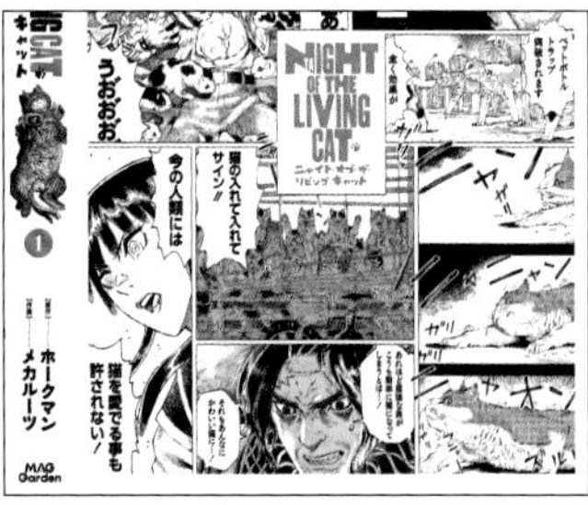

封底是以本篇漫畫拼貼而成。因為普通的編排方式容易顯得單調，所以設計師讓圖案與狀聲詞等元素超出框外，使畫面不會讓人感到無聊。

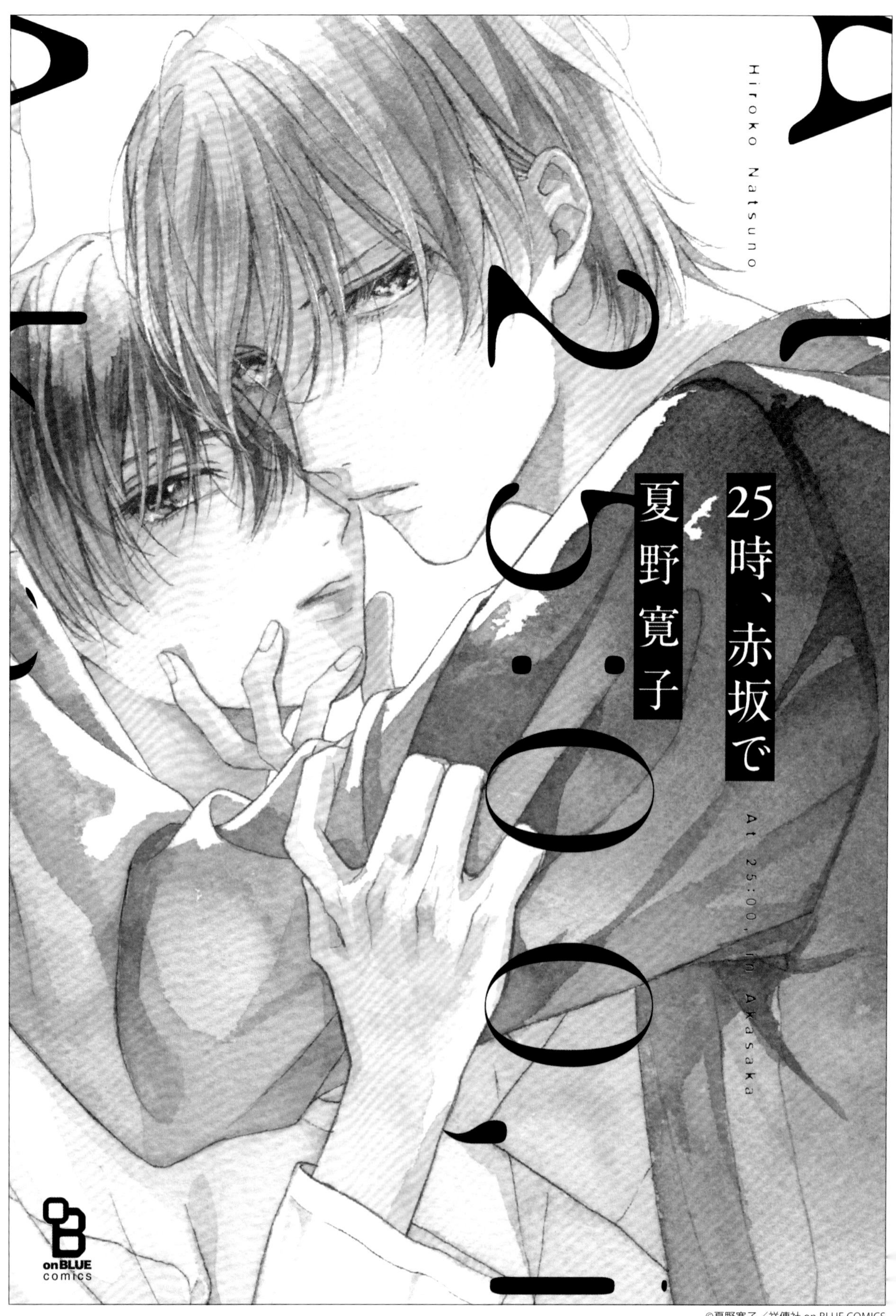
Hiroko Natsuno
25:00,
25時、赤坂で
夏野寛子
At 25:00, in Akasaka
onBLUE comics

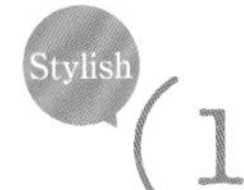

(10)《25時、赤坂で》(《25時，赤坂見》)

發行／祥傳社　作者／夏野寛子　設計師／名和田耕平設計事務所

以演藝圈為舞臺的人氣演員BL故事
靜態的設計搭配書腰也能帶出動感

菜鳥演員白崎由岐在因緣際會之下，與大學的學長兼超人氣演員羽山麻水一起演出描述同性戀的連續劇。不懂得飾演同性戀者的白崎為了戲劇，和羽山發生了關係……本作就是這樣的BL故事。設計師將兩人的臉放大並置於中央，強調表情。「25時」的書名令人印象深刻，英文使用的是大到超出封面的編排方式。

[L O G O]

使用字型

設計師自創

25時、赤坂で

夏野寛子

At 25:00, in Akasaka

Hiroko Natsuno

為配合色彩數少的插畫，使用簡單的黑底白字來設計。

[I L L U S T R A T I O N]

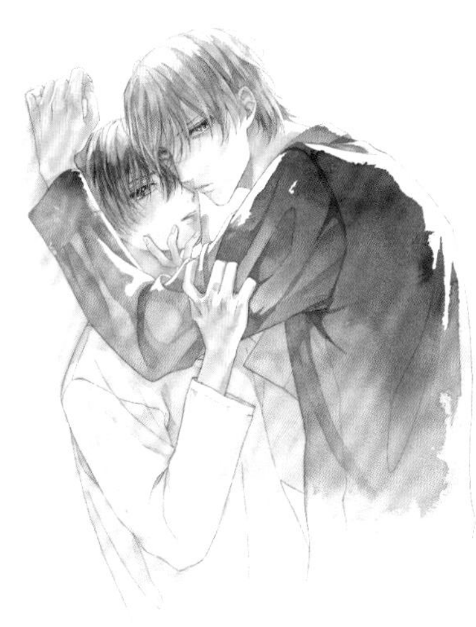

相當知名的人氣演員羽山，以及資歷尚淺的白崎。兩人同時也是就讀過同一所大學的學長學弟關係。

[O N E　P O I N T]

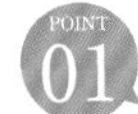

POINT 01　使用斗大的英文書名作為裝飾

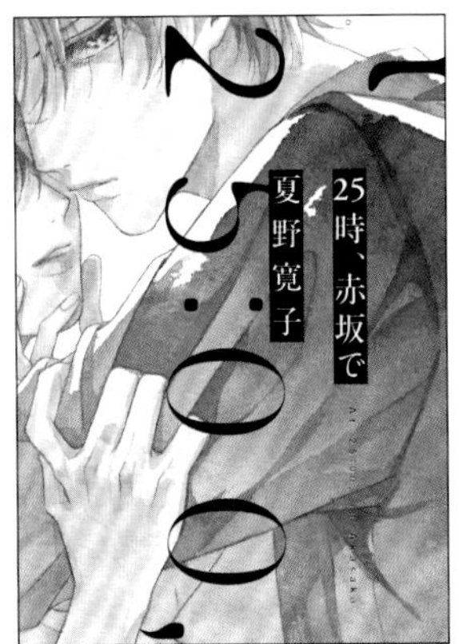

英文書名是「At 25:00, in Akasaka」。不只是以斗大的字體作為裝飾，更暗示了兩人的關係到了深夜便會有極大的轉變。

POINT 02　透過書腰呈現緋聞般的故事內容

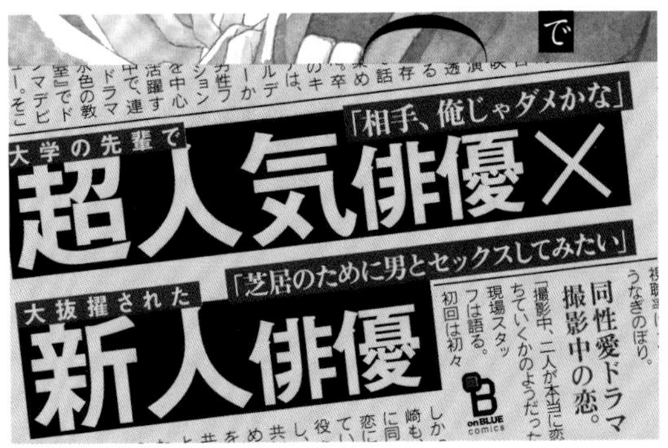

由於本作是以演藝圈為主題，所以書腰的風格類似報章雜誌的獨家新聞或緋聞報導。

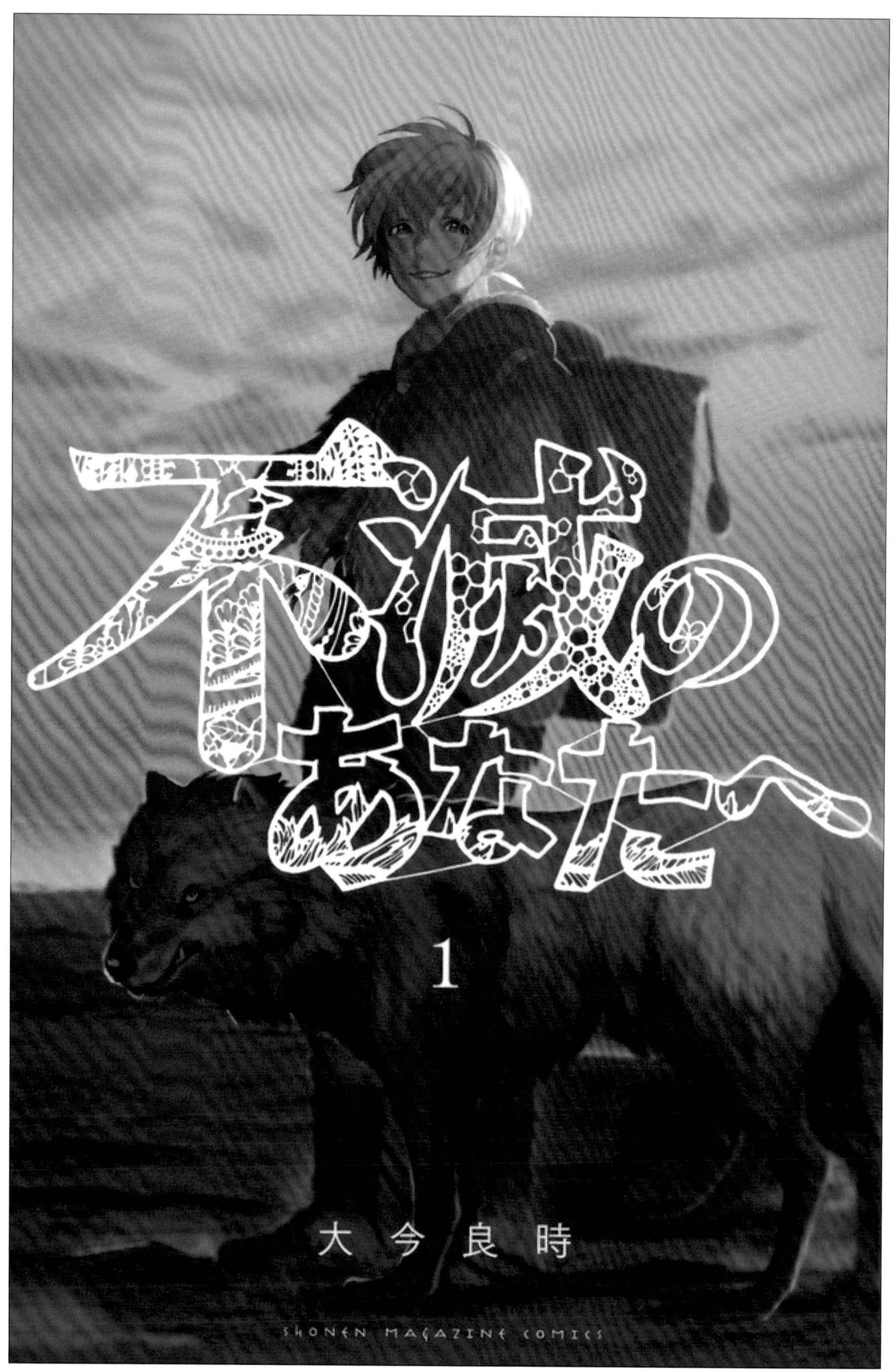
不滅のあなたへ
1
大今良時
SHONEN MAGAZINE COMICS

(1)《不滅のあなたへ》(《給不滅的你》)

發行/講談社　作者/大今良時　設計師/久持正士(有限會社hive)

將手工的剪紙作品融入文字之中 形成書名LOGO內的自然風裝飾

某人放到地面上的球變換成各種姿態,在徘徊的過程中遇見許多人,從他們身上學習生存之道,是一個規模十分壯闊的故事。書名首先考慮到文字的分量、連結、穿透感的調整,做出基礎的LOGO組合。收到剪紙作品後,經過掃描與微調,最後才完成這組書名。

[L O G O]

使用字型

筑紫Aオールド明朝-E
筑紫B見出ミン-E
筑紫ゴシックPro-U

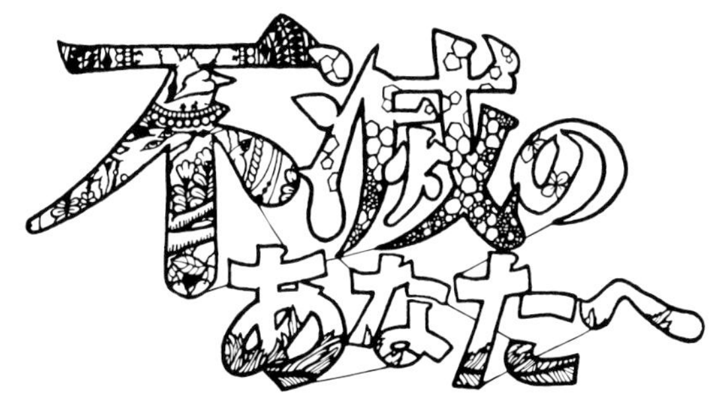

書名內的花紋是剪紙藝術家大橋忍老師的作品。

[I L L U S T R A T I O N]

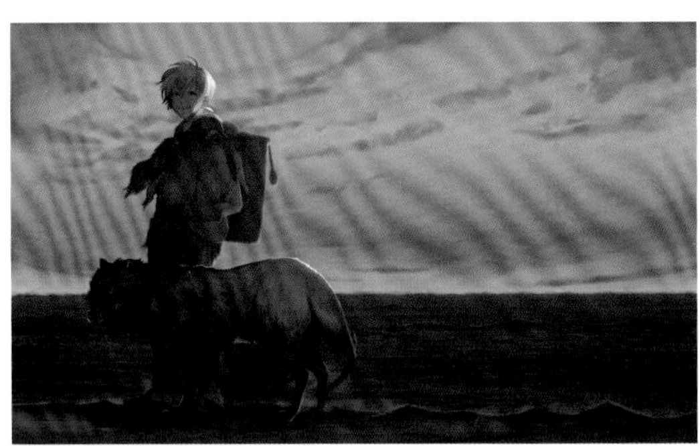

從封面到封底的完整插畫,表現了作品中的壯闊世界觀。

[O N E　P O I N T]

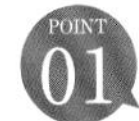

POINT 01 清楚呈現花紋的比例

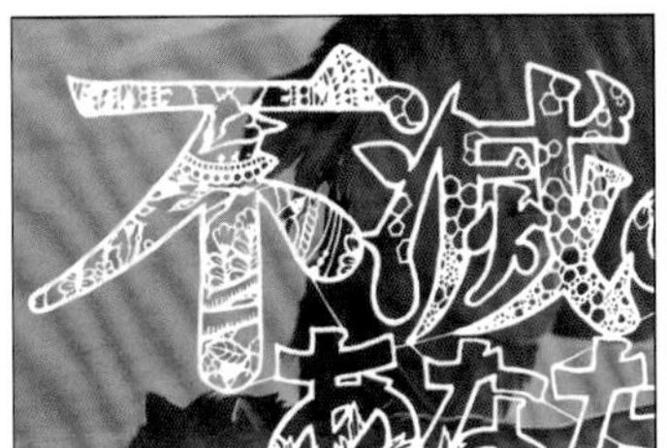

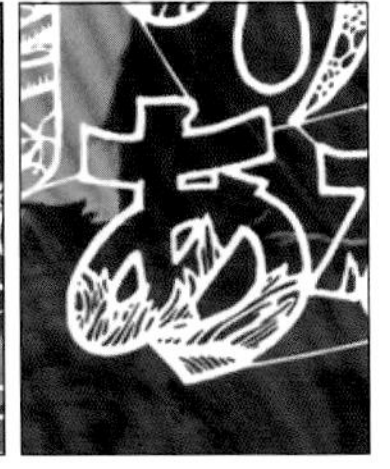

為了清楚呈現書名LOGO內的花紋,文字編排得很大,卻又維持不會干擾封面插畫的比例。

POINT 02 使用白色的文字 統一將書名固定在中央

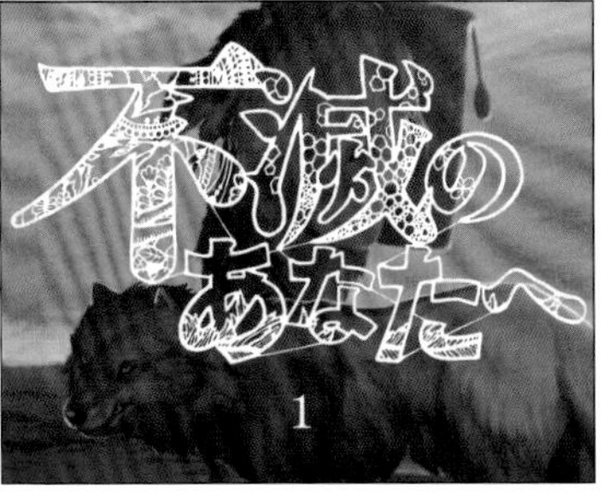

書名LOGO固定在同樣的位置,並且統一使用白色的文字。封面插畫的描繪也是遵循這套設計規則。

Cute

Pop

Stylish

Natural

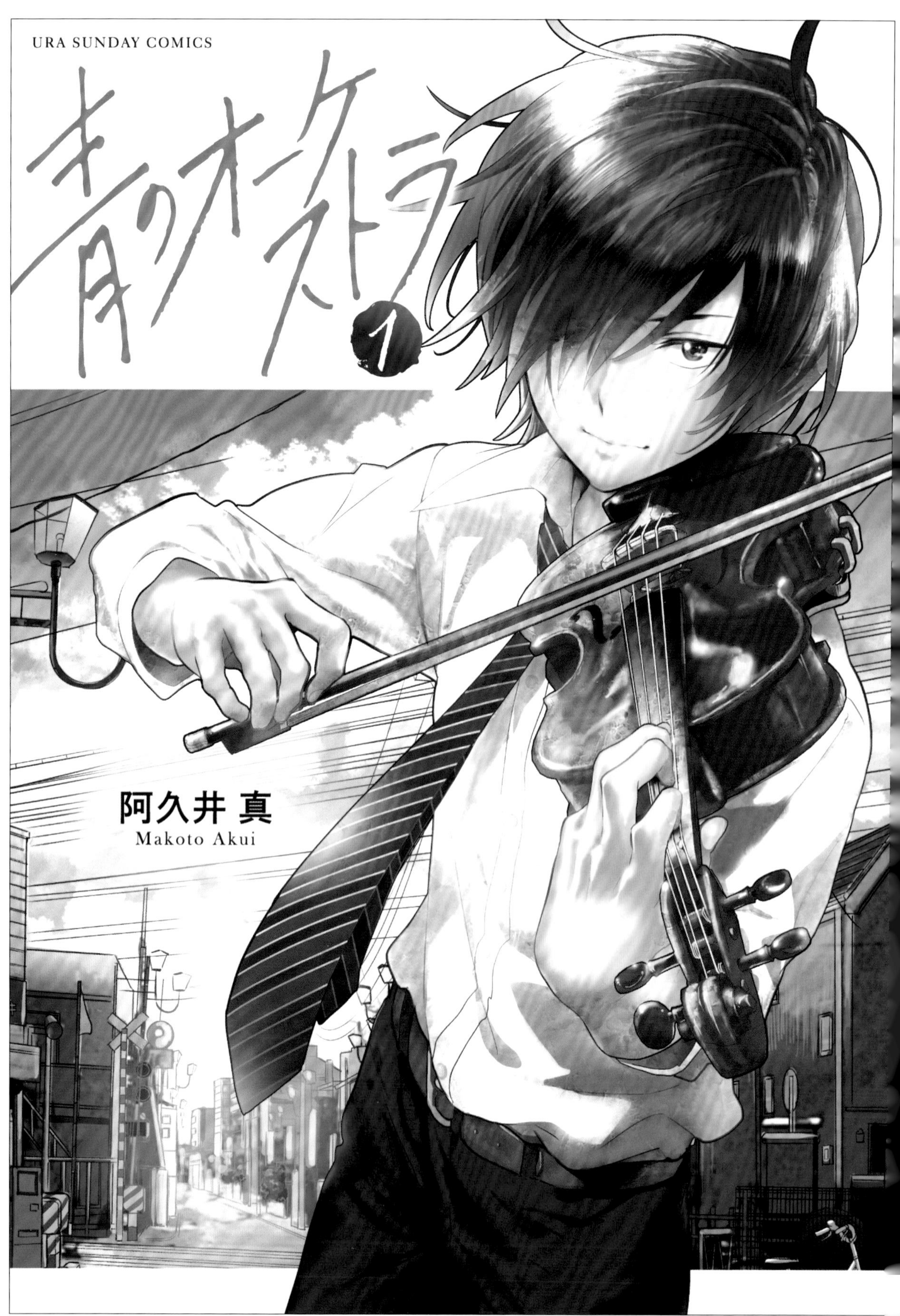
URA SUNDAY COMICS
青のオーケストラ
1
阿久井 真
Makoto Akui

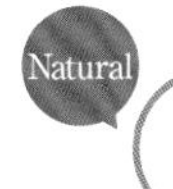

（2）《青のオーケストラ》

發行／小學館　作者／阿久井真　設計師／世古口敦志、清水朝美（株式會社coil）

用書名表現高中生的直率與笨拙 統一以角色與背景組合而成的封面

因為某個理由而放棄拉小提琴的少年，在高中的管弦樂社邂逅一名少女，於是決定重拾音樂……的故事。客戶希望著重於青春感，所以書名是以手寫字體來製作LOGO。後方的背景在上端保留了白色的空間，將LOGO編排在這裡，為畫面營造了一點留白感，並使LOGO更加醒目。

[L O G O]

使用字型

設計師自創

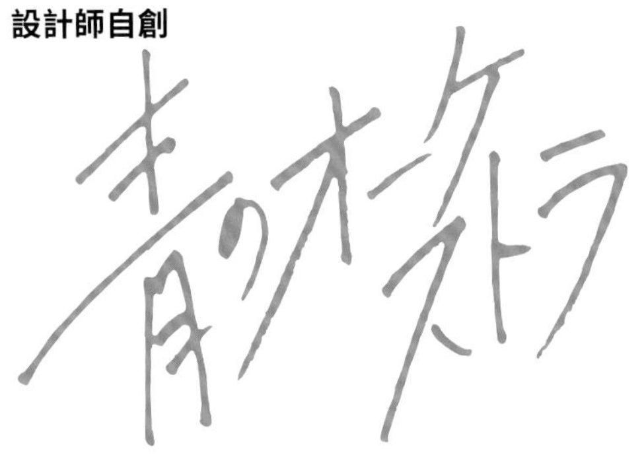

測試過各式各樣的筆之後，完成了一組強而有力的文字。設計師寫了2～30張的A4紙，再從中選出比例較好的文字與線條，做出書名。

[I L L U S T R A T I O N]

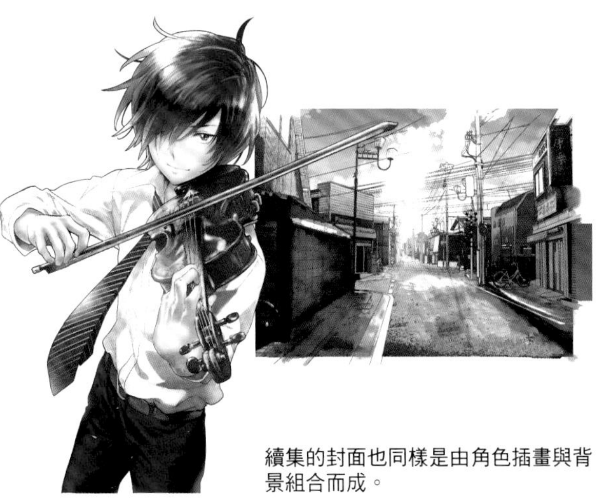

續集的封面也同樣是由角色插畫與背景組合而成。

[O N E　P O I N T]

設計上的音樂元素 編排在封面折口處

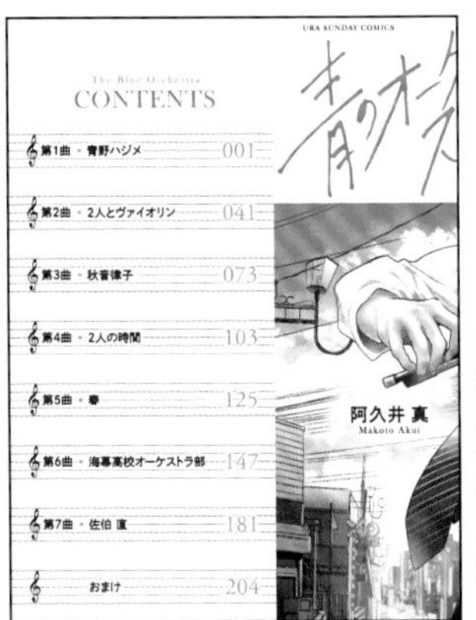

由於作品是描寫管弦樂社的故事，當初的書名LOGO也有令人聯想到音樂的設計，但客戶希望以青春感為主題，所以設計師決定全部重新製作。封面折口處保留了音樂元素。

POINT 02 以爽朗的青春為主題的作品 有效運用留白的底色

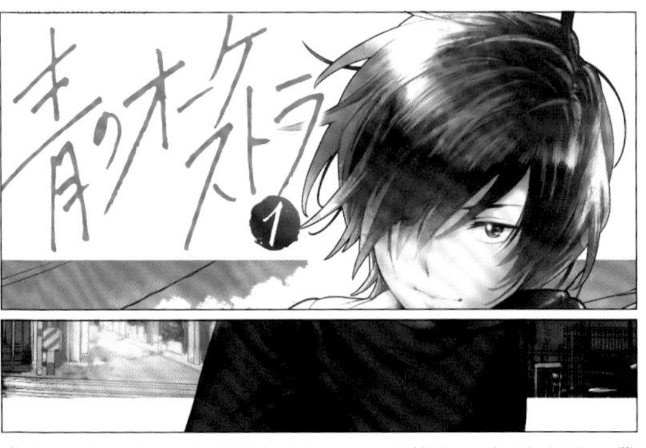

背景插畫並沒有填滿整個封面，而是搭配白色的空間，帶出爽朗的氛圍。這麼做也是為了凸顯角色。

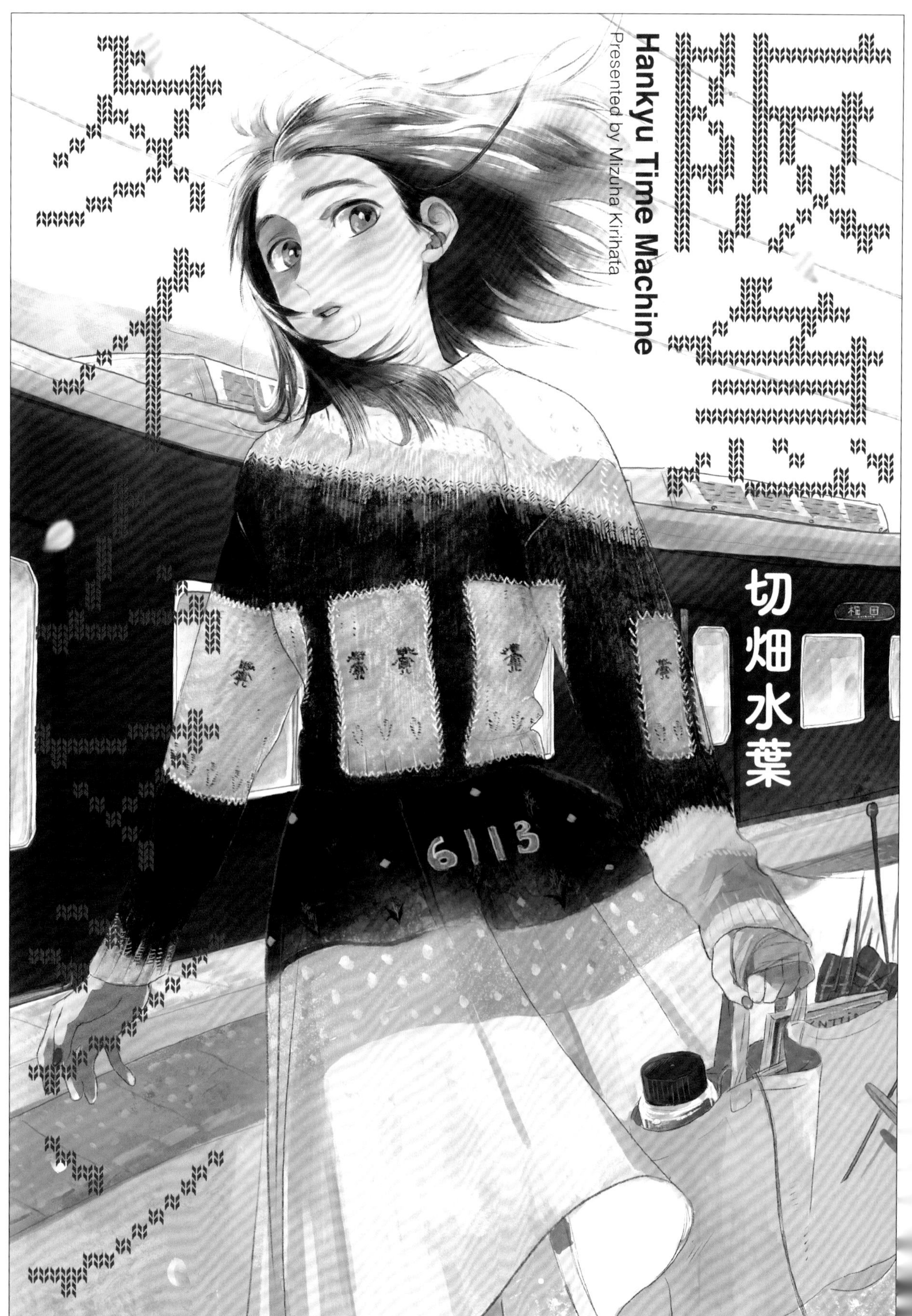
阪急タイムマシン
Hankyu Time Machine
Presented by Mizuha Kirihata
切畑水葉
梅田
6113

(3)《阪急タイムマシン》

發行／KADOKAWA　作者／切畑水葉　設計師／新上ヒロシ（株式會社NARTI;S）

以女性之間的細膩情感為主題的故事 透過毛衣般的書名LOGO來呈現手工感

描述不擅長溝通的主角，與過去很要好的兒時玩伴在電車內重逢，發生在同性成年人之間的友情故事。封面以作品中的重要元素「編織」與「電車」為主題，主角的毛衣融合了阪急電車，代表過去到現在的時光流逝，以及登場人物的情感變遷。

[L O G O]

使用字型

設計師自創

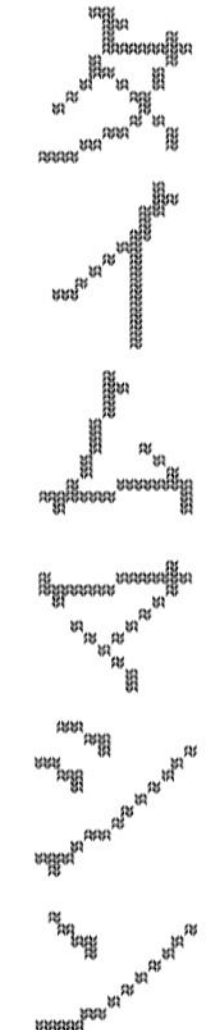

設計師著重於「編織感」，以一針一線仔細縫製的態度，完成了這組書名LOGO。

[I L L U S T R A T I O N]

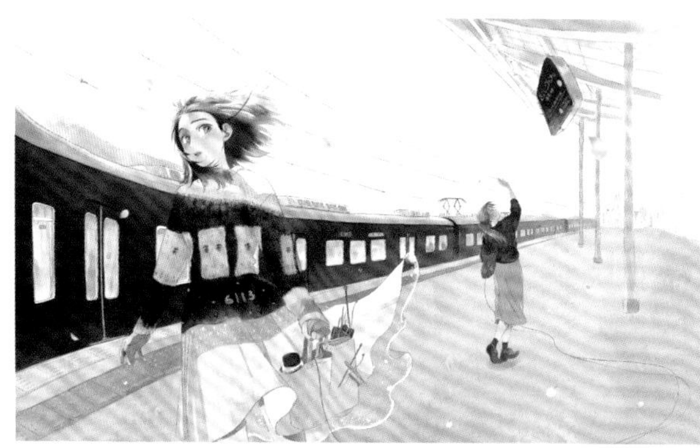

橫跨封面與封底的插畫。穿過集電弓的電線是由「毛線」組成。

[O N E　P O I N T]

毛衣與電車互相融合 表現不可思議的舒適感與一體感

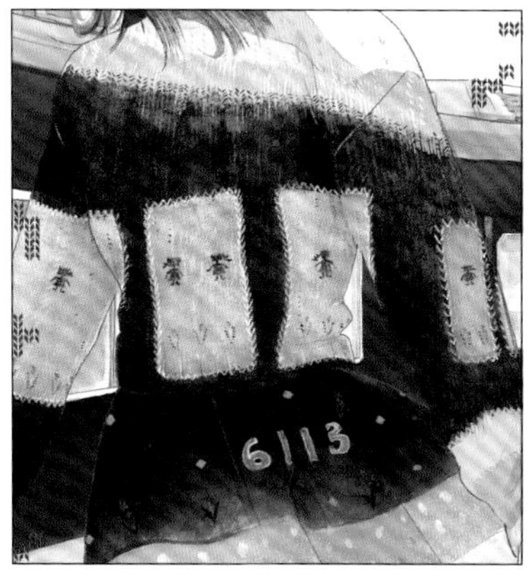

故事的舞臺是阪急沿線。封面插畫的角色服裝與電車互相重疊，彷彿合而為一。這樣的表現手法暗示了作品所探討的主題。

POINT 02

藉由插畫與LOGO 讓人意識到時間的流逝與累積

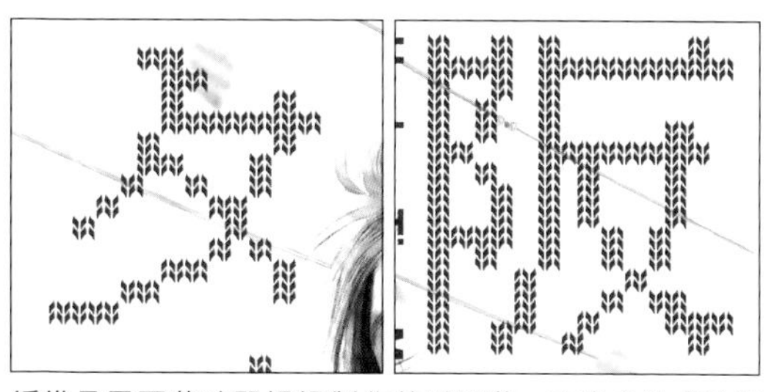

編織是需要花時間慢慢製作的手工藝，而書名的「時光機（タイムマシン）」也代表時間與人生是一針一線的累積，封面的設計便傳達了這樣的概念。

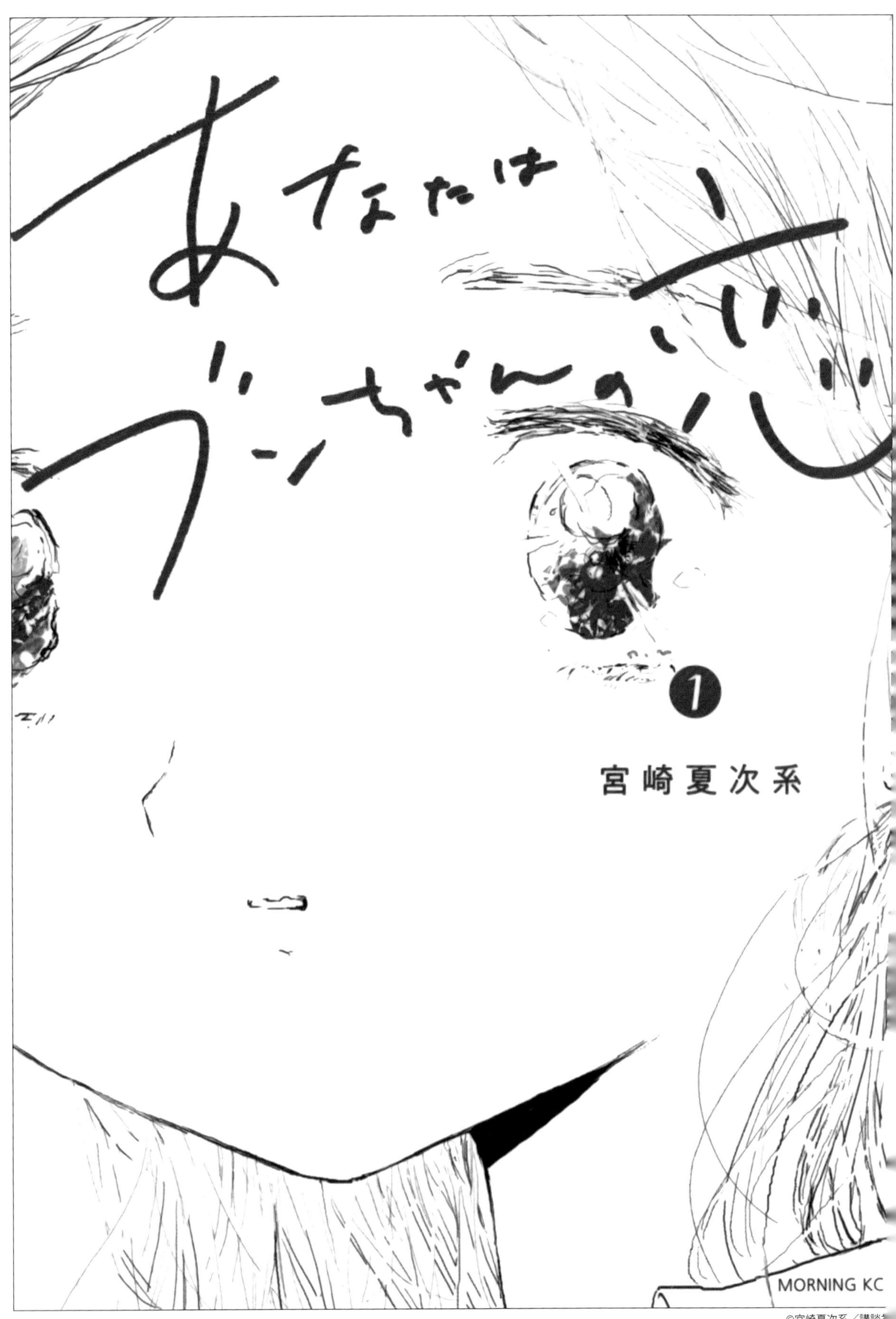
あなたはブーちゃんの恋
1
宮崎夏次系
MORNING KC

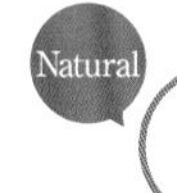

(4)《あなたはブンちゃんの恋》

發行／講談社　作者／宮崎夏次系　設計師／芥陽子

以特寫臉部的裁切方式營造爆發力
透過設計強調故事的刻骨銘心

故事描寫對戀愛十分笨拙的主角小文（ブンちゃん）的三角關係。為了決定封面的主角要擺出什麼樣的表情，設計師請作者畫了好幾張草稿，經過一番討論與調整，最後選擇了「茫然地睜大眼睛」的細膩表情。為了象徵主角因為心急而不顧一切地往前衝的形象與故事內容，封面採用充滿魄力的特寫，書名LOGO也刻意編排得有些粗暴。雖然乍看之下是很靜態的設計，卻反過來利用這樣的法則，表達不同於普通青春、戀愛故事的內容，呈現出有些古怪的設計。

[L O G O]

使用字型

設計師自創

表現了主角在精神上的不穩定、衝動與真切。設計師想做出既不漂亮又不時髦，像是隨筆寫下的潦草文字。

[I L L U S T R A T I O N]

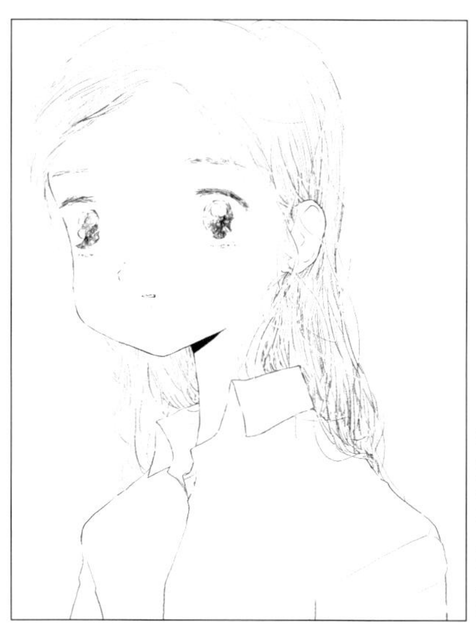

中途的草稿是主角穿著細肩帶上衣，而且肩帶滑落的樣子。不過這樣的構圖可能會讓人誤解「茫然」的方向，所以後來才改為帶有衣領的襯衫。

[O N E　P O I N T]

書名、作者姓名與重點色統一

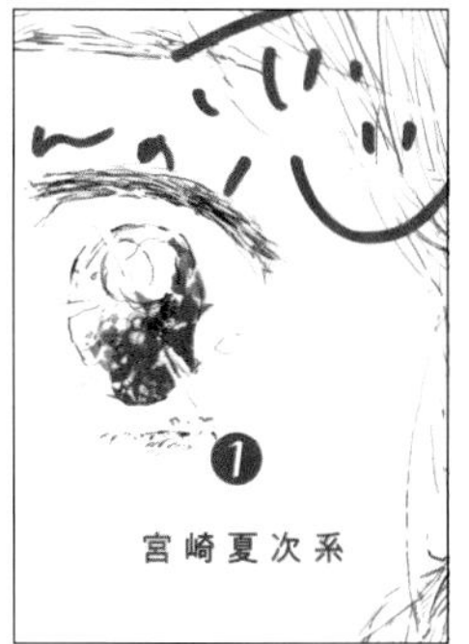

插畫是以黑白角色加上一種重點色所構成。書名LOGO與作者的姓名配合了重點色，續集也同樣採用這種形式。

從表情的特寫到拉遠的構圖在系列中營造強弱變化

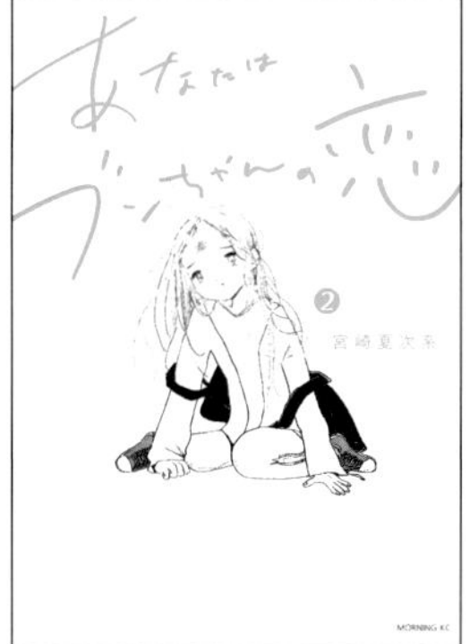

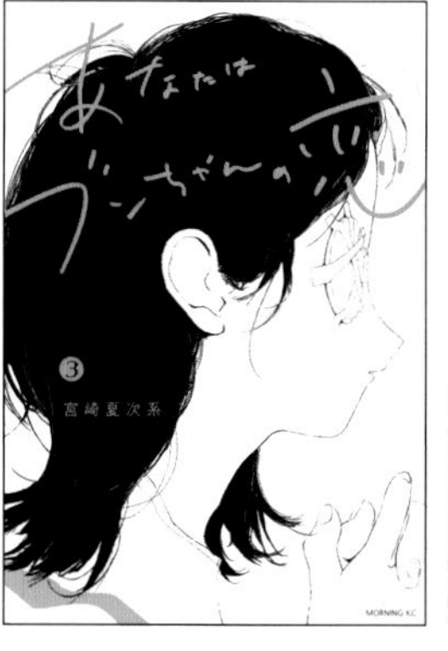

第2集一反先前的手法，使用較遠的構圖來呈現角色。變化多端的設計頗有意思。

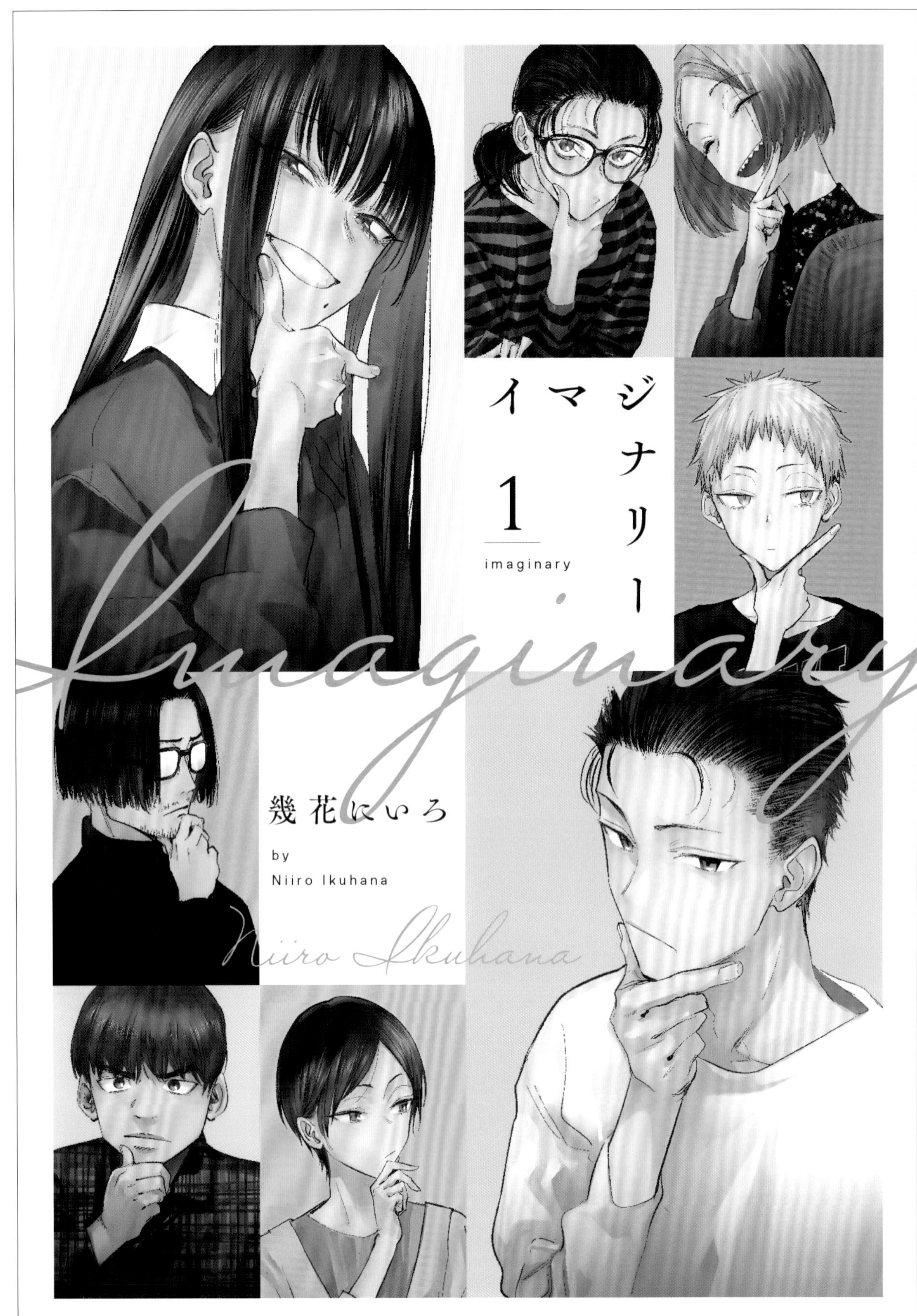
イマジナリー
1
imaginary
Imaginary
幾花にいろ
by
Niiro Ikuhana
Niiro Ikuhana

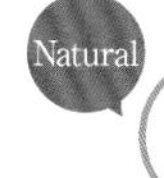

（5）《イマジナリー》

發行／白泉社　作者／幾花にいろ　設計師／名和田耕平設計事務所

用分割的方框呈現多名人物的角色性格 以鮮豔的背景色襯托各個人物

主要講述同年齡的兒時玩伴上了大學以後，因為分隔兩地而變得疏離的關係，同時也描寫其他朋友的群像劇。主要的兩個角色佔據著較大的面積，但封面並沒有聚焦在兩人身上，反而是為了分散焦點而編排了其他登場人物，為每個人鋪上各自的背景色。

[L O G O]

使用字型

筑紫Bオールド明朝

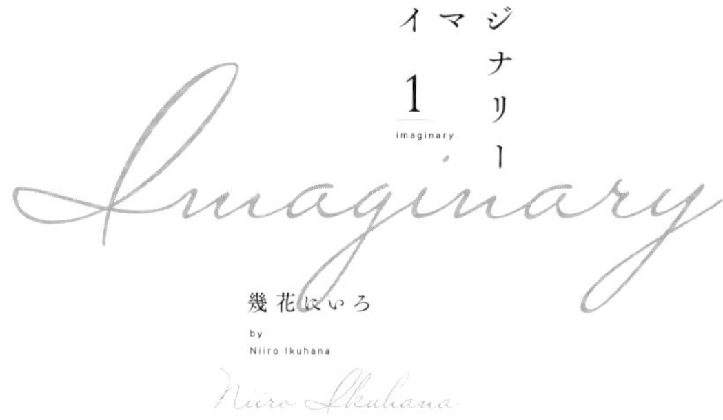

將書名與作者姓名放在事先空下來的範圍中。英文書名貫穿中央。

[I L L U S T R A T I O N]

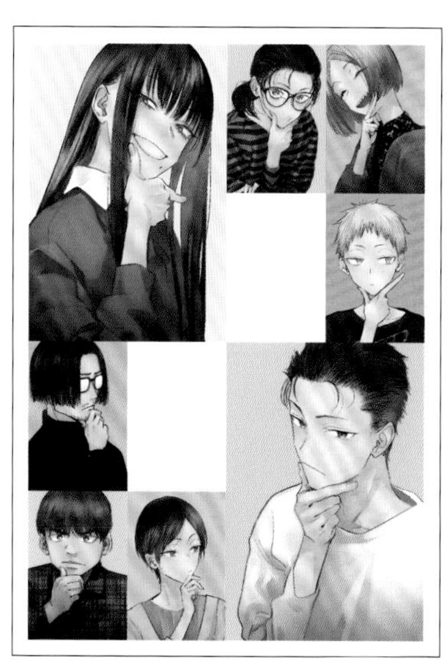

插畫中的登場人物，全都擺出用手扶著下巴的姿勢。雖然姿勢相同，卻能從舉止和表情看出角色的個性。

[O N E　P O I N T]

插畫的背景 直接採用作者設定的底色

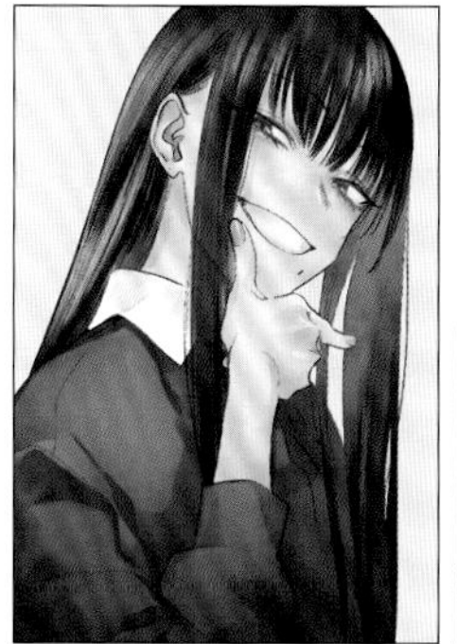

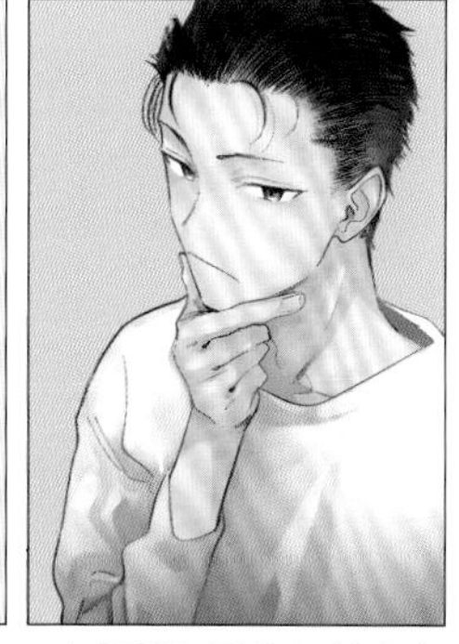

背景色是作者暫定的顏色，但設計師認為很符合角色的形象，所以只做過微調便直接使用。

使用粉紅色與白色 象徵年輕男女的戀情

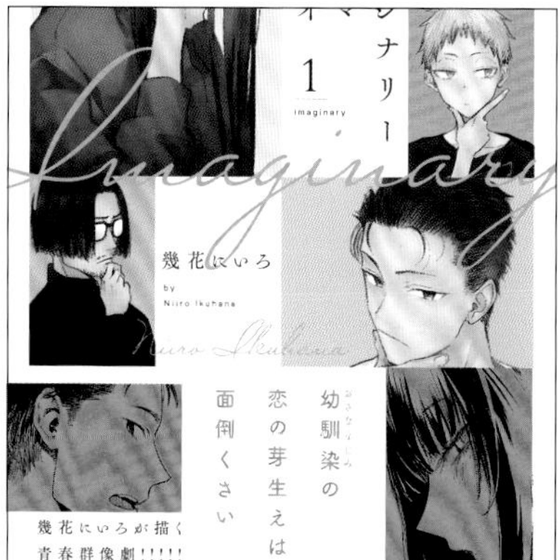

為了表現說不出口的感情與麻煩的自尊等，青少年的戀愛情愫，書名使用了粉紅色。邊框使用的是不會干擾多張插畫的白色。書腰也使用粉紅色作為主色調。

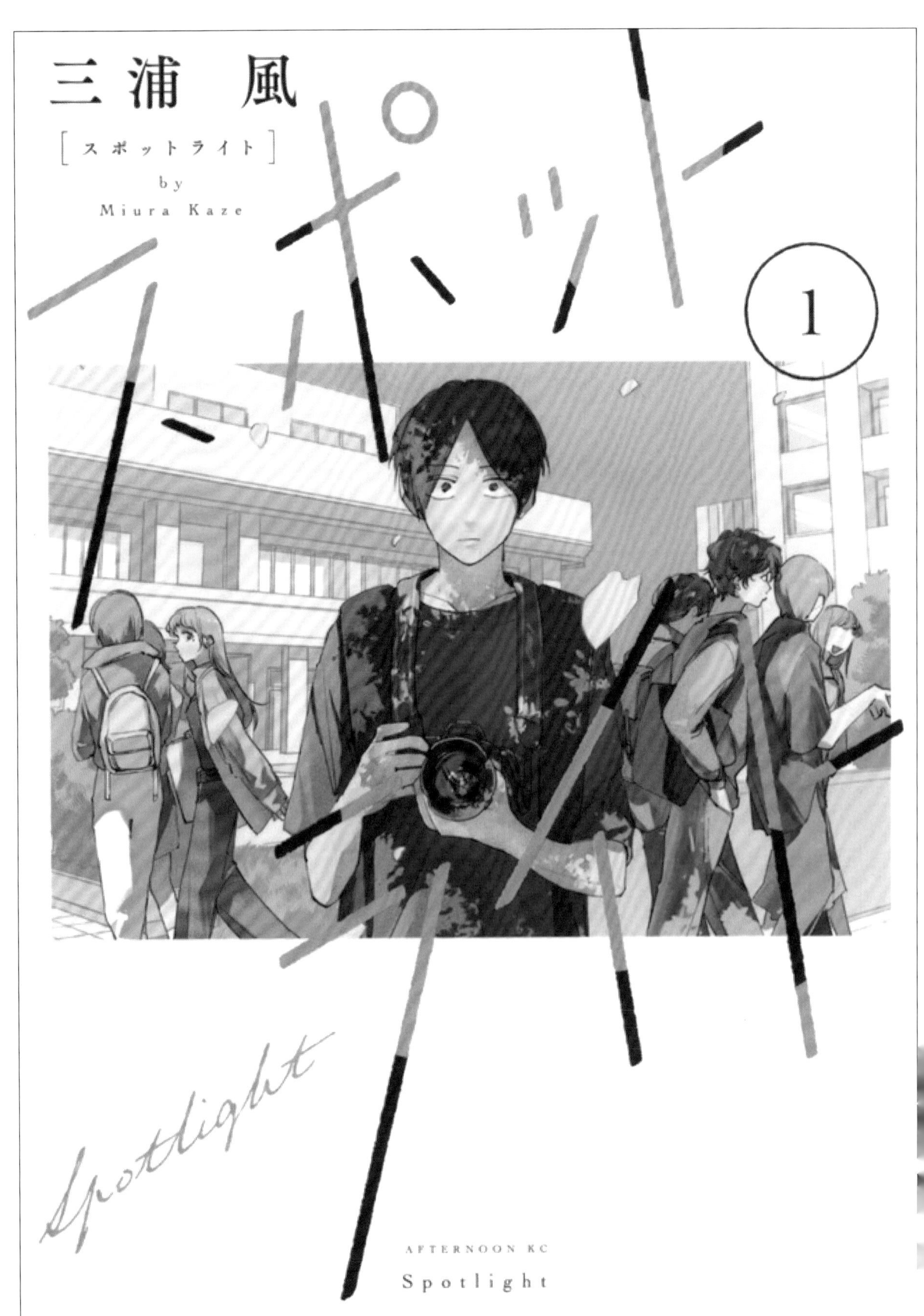
三浦 風
［スポットライト］
by
Miura Kaze
スポットライト
1
Spotlight
AFTERNOON KC
Spotlight

(6)《スポットライト》

發行／講談社　作者／三浦風　設計師／名和田耕平設計事務所

刻意用爽朗的風格來表現陰沉主角的故事 大學生活的一幕中包含了青春的閃耀與痛苦

個性自卑又陰鬱的主角，只因為單戀的女生要參加，便決定以攝影師的身分參加同班同學舉辦的賞花活動。作品中描寫了陰沉又不起眼的主角，與開朗活潑的同班同學形成的對比，封面則刻意擷取校園生活的閃耀及大學生的鬱悶。

[L O G O]

使用字型

設計師自創

スポットライト

用細細的直線做出機械化的符號式LOGO。

[I L L U S T R A T I O N]

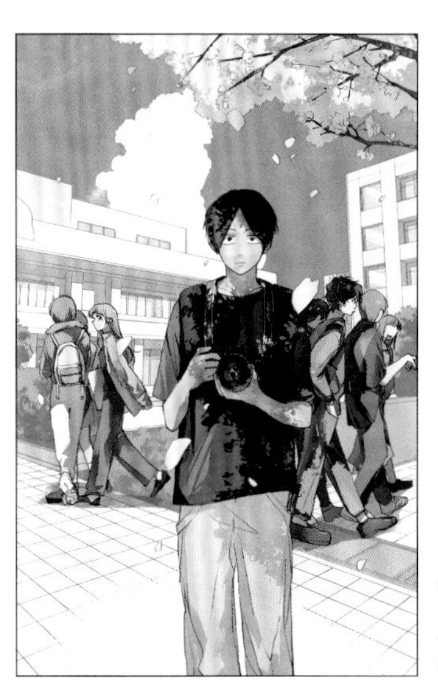

原版插畫是長方形的構圖。在校園中手持相機的主角站在畫面中央。

[O N E　P O I N T]

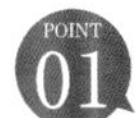

POINT 01 用大範圍的留白來提升開闊感

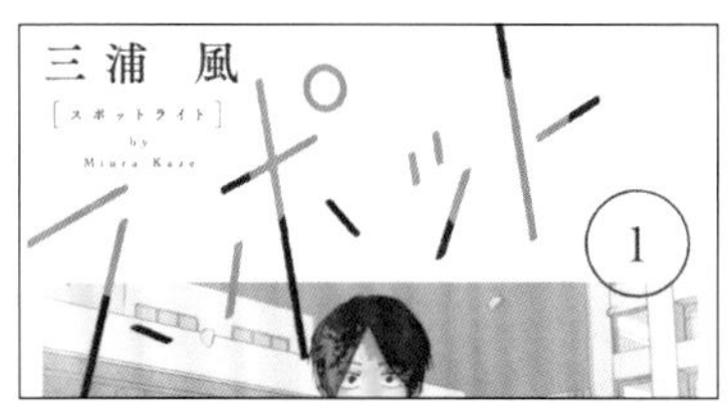

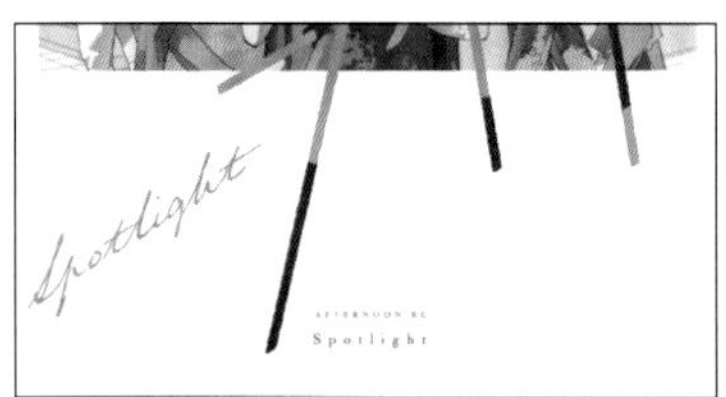

刻意不使用滿版的插畫，而是搭配留白。畫面給人開闊的印象。

POINT 02 書名LOGO特別重視與插畫之間的整體感

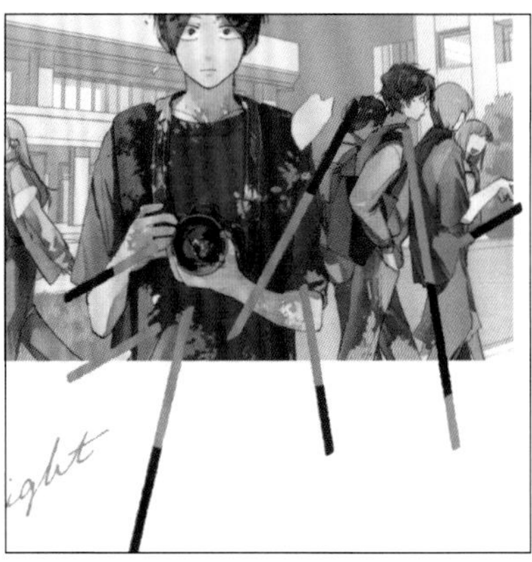

書名LOGO給人筆直的銳利印象。配合插畫，加上了藍色的重點色。

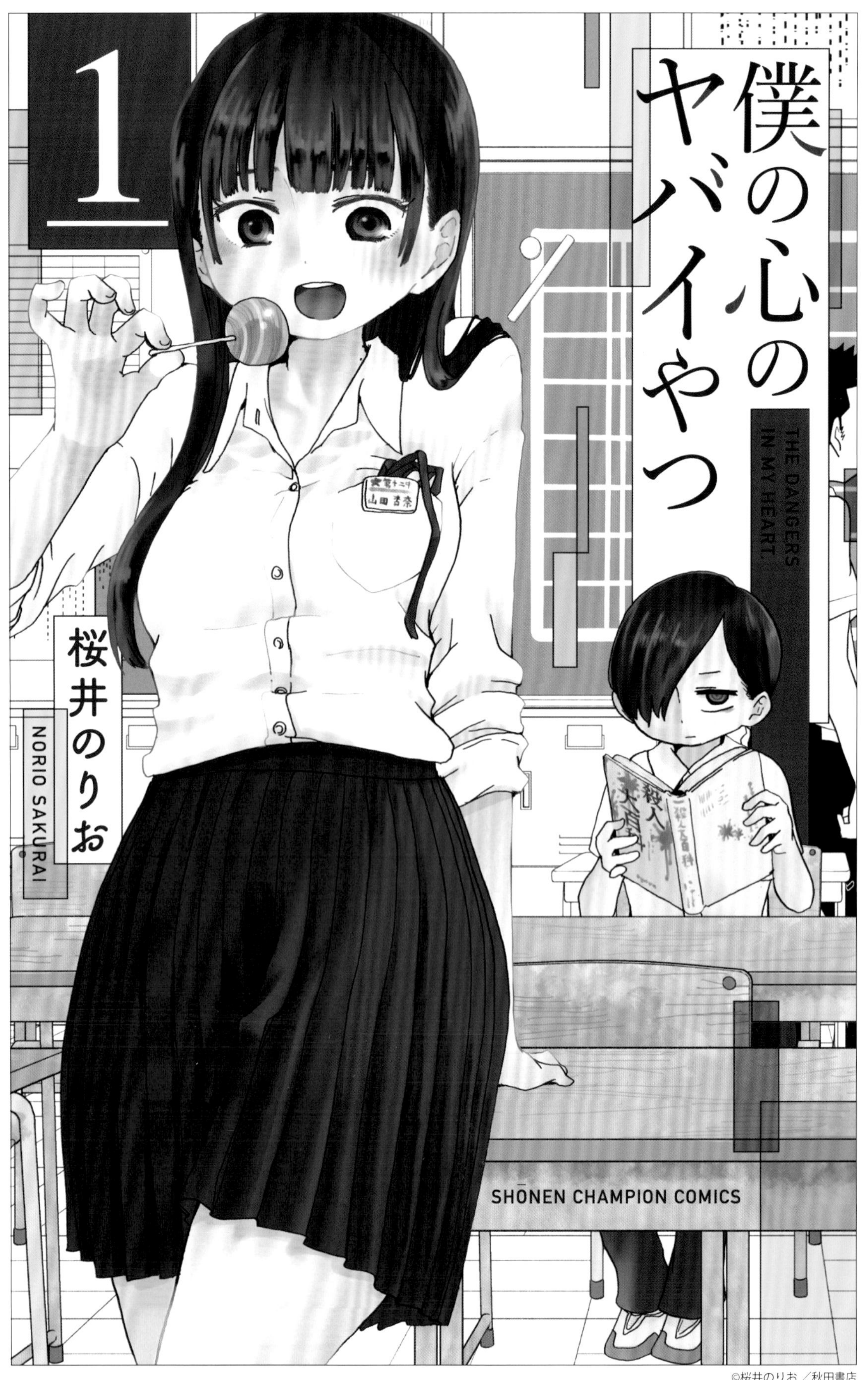
1
僕の心のヤバイやつ
THE DANGERS IN MY HEART.
桜井のりお
NORIO SAKURAI
SHONEN CHAMPION COMICS

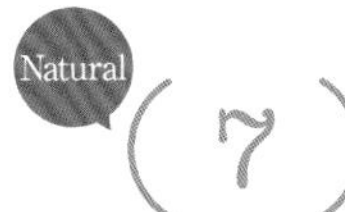

(7)《僕の心のヤバイやつ》(《我內心的糟糕念頭》)

發行/秋田書店　作者/桜井のりお　設計師/小島翔太(5GAS DESIGN STUDIO)

正如書名表現了主角內心的鬱悶感 畫面上的方形裝飾也表現兩人之間的距離感

描寫內心抱著黑暗念頭的少年,與班上的人氣美少女發展出一段戀情的戀愛喜劇。由於故事的進行是以主角的獨白為主,所以封面中的所有元素都像獨白一樣,編排在方框之中。第1～2集的方框是為了表現兩人之間的距離感,續集的設計則更加靠近或重疊,傳達了感情的變化。

[LOGO]

使用字型

日文:游明朝体Medium
英文:DIN Alternate Bold

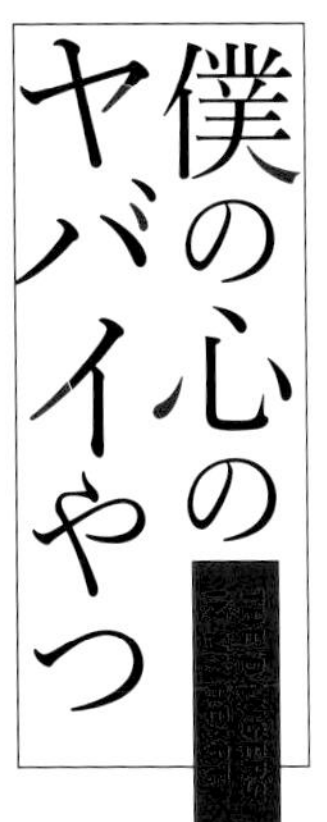

破壞一部分筆劃的平衡,並加入顏色,表現起伏不定的情感。

[ILLUSTRATION]

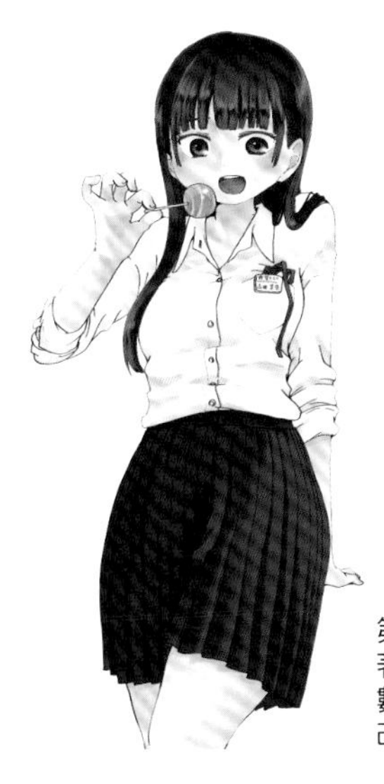

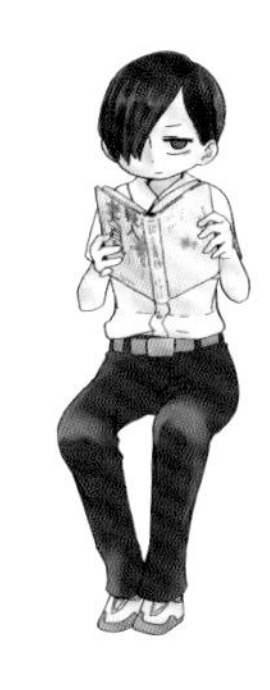

第1集的構圖是主角在遠處看著廣受歡迎的女主角。隨著集數進展,兩人的關係也會逐漸改變。

[ONE POINT]

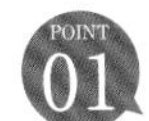

POINT 01 使用方形的物件 表現主角的內心糾葛與鬱悶

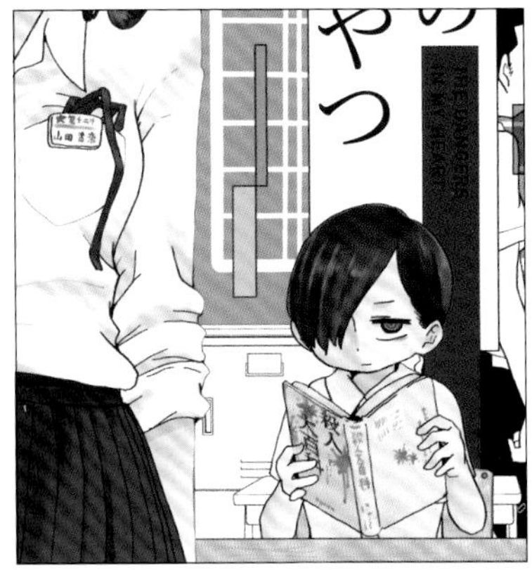

雖然是同班同學,內向的主角與外向的女主角之間卻有著看不見的隔閡,方形的物件便是要表現這一點。

POINT 02 另外推出不同版本的設計

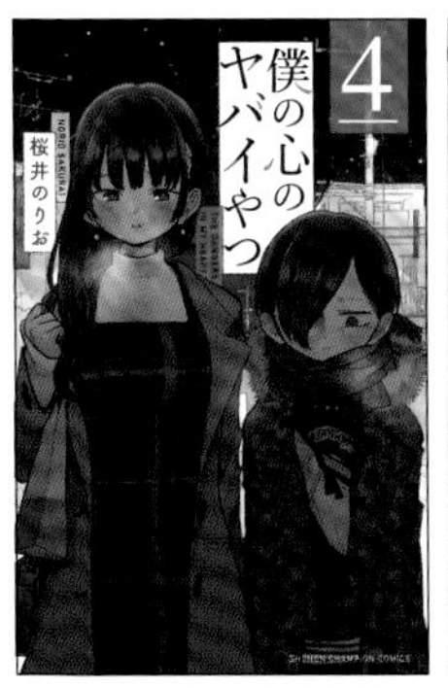

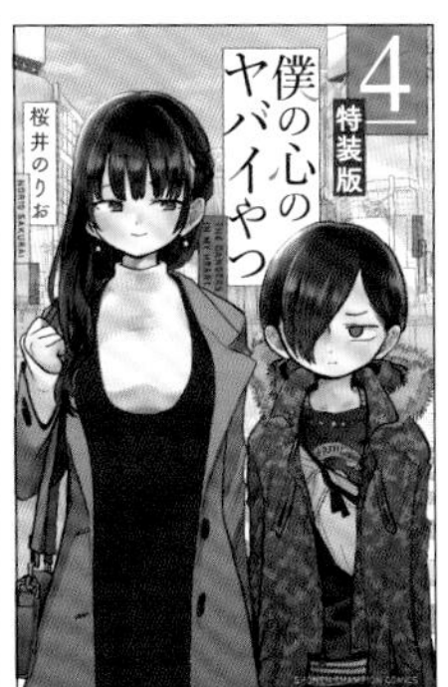

封面也推出另一種設計的特裝版。讀者可以選購不同的封面。

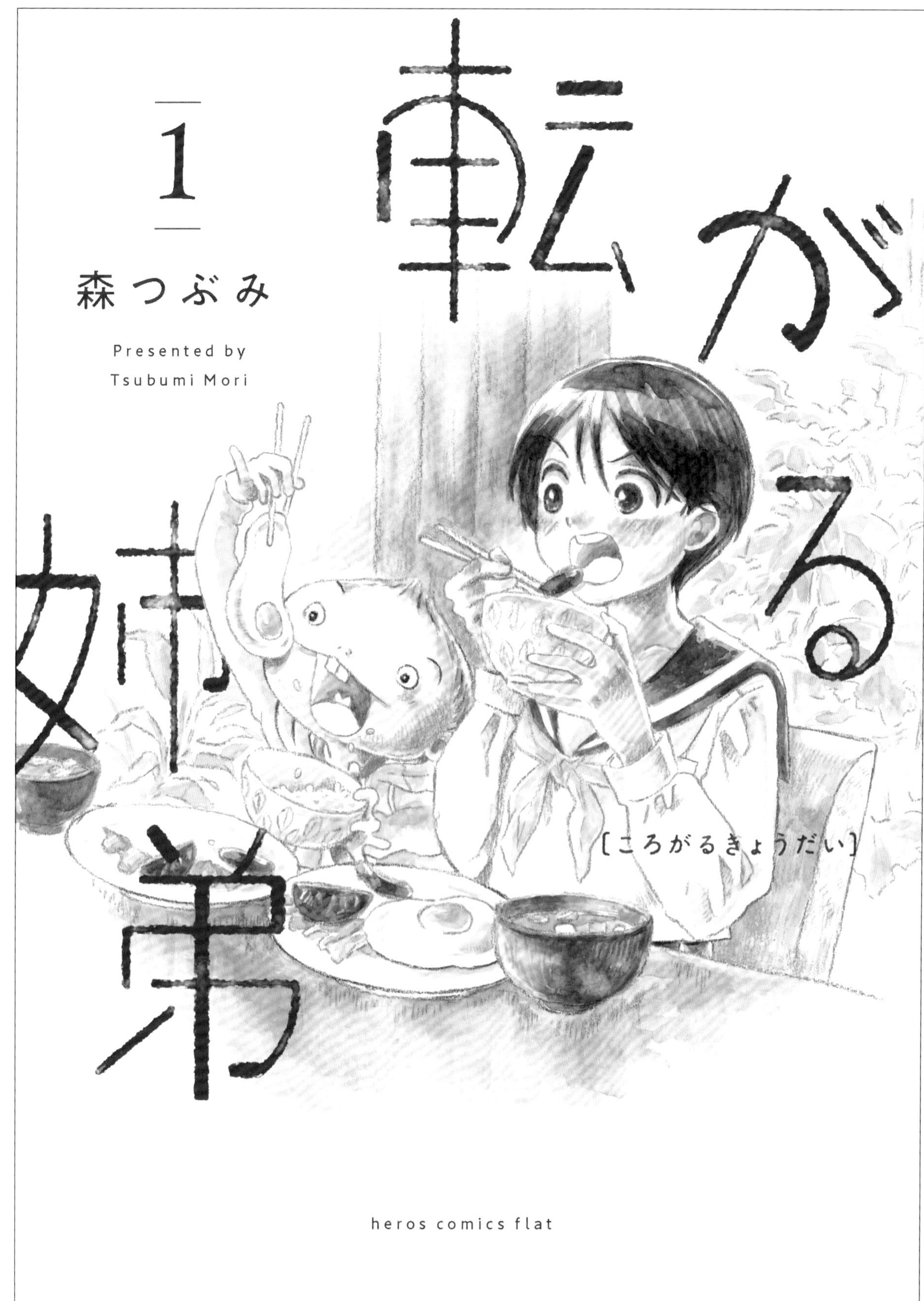

1
森つぶみ
Presented by
Tsubumi Mori
転がる姉弟
[ころがるきょうだい]
heros comics flat

（8）《転がる姉弟》

發行／HERO'S　作者／森つぶみ　設計師／白川（円と球）

LOGO配合插畫風格且留白
可以從設計中感覺到家人之間的淡淡暖意

描寫高中生主角由於父親的再婚而多了一個小學生弟弟，發生在家人之間的故事。討論設計時提到的關鍵字有「日常漫畫」、「懷舊感」和「寂寞感」等等。因為插畫是以水彩畫的筆觸描繪姊弟的日常生活，書名LOGO也設計成帶有渲染效果的樣子。成品給人一種帶著淡淡暖意的感覺。

[L O G O]

使用字型

設計師自創

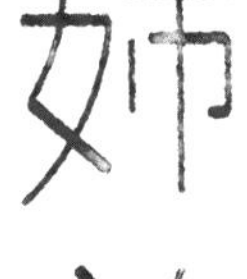
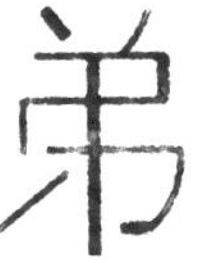

姉弟　転がる

［ころがるきょうだい］

由於書名包含「轉（転がる）」的意象，所以設計成圓潤的字型。筆劃以直線與圓圈為基礎。目標是傳達作品的溫暖氛圍。

[I L L U S T R A T I O N]

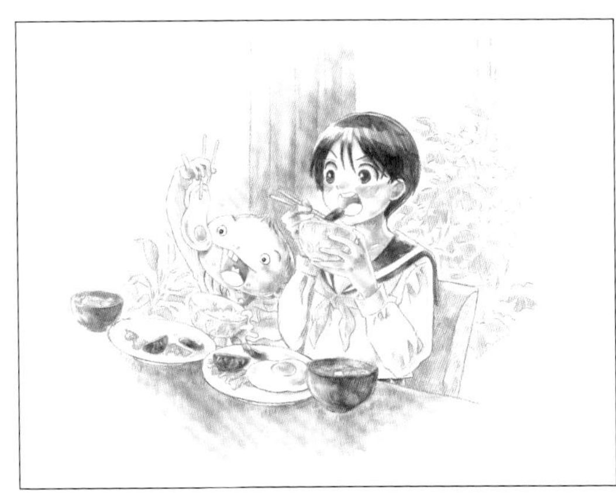

因為雙親再婚而成為姊弟關係的姊姊みなと與弟弟光志郎。兩人對彼此的印象與見面之前的想像似乎有很大的差距。

[O N E　P O I N T]

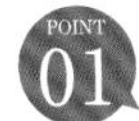

POINT 01 書名LOGO圍繞在角色身邊與畫風融為一體

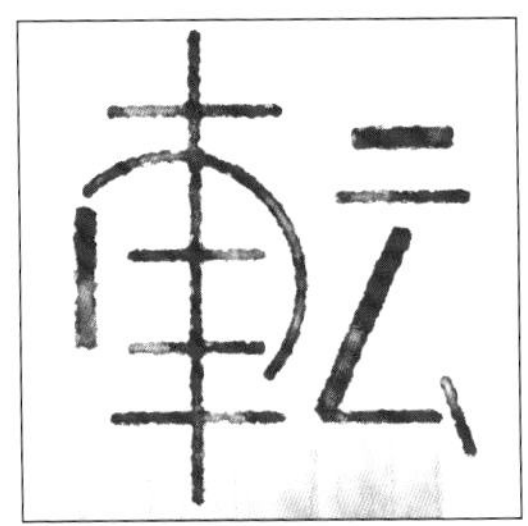
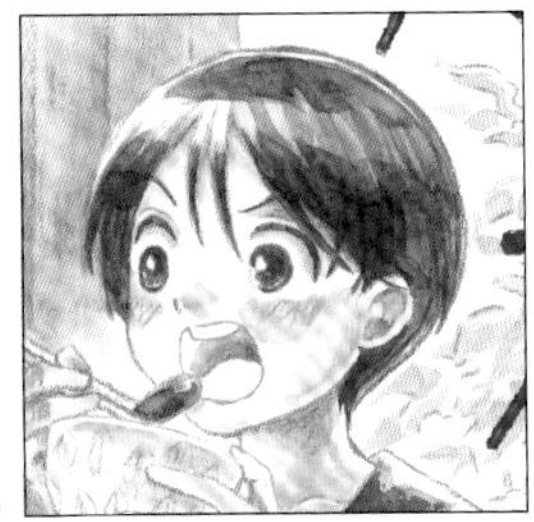

書名LOGO呈圓形，包圍著主角姊弟。為了配合插畫的氛圍，另外還加上了滲透與渲染的效果。

POINT 02 活用留白的設計增添了餘韻

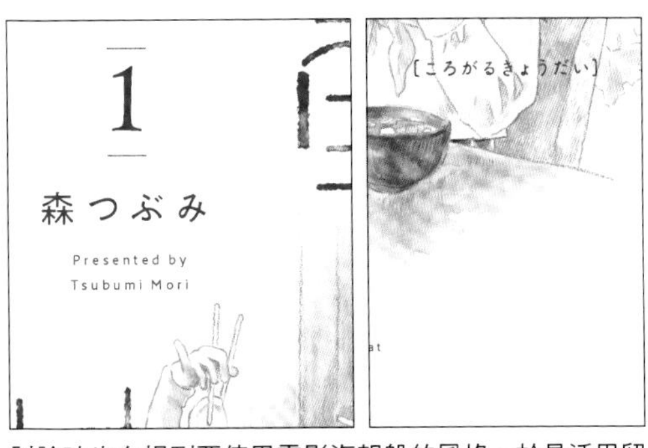

討論時也有提到要使用電影海報般的風格，於是活用留白，不做清晰的裁切，讓插畫邊緣自然淡出。

Cute　Pop　Stylish　Natural

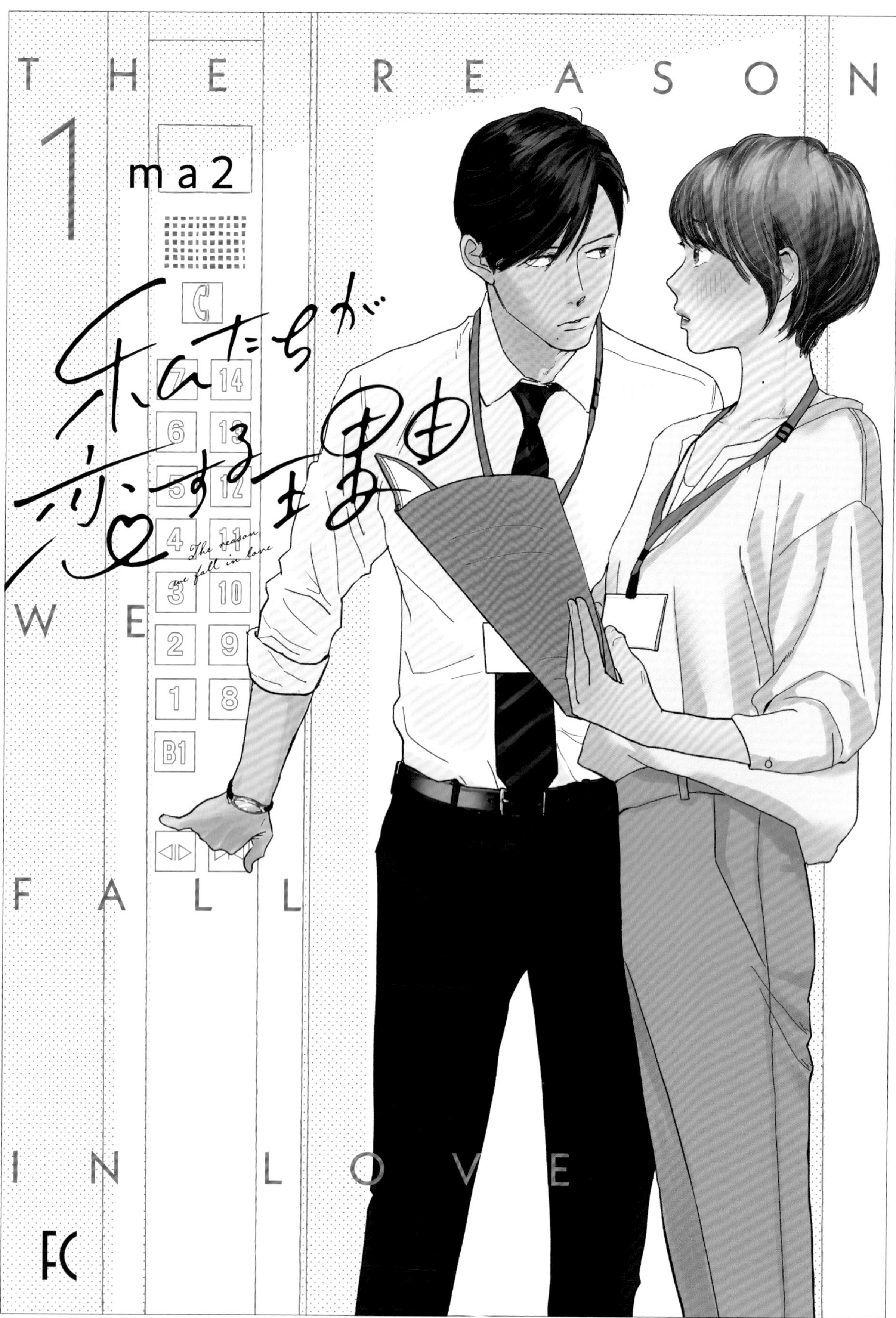
THE REASON
WE FALL IN LOVE
1
ma2
私たちが恋する理由
The reason we fall in love
FC

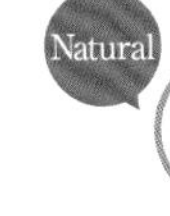

(9)《私たちが恋する理由》

發行／祥傳社　作者／ma2　設計師／關根彩（關根彩設計）

整體以粉紅色為主調卻仍保留銳利印象 呈現時髦的「成熟可愛感」

以辦公室戀情為主題，描寫成年人戀愛的作品。因此，封面插畫是男女角色在電梯背景中的模樣。由於想兼顧時髦感與畫面的可愛感，所以設計師請作者將背景畫成簡約的線稿。插畫與手寫LOGO相輔相成，散發著「成熟又可愛」的氛圍。

[LOGO]

使用字型

設計師自創

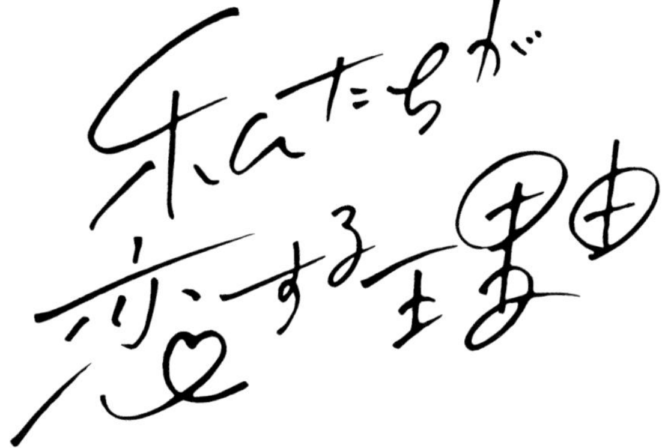

以成年女性的印象設計而成。為了避免變得太平淡，在各處加上了重點。

[ILLUSTRATION]

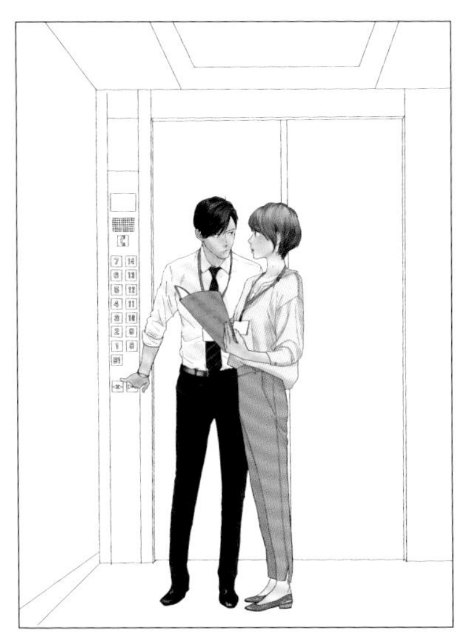

背景只描繪了線稿，粉紅色的網點是設計師加上的。

[ONE POINT]

組合線稿與粉紅色的網點 做出帥氣又甜蜜的味道

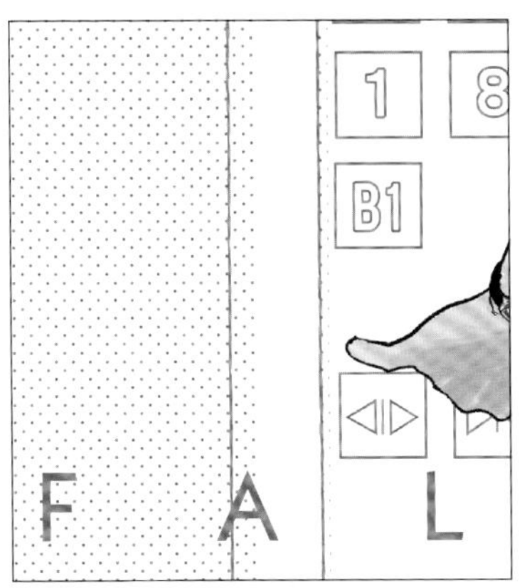

使用粉紅色的網點來搭配銳利又生硬的背景線稿。設計出融合了帥氣與可愛感的封面，表達作品的主題。

POINT 02 書腰也刻意用粉紅色來統一 吸引讀者的目光

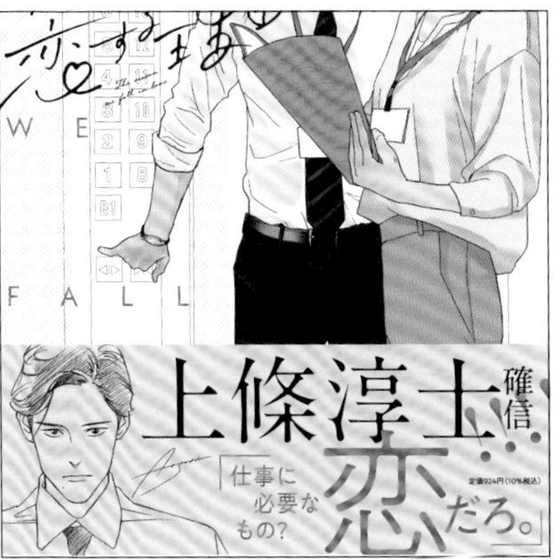

書腰也刻意用粉紅色系來統一，並使用壓印過的紙張。在書店可以吸引讀者的目光，令人忍不住拿起來欣賞。

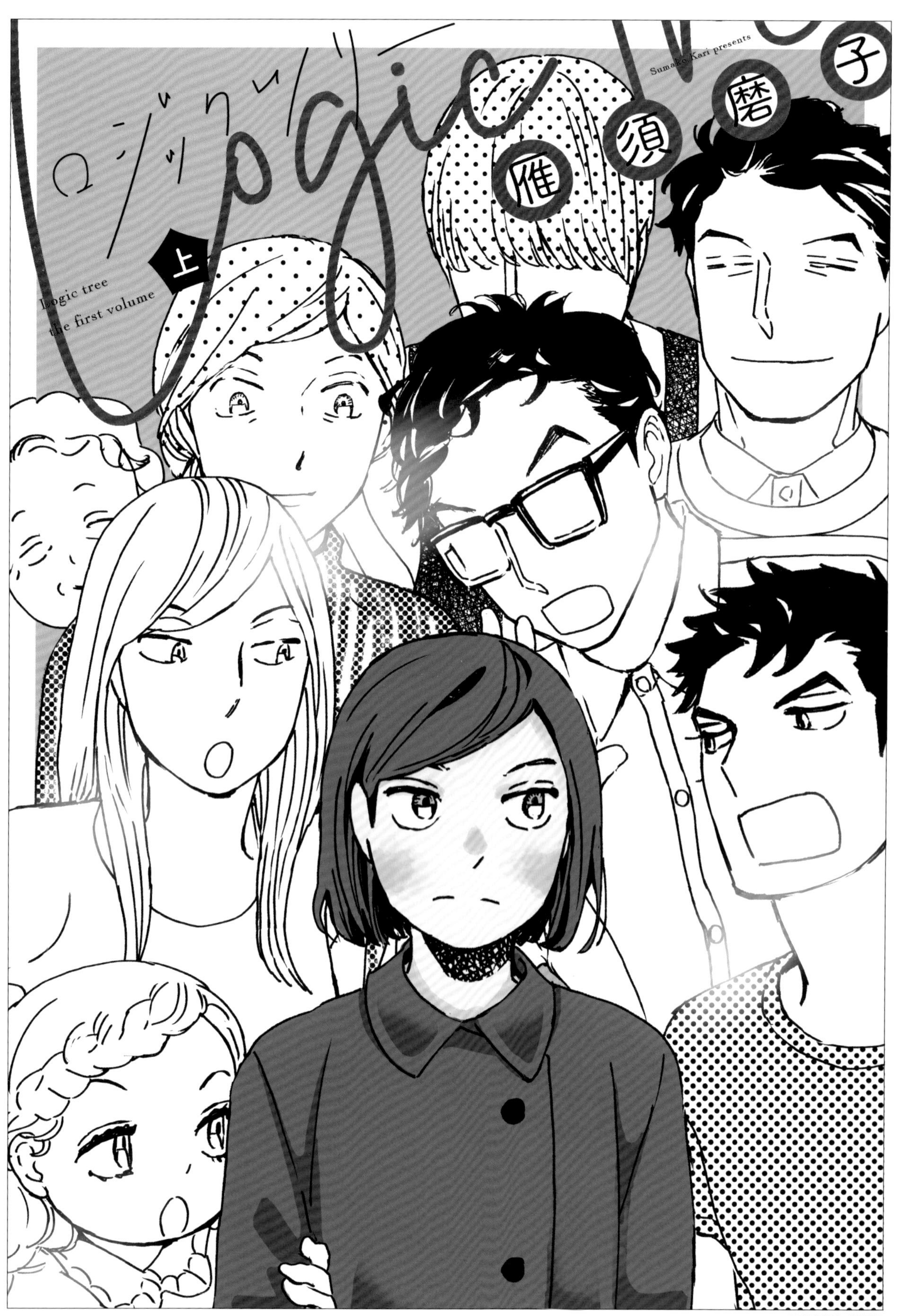
ロジックツリー
Logic tree
Sumako Kari presents
雁須磨子
上
Logic tree
the first volume

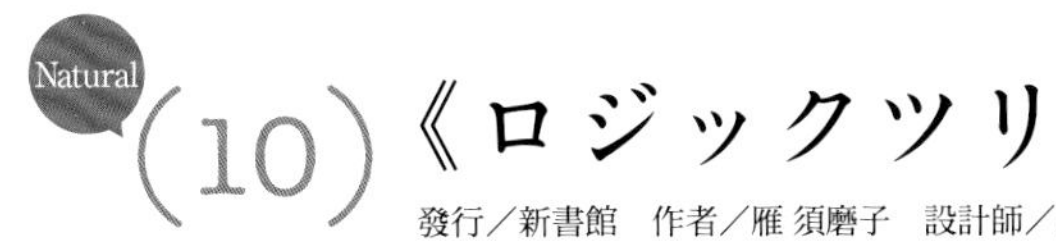

Natural (10)《ロジックツリー》

發行／新書館　作者／雁 須磨子　設計師／服部祥子（新書館）

由許多登場角色交織而成的群像劇 重疊個別插畫並為主要角色加上色彩

描寫有8名兄弟姐妹的大家族，以不同視角呈現的群像劇。由於故事中會出現許多性格鮮明的人物，所以封面的設計也使用了好幾名角色。將特別重要的角色畫成彩色插畫，其他人則用黑白插畫來呈現，使所有人都能出場，但又能凸顯想強調的角色，避免整體畫面給人一種散亂的印象。

[L O G O]

使用字型

設計師自創

ロジックツリー

因為故事是以主角的青春為主題，所以使用手寫文字，做出細膩又流暢的書名。

[I L L U S T R A T I O N]

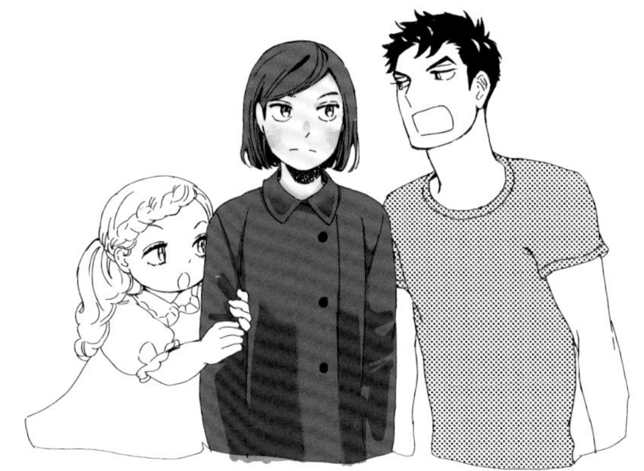

故事的主角——大瀨良螢是畫成彩色插畫，其他的插畫請參照下圖。

[O N E 　 P O I N T]

POINT 01 組合上下集封面就能窺見人際關係

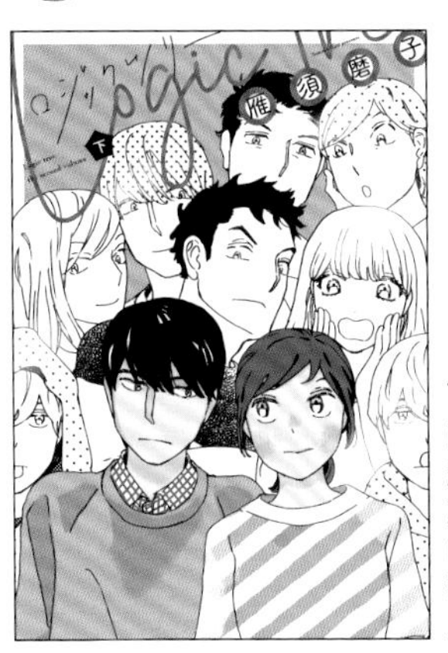

下集也是採用同樣的創意。將上下集封面放在一起，就能看出家人、戀愛、成長等人際關係。

POINT 02 組合不同角色的單張插畫彷彿一幅完整的作品

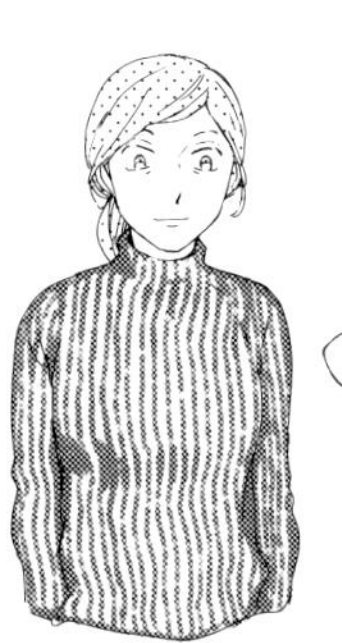

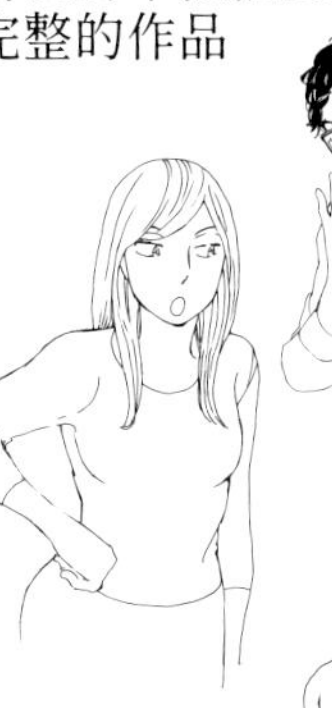

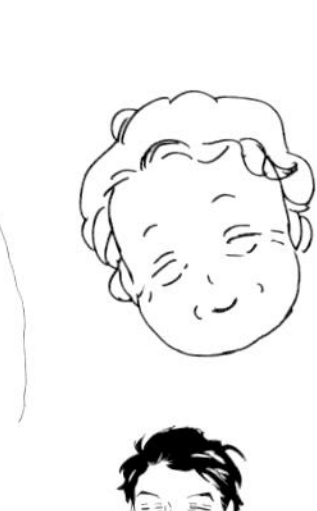

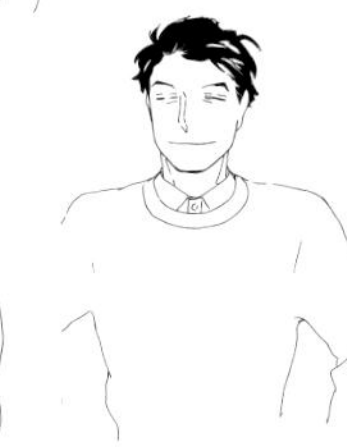

為了用許多角色排滿整個畫面，並且放上LOGO，據說設計師在編排上費了一番工夫。

國家圖書館出版品預行編目（CIP）資料

你所不知道的漫畫封面設計解析2／日貿出版社編著；王怡山譯. -- 初版. -- 臺北市：臺灣東販股份有限公司, 2022.05
128面；18.8×25.7公分
譯自：新しいコミックスのデザイン。2
ISBN 978-626-329-153-9（平裝）

1.CST：封面設計 2.CST：平面設計 3.CST：漫畫

964 111002318

你所不知道的漫畫封面設計解析2

2022年5月1日初版第一刷發行

編　　著　日貿出版社
譯　　者　王怡山
編　　輯　陳映潔
美術編輯　黃瀞瑢
發 行 人　南部裕
發 行 所　台灣東販股份有限公司
＜地址＞台北市南京東路4段130號2F-1
＜電話＞（02）2577-8878
＜傳真＞（02）2577-8896
＜網址＞http://www.tohan.com.tw
郵撥帳號　1405049-4
法律顧問　蕭雄淋律師
總 經 銷　聯合發行股份有限公司
＜電話＞（02）2917-8022

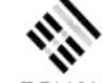